學會愛你的寵物伴侶

RUN, SPOT, RUN
THE ETHICS OF KEEPING PETS

潔西卡・皮爾斯 *Jessica Pierce* 著 祁毓里、李宜懃 譯

推薦序　給自己一個重新思考與理解的機會

貓行為專科醫師／林子軒

「我們沒辦法變成某隻動物，但我們可以試著用他們的腳走路，踏出邁向他們世界的想像旅程。恐怕我們不會樂見我們所看到的。然而一旦我們看到了，我們就得開始發聲，因為沉默就代表默許。我們的寵物伴侶需要我們的抗議以及保護之聲。」

皮爾斯博士在書中這麼寫道。當我閱讀到這段的時候，感到非常的心有戚戚焉。身為一個貓行為專科醫師，我的工作與其說是導正貓咪的不良行為，不如說是引導飼主以貓的角度來看待問題的根源，進而找出適合的解決方案。因為在撇除生理疾病的可能性後，所謂的貓咪行為問題，有絕大部分都是因飼主及環境的不良影響所導致的結果。這也就是為什麼我常跟飼主們說，貓就像一面鏡子，會確切反映出人及環境對其的影響。

我這幾年看診下來，有時也會遇到讓我感到挫折沮喪，並且難以給予飼主預期結果的案例。因為這類型的案例，通常都是牽涉到要選擇完全依照貓咪的福祉來進行後續的工作，或是需考慮到達成飼主的期望與維持生活品質，進而選擇條件性的忽略貓咪的部分需求。無論選擇哪一邊，通常結果都是失敗收場。

這類型的案例，往往凸顯出皮爾斯博士在書中點出寵物其實更接近動物囚犯的道德議題。由於寵物在豢養過程喪失了許多自然中原有的行為，並在加入人類的主觀意識後，造就了所謂的行為問題（例如常見貓咪亂尿尿是為了報復主人的錯誤認知），要確切解決這個行為問題，就不單單是要妥善處理好動物本身的行為而已，因為有時問題背後遠遠超出我們醫師的能力範圍，而牽涉到更多飼主對飼養寵物的看法與哲學。

關於飼養寵物這件事情，若完全去除掉內含的娛樂性，是否會讓人更重視生命的本質與需求，讓寵物也能體驗到享受動物權的權利；抑或，讓寵物淪落到如經濟動物般悲慘的命運，只能享受到飼主給予最低限度的溫飽。這件事情對我而言，就像醫療一樣沒有標準答案，而只有因應不同的狀況選出適合的選項。你為什麼喜歡動物？為什麼想要飼養寵物？如何進一步善待你的寵物？我想你都可以在這本書中找到你心中最理想的答案。

推薦序　由你開始，從心改變

台北101貓醫院院長／陳千雯

一開始在看這本書時，覺得很像在看哲學的書，覺得它很艱深難懂。但靜下心好好讀這本書，內心有了些微的碰撞。那些碰撞有些來自安樂死和收容所的部分，這也許跟本身的職業有關。為何收容所無法有效地安置這些無家可歸的「寵物」？為何收容所的獸醫師要安樂死這麼多的動物，卻沒有停止的一天？根本的原因還是在人啊！很多時侯養寵物的熱潮過了，街上就會出現很多流浪「寵物」，抑或是家裡多了新生兒，或是因為牠們生病了，家裡無法負擔醫療費……，不管是何種原因，動物無法選擇牠們的命運，到最後不是被送養就是被丟棄。愛動物有很多種方式，有時不一定要擁有牠們才是愛牠們。

對於養寵物這件事，一直覺得應該是件快樂的事，只因為牠們陪伴著人們渡過很多時光，快樂的、難過的、不開心的……，牠們就像是家人一樣。有時人與動物之間的情感交流不需要言語，一個小小的動作就可以感受到牠們給你的愛，那是一種無法言語的小確幸。但並不是每個人對於養寵物這件事都是一樣的看法，所以才會有這麼多的流浪動物。

這本書結尾的一段話：「我把採取行動的決定權留給你，改變要先從認知開始……」你希望帶來什麼改變？這讓我思考著，如何改變流浪動物的現況，這必須靠很多人一起來著手，而不是一個人可以改變的。養寵物前，是否該跟家人好好地溝通，畢竟這對動物來說是一輩子的事。是否考慮以認養代替購買；是否有足夠的能力負擔寵物的生活需求，這也包括了比重占很大的醫療。幫寵物結育也是很重要的事，很多人會覺得很不人道，但試問讓牠們不斷地繁殖下一代，卻沒有能力負擔這麼多的費用（醫療或是生活），到最後不是棄養，就是讓牠們生活的環境更糟，這樣真的會比較好嗎？如何減少街頭上流浪動物的產生，這是很重要的事。但不是無限制地安置在收容所，也不是不斷地安樂死這些沒人要收養的動物。人們必須好好地思考，也必須從自身做起，由一個人開始改變，慢慢地影響身邊的人，也許在不久的將來，收容所真的就只是暫時收容這些待養動物，做到零安樂的理想。

原文書名說明：誰是小斑？

萬一你太年輕不知道，或老到忘了的話，「小斑」（Spot）是早期《迪克與珍的幸福家庭》（*Dick and Jane*）系列書籍中的一隻黑白相間的小狗。那套工具書在二十世紀中期風靡北美幾十年，數百萬兒童在迪克、珍、小斑以及一隻棕色虎斑貓「泡芙」（Puff）的陪伴下成長。該系列於一九七〇年代逐漸式微，而大約就在同期，飼養寵物伴侶的風潮開始興起。小斑可說是催生飼養寵物伴侶浪潮的動物代表。

編輯說明

因考慮本書在出版繁體中文本時的主要訴求，以及全書的核心價值，故在不影響讀者的理解，並徵求原書作者的理解與同意之後，繁體中文版不包含原書的一個章節。在此特向台灣讀者說明。

目錄

令人擔心的寵物伴侶問題

目錄

如何照顧寵物伴侶

措辭說明

全書使用寵物伴侶飼養上約定俗成的習慣，採取以人類為主人、以動物為寵物伴侶的原則。書末則會提出何以這樣的措辭有問題，以及何種用語更恰當。此外，本書選擇忽略的一個語言習慣是，在提到特定動物時不使用非人稱代名詞「牠」。*

* 譯注：本書動物的代名詞在複數使用時，若為人類豢養的動物，則使用「他們」；若泛指一般動物，則使用「牠們」。

寵物（pet: /ˈpɛt/，是中世紀英語*pety* small的逆向構詞，一般認為是在一五〇八年首次使用）：

一、當名詞時，是指被養在家中的動物，主要的功能是陪伴、娛樂，或出於個人好奇心所飼養者；或指人們對其產生寵愛之心者。

二、當動詞時，是指親切地撫摸或輕拍的動作。

三、當形容詞時，是指被當作或以寵物形式對待的狀態。

淺談寵物伴侶二三事

第一章　寵物伴侶熱潮

「九〇%的寵物主人把他們的毛小孩視為家庭的一分子。」
「美國有三分之二的寵物主人會把寵物伴侶帶上床。」
「覺得沮喪？研究顯示寵物伴侶比百憂解（Prozac）管用。」
「十隻寵物伴侶裡就有一隻擁有臉書（Facebook）頁面。」
「金魚喬治的主人花了幾百美元幫他動手術。」

光看這些數據，你就知道美國社會已經發生了變化，而這全都跟我們的寵物伴侶有關。一股動物海嘯正狂撲我們的家庭、街道和店鋪而來。大約自一九七〇年代中期起，寵物伴侶擴增的速度就比人類還快，目前生活在美國的寵物伴侶數量已經遠遠超過美國人口（大約有四億七千萬隻寵物伴侶，卻只有三億一千六百萬人）。但這股寵物伴侶熱潮不僅限於美國或工業化國家。在可支配所得增加、都市化，以及愛護動物和飼養寵物伴侶意識興起的推波助瀾下，全球的寵物伴侶位階紛紛往上提。

我們不僅在寵物伴侶購買上前所未見，對待他們的方式更展現出極大差異。越來越多的動物住在房子裡頭；人們提到動物時就好像在談家人的情況越來越普遍；而且我們縱容寵物伴侶的程度也是四十年前無法想像的：都會型水療、羽絨衣、比我們放在自己櫥櫃的食物還要高檔的有機食品；寵物伴侶殯儀館；寵物伴侶旅店；殘障寵物伴侶使用的輪椅和義肢；抗憂鬱藥和健康行為顧問；幹細胞治療與化學療法。獸醫和心理學家將此稱為「人類與動物連結關係」（human-animal bond）的演化；社會評論家則稱其為「寵物擬人化」（humanization of pets）。

寵物伴侶看起來像是史無前例的好命，反觀這世界上其他的動物族群則相形失色得多。或許因為這樣，所以我們很少看到有人會覺得寵物伴侶福祉存在什麼道德流弊。他們舒適地蜷伏在自己軟軟的小床墊，而實驗室裡的動物、豢養作為食物的動物，以及動物園裡的動物，則可能被鏈條綁著、被籠子關著、被隔離開來，任憑冷熱的摧殘，以及因各種悲慘遭遇而受苦。我們愛我們的寵物伴侶，幹嘛還擔心這些呢？嗯，恐怕光有愛是不夠的。或許我們稱為寵物伴侶的這四億七千多萬隻動物也需要些道德關懷。跟那些被農業或生化研究產業的巨輪捆住的幾十億隻動物相較之下，他們所面對的困境不相上下——某些方面說不定還更糟。

寵物伴侶飼養潛藏著一股暗流：養育設備、躉售市場裡動物像槍枝和玩具般被販售、高死亡率、屍體滿溢的收容所、遭到飼主性剝削或虐待的情況高得駭人聽聞、懲罰式訓練法導致寵物伴侶留下心理創傷、至少有四分之一的飼主未讓他們的寵物伴侶接受基本的獸醫護理。儘管口口聲聲擬人化和情感連結，但有為數眾多的寵物伴侶並未真的得到愛，或得到的其實是錯誤的愛。即便是最細心、最負責的寵物主人也同樣得面對著這些暗流的挑戰，因為援用我們自己的視野，往往很難辨認自己是否有哪裡做得不對，或者我們的行為是否會對動物造成傷害。

雖然很多人認為，飼養寵物伴侶越來越流行象徵著我們越來越愛動物，但我們恐怕必須對此想法持保留態度。飼養寵物伴侶是我們不可避免的一股風潮——是我們，跟成千上萬的動物攜手共創的——然而，這股潮流卻蘊含著龐大的破壞性威脅。

第二章　鄰家動物園

我的寵物伴侶飼養觀念的養成歷經了相當漫長的歲月洗禮。從小我就一直想要飼養寵物伴侶，而且一直跟寵物伴侶為伍。不過我開始擔心有關飼養寵物伴侶這件事卻是我自己有了小孩之後的事，她承襲了家庭傳統，對動物很感興趣，而且開始要求養這養那的。那時我太放任了。我女兒上小學時，我們家就被人戲稱為鄰家動物園。所有小孩都很想來我們家玩，因為我們家有很多動物。如果以體積排名的話（幸好不是全部同時並存），我們當時有：幾隻狗、一隻貓、幾隻天竺鼠、幾隻大白鼠、一隻倉鼠、一條蛇、一隻蠑螈、一隻豹紋壁虎、一隻狼蛛、幾隻小白鼠、幾隻青蛙、幾尾金魚、幾隻寄居蟹、幾尾孔雀魚、幾隻沙蟹、幾隻侏儒蛙、幾條蟲和幾隻蟋蟀。我們還養過一條「自己培育青蛙郵購包」的蝌蚪（可惜沒熬過蝌蚪期）、由「自己孵育毛蟲培養組」養成的各式蝴蝶、裝在一支小塑膠管裡運送過來有著活螞蟻的螞蟻窩、豐年蝦，以及一套「三疊紀恐龍蝦培養組」，那些蝦卵後來長成像是爬蟲類的東西，還同類相食，害我女兒惡夢連連。

一旦誰家小孩對自家寵物伴侶生厭時，我們家就成了那些父母首選的落腳處。因為這樣，我們有了天竺鼠、孔雀魚，還多了幾隻大白鼠。也正因如此，促使我們決定放棄一整籠的小白鼠。就我的經驗而言，小白鼠對幼兒而言不是種好的寵物伴侶。他們太活潑、太小，又跑得太快；而且還是絕佳的跳高好手。有一隻叫做白紗（White Yarn）的小傢伙某天從我女兒的手上跳出去，一溜煙就躲到我們家裡看不見的角落。然後他很有規律地，在夜幕的保護下，把我們新沙發的每一張靠墊都從正中間咬掉一小塊布。這種破壞行為讓我們從此把他從「寵物」重新歸類為「害蟲」。

你應該不難想像，我的生活被照顧和餵食這麼多的生物占滿了。或許只是因為疲於清理這麼多籠子、添滿這麼多水瓶，還有一天到晚馬不停蹄地去寵物店買大白鼠飼料、褥墊、自然奇蹟（Nature's Miracle）寵物用品或活蟋蟀。也或許是我在上班時間對於動物行動學和動物行為的研究，讓我對動物心靈的豐富性開了眼界。無論是什麼原因，總之我開始對那些被我們抓來的小朋友們的福祉越來越感到不安。在讀了一篇有關金魚智商的研究後，我意識到這些生物不得不在那個擺在櫃子上的小盆子裡不停繞著圈游來游去該有多無聊。一篇有關寄居蟹的研究指出，牠們會感到疼痛，而且會記得，導致我看著這異形生物時更多了份同情。〔想到那次我女兒和幾個朋友幫寄居蟹蜘蛛俠（Spidey）洗溫水澡的畫面，不禁讓我打了個冷顫；寄居蟹理應會喜歡沐浴在較溫的水中，只是那水太燙了，致使那可憐的小東西就此歸天。〕

也有可能是因為逐漸認識醜亨利（Hideous Henry）的經驗所致。某天，我女兒跟我到PetSmart買蟋蟀時，一位關係跟我們很好的店經理問我們有沒有可能再多養一隻大白鼠。亨利被他們店裡關在同一個籠子的大白鼠群攻擊，全身布滿咬痕和抓痕。一開始，亨利難看得不得了，就是一隻沒毛、有著小飛象大耳朵的大白鼠。由於傷口潰爛的關係，亨利醜到沒辦法跟其他待售的大白鼠一起放到樓面展示。亨利得由寵物店員工「處理」。但店經理很疼愛亨利，所以拜託我們收養他。我在此協商過程中才了解到，他們的店規是任何從店內籠子逃跑的動物都得被殺掉而不是賣掉（這種逃脫行為十分普遍），因為店家無法確保該動物是否沒有傳染病。不用說，亨利成為了我們家的一分子。

或者也可能是因為死亡數攀升的關係。過山刀（譯注：又稱烏梢蛇）只活了幾個月；蠑螈在我們的照料下只捱過一個夏季；還有寄居蟹蜘蛛俠。儘管我們看了如何照料的工具書也盡了全力，但依舊難逃這個死那個亡的。也說不定是我太敏感了，壁虎莉茲（Lizzy）陷在九十一公升的汽油桶裡，她原本應該生活在荒原，有著不可思議適應力的動物，而今，全拜我們之賜。我真的不能不對她感到抱歉。而且我也忍不住對被她吃掉的蟋蟀懷有歉意，裝那些蟋蟀（算起來是二十五個「小傢伙」）的硬紙箱比迴紋針盒子還小；牠們是如何在那樣的容器裡存活的？又或者是我那天到PetSmart幫莉茲買蟋蟀時，剛好看到店經理從一位快遞員手中接過一個裝滿大白鼠寶寶的特百惠（Tupperware）盒子所致。我能預見，這儼然是我前往大馬士革（Damascus）的個人經歷。這些都是剛出生的寶寶，就這樣從母親身邊被帶走了。

也搞不好單純只是因為養了這麼多各式各樣的生物，而且就關在我自己家裡的緣故；有種這麼多雙眼睛穿越籠子鐵條和玻璃容器以及魚缸從背後盯著我的感覺。隨著對事物真諦少許的頓悟和些微的愧疚感不斷累積，我發現自己開始對整個寵物伴侶飼養事業越來越不舒服。

兩年半前，我們收拾行裝離開了那些老街坊。在我們搬家前幾個月，最後一隻小動物、可愛的老大白鼠咕咕（GooGoo）過世了。自此我一直堅守不補位政策的立場。我終於有膽跟那些試著說服我們領養他們遺棄物的父母和朋友們說「不」了——雖然我說不是心存惋惜，畢竟變成麻煩並非那些動物的錯，而且我知道他們的命運很難預測，但我就是沒辦法再這麼做了。別錯判了我；就算我是個改革派寵物伴侶迷，但依舊是個寵物伴侶迷。還是有動物住在我們家裡——我很難想像除了這樣生活之外的其他情境。只不過我們終於把共識縮減到一隻貓、兩隻狗，加上兩條金魚。

克朗戴克（Klondike）和迪柏絲（Dibs）養在我女兒房間，住在一個大魚缸裡。（因為他們不停長大，所以我們得不停換更大的魚缸；而因為空間更寬廣了，所以他們又一直長。這樣的循環何時告終呢？他們真的可以活上二十五年嗎？該不會等我女兒離家上大學展開自己的新生活後，我得接手照料這些魚吧？）貓咪索爾（Thor）大約三年前加入，之前他在街上流浪了一段時間，其後便待在朗蒙特慈善動物之家（Longmont Humane Society）的一處收容所。他讓我確信自己是個愛貓人，**也**是個愛狗人。我們的狗瑪雅（Maya）是隻斑點混種狗，她現在已經十二歲了，是我所見性情最溫和的生靈之一。她在很幼小的時候就跟著我們，目睹了我們的動物園時期盛況以及其後的縮編。貝拉（Bella）是隻三色雜種狗（但可以肯定的是其中一種主要基因源於邊境牧羊犬），跟著我們大約兩年的時間，是最新加入的夥伴。她差不多一歲大時在街上撞見動物管制人員，驚嚇過度又滿身傷痕，於是被帶到收容所。由於我們有意幫瑪雅找個伴，所以想去收養隻狗，而當天我們在收容所見到的第一隻狗就是她。貝拉有些難題待解。（她現在正抬眼望著我，在她的專屬狗床裡，把頭低下來，把屁股抬得高高地說：「跟我說說妳第一次在收容所裡看見我坐在我籠子旁邊時，我對著妳咆哮的情形吧。嘿嘿嘿。」）不過，她總是能讓事情充滿樂趣。

第三章 誰算寵物伴侶？

最常見的寵物伴侶（例如狗、貓、兔子、天竺鼠、倉鼠）來自於馴養的牲畜。這些物種幾百或幾千年來一直面臨著選擇性演化壓力，人類目標性餵養過程也屬於其中一環，導致牠們跟自己的野生祖先相較之下，已經產生了重大的基因、形體與行為的改變。家畜形成了獨特的色彩（例如有著黑白混雜的外表），牙齒和腦都較小，且口鼻部分較短。某些物種的尾巴開始變得捲曲、耳朵下垂。[1]更重要的是，這些動物能夠容忍人類伴其左右。「馴養」（domesticated）和「馴服」（tamed）並非同義詞。像獅子這樣一頭野生動物，如果牠從小就跟著人、被人類養大的話，就可以被馴服；但這頭獅子並未被馴養。

馴養通常被描繪成一種奴化的過程，人類是被我們所馴服之動物的主人，控制著牠們，並讓牠們根據我們的意志擔任協助角色。不過馴養過程可能有點微妙：動物並非永遠都是人類操縱下的被動犧牲者，某些情況還可能成為形塑牠們演化軌道的主動參與者。[2]對某些寵物伴侶物種，尤其是狗和貓而言，馴養過程已然成為動物與人類之間締結互相適應關係的一個環節。同時間，**我們**也被牠們馴養。各個馴養家畜物種如何跟人類發展出親密關係的情況都不相同，在很多案例中，考古學與基因學的證據互相矛盾，並無法為人類—動物演化流程提供一致的藍圖。[3]

新近的一種假設是，人類早期對於動物馴養的首要焦點是馴服，身體表徵的變化則為其次。具備演化特質的馴服，是從腎上腺和交感神經系統開始發生作用的，這兩者負責「戰鬥或逃避」的反應。某些動物的這種戰鬥或逃避反應機制發展較晚或是運作不良。這些動物的開窗期——所謂的社會化窗口階段（socialization window）——較長，這段期間，由於牠的戰鬥或逃避反應機制尚未完全啟動，所以人類得以與其接觸和互動。到了腎上腺和交感神經系統發展完全時，因為這隻動物已經很習慣與人共處，自然也就十分順服了。構成腎上腺和部分神經系統的神經脊細胞，也決定了頭骨、牙齒和耳朵的染色體。要是這些具有戰鬥或逃避障礙的動物一再被選中的話，該物種就會變得越來越馴服，而且外表也會隨之出現特殊變化。[4]

當然，這只是其中一種可能的假設，後續仍會有研究為我們指明，究竟馴養過程會造成什麼樣的基因改變，以及動物因而產生的反應。對於馴養如何以及為何發生的科學辯證或許看來純屬學術性質，但它們的實用性其實比想像來得高。它們讓我們了解與我們相伴的動物是誰，同時往往能為寵物伴侶和寵物主人創造出有用的漣漪效應（例如，在訓練狗時用狼的行為作為判斷基準）。

雖然馴養動物（尤其以狗和貓為主）是我們最熟悉的寵物伴侶類型，但人類飼養的寵物伴侶並非僅限於馴養物種。我們也會養一些野生物種，有些是我們捕獲的（豹紋壁虎、球蟒），有些是我們從牠們的家庭生態系統中抓來的（陸龜、藍黃金剛鸚鵡、猴子）。我們也會養其他的哺乳動物當寵物伴侶，還有爬蟲類、兩棲動物、鳥類、魚類，甚至昆蟲。唯一能夠限制人類飼養寵物伴侶類型的意願和慾望的，就是想像力；某些人甚至沉迷於發現最怪異的動物。而且無論你想要養什麼，幾乎都可以毫不費力地找到願意賣給你的人。

雖然我們幾乎把所有能動的生物都拿來當寵物伴侶（甚至還包括不能動的），卻不得不說確實有些生物比其他物種要適合當寵物伴侶。當然，這得視我們對「寵物伴侶」的定義而言。如果我們把寵物伴侶視為一個趣味和娛樂的對象或來源，而且關係純屬單向式，那麼自然是越特別越好，或許吧。但如果我們把寵物伴侶視為是跟動物發展出一種有意義的友誼或社會連結關係——而且如果動物對於整件事的看法對我們而言至關重要的話——那麼，跟人類行為與認知相似度最高的馴養物種，以及像狗那樣跟人類**一起**共同演化的物種，或許是最理想的寵物伴侶的選擇。

第四章 為何飼養寵物伴侶？

有時我會問，為何這些小動物有著苦澀雙眼，為何我們應該照顧牠們？

喬恩．席肯（Jon Silken），〈關愛動物〉（Caring for Animals）

大家都很清楚人類是如何跟非人類動物建立起社會依附關係的，但我們為何如此著迷於將動物變成寵物伴侶卻依然難以捉摸，就像我們也不知道是什麼原因讓我們聲明某隻動物是「寵物伴侶」而非食物一樣。幾乎所有的嬰兒和幼兒天生都對動物懷有好奇和興趣，動物毫無疑問對於這些小小孩都具有磁吸效應。[1]當代研究人類飼養寵物伴侶模式最重要的其中一位專家詹姆士．瑟佩爾（James Serpell）指出，飼養寵物伴侶的歷史悠久，即便不能說它存在於時間長河裡所能看到的全世界每一個單一文化，但非常近似於一種普世行為。[2]

然而，年紀較大的孩童和成人跟動物或寵物伴侶之間的關係差異非常大，無論是不同文化之間或人跟動物之間皆然，而在寵物伴侶方面的落差尤其顯著。有些人熱愛動物，有些人對動物感到害怕或討厭；有些人喜歡狗卻討厭貓；有些人喜歡蛇和蜥蜴，但其他人卻覺得他們令人毛骨悚然。對於動物情感的差異顯然也跟教化有關（身在美國的人具有愛狗傾向，因此很受不了吃狗肉的想法；但某些文化搞不好養狗就跟我們養豬一樣，覺得把狗塗上辣椒醬烤來吃別有一番滋味）。有些則與個人經驗（根據統計，愛狗人往往成長於養狗家庭）或由於因緣際會，致使我們最終決定放棄那種非常會跳又滑不溜丟的寵物，比方像是能放在小朋友手心凹處的小白鼠。然而，只要冒出一種定義，立刻就會有一個反例掠過心頭。我們充其量只能說，「寵物伴侶」是一種隨心所欲的認定、一種社會性概念。

字典中對於「寵物伴侶」的定義是，一種基於樂趣或陪伴需求，並待之以情感而飼養的家畜或馴服的動物。在這樣的定義下，一般都認定寵物伴侶這個動物族群不具有經濟效益或實用功能，所以在道德層面上會把寵物伴侶跟飼養成為食物、實驗室研究之用、作為苦力勞動，或甚至擺在動物園裡展示的動物截然劃分開來。那些實用性動物，我們看待和對待牠們的方式是

「東西」，好比生產的產品，這或許有助於解釋何以我們對牠們缺乏道德關懷。反之，寵物伴侶是被圈選和珍愛的。我們跟寵物伴侶之間的關係具有情感連結，他們猶如家人，享有一種近似於「類人格」的道德地位。

瑟佩爾同意這樣的論點。他說，寵物伴侶不具備實用功能，因而未被納入我們實利主義的統計對象。「在所有社會裡，對於寵物伴侶的寵愛大抵跟該動物對於社區或家庭經濟的貢獻度無關。」[3]為了說明得更清楚，他把寵物伴侶和食用性動物拿來做比較。在一長串對於註定成為培根的豬隻恐怖而簡略的命運敘述後，他寫道：「這種基於經濟價值考量而剝削家畜的霸道態度，既簡單又直接，且西方世界的大多數人都默許此事。人類有權吃肉；農民有義務以越便宜越好的方式滿足此需求。結果動物無可避免地必須受苦。」不過，他接著說：「在我們的社會中，存在著一個截然不同的家畜族群，雖然原因並不很清楚，但牠們無須接受此種待遇。」[4]那就是我們的寵物伴侶。但寵物伴侶並未免於被剝削，而且還跟那些註定擺到超市架上的豬隻一樣成為同種經濟算計下的犧牲者。寵物伴侶不是拿來吃的（通常），但他們滋養我們的心靈，所以絕大多數人都默許養動物當寵物伴侶的權利，而供應商則名正言順地排著隊滿足這樣的需求。結果動物無可避免地必須受苦。

就單一個寵物主人而言，擁有寵物伴侶的好處很少會歸結至經濟層面。我的寵物伴侶們沒帶給我任何經濟效益，老實說，還造成不小的負擔。但如果只把焦點集中在個人飼養寵物伴侶的原因上，就難以看清真相：寵物伴侶可以為某人或很多人創造出龐大的經濟利益，而且確實如此。鼓勵我們飼養寵物伴侶，讓各種動物得以很容易又很便宜取得的那股經濟力量，其實正是促動飼養寵物伴侶風潮背後的關鍵推手之一。寵物伴侶產業營造出一種社會情境，讓身處其中的人覺得飼養寵物伴侶是一件很高尚的事。

然而，撥開所有這些有關態度、慾望和採購習慣的行銷手法以及社會建構後，底層牽著一條連結需求的線。人們尋求寵物伴侶陪伴的主要原因肯定是心理性的；動物讓人覺得快樂，也滿足人類渴望照顧、關愛、連結的基本需求。亨利．朱利亞斯（Henri Julius）偕同同事們寫道：「寵物伴侶或可滿足個別人類尋求一個有著適度慈悲心之伴侶的需求……一個他們可以用相對較低『社會成本』照顧和依附者。例如，貓和狗不會跟你頂嘴，在很多方面也不像人類伴侶這麼苛求。」跟動物之間的關係強調的是情感元素，至於人與人之間可能會導致關係複雜化的那種認知與文化元素則比較罕見。寵物伴侶會依著人類伴侶而進行「不對稱且毫不猶疑」的調整。「選擇某隻動物（當作寵物伴侶）或許取決於該動物的本質是否符合其所預設的態度和願望。」[5]具備社會智能的物種屬於「開放式設計」，所以社會行為是以學習和經驗為主。他們能夠被教化以適應人類的社會環境，並依照我們想要的方式來回應我們。我們認為的理想情境是讓寵物伴侶在幼兒時期就跟著我們，如此一來他或她就能夠適當地「社會化」。社會化過程涉及讓他們牢記我們，而不是牢記他們自己的父母；我們要他們跟我們連結，而且只跟我們。

所以，我們又再次**利用**了寵物伴侶的不安感，即便情感需求是一種相對較仁慈的剝削形式。我最近問一位獸醫朋友如何看待我們跟寵物伴侶之間的關係時，他一派輕鬆地說：「奴役制度下的奴隸。」我對於他說出這話時的冷漠態度感到震驚和不悅。但我事後回想，他的話之所以讓我如此心煩，是因為觸動了我對於我們跟寵物伴侶之間的關係感到不安的那條神經。他們的存在是為了服侍我們。

地理學家段義孚（Yi-Fu Tuan）在他一九八四年的著作《支配與情感》（*Dominance and Affection*）中，闡述了有關寵物伴侶飼養的曖昧狀態。他說，把某種生物拿來當作寵物伴侶是一種支配行為，但因其發生於玩樂的範疇，且裹覆於情感下，致使這種異常狀態並未處於我們關注的雷達涵蓋區。雖然已有許多文章談及經濟和政治領域的濫權，但有關玩樂方面濫權的討論，幾乎是一片荒蕪。

支配或許很殘忍且帶有剝削性，完全沒有情感可言，由此產生出來的只有受害者。但另一方面，支配也可能伴隨著情感，而由此產生出來的就是寵物伴侶。[6]

玩樂性支配的心理特點是：「一個人對其可照顧和資助的對象擁有一種溫情和高一等的感覺。」[7]儘管我很想否認，但他的話隱含真理。有時當我看著貓咪索爾時會想：「是啊，我為了達成我個人的想望把他變成了奴隸，畢竟都是因為我一直想要有一個聰慧、善體人意的熱血生物相伴的緣故啊。」在索爾變成「我的」之前，他原本是慈善之家的財產。我領養了他（就技術層面而言，我用八十美元買下他），如今他屬於我。我確實在家裡有了索爾這樣一位朋友後，從照料他中得到一種溫暖的感覺。而且我認為索爾也很高興能待在我們家，當然啦，他除了加入我們也毫無選擇。

我們跟寵物伴侶之間的關係或許涉及支配，但顯然並非全貌。每一個有跟某隻動物建立起緊密關係的人都明白更深一層的道理：他們並非純粹只是東西，單用情分這個字眼都太簡化了我們對他們所懷有的感覺。我對於索爾的感覺，以及我認為他對我的感覺，遠超過情分兩個字。有時，人類與動物之間的關係會到達一個對稱點，而且——我們竟膽敢這麼說——是一個對等點，在彼此的選擇下，人類與動物分享同一個生理與心理空間。雖然索爾的領地僅限於我們家和我們的小山丘，但在這個空間裡，他依其個人意願與這家人共享社交生活。門是開著的，他可以自由來去，但他選擇留下來。

第五章　有缺點的愛

我們很容易把心思停在情感關係的這個點上，覺得擁有寵物伴侶就可以盡情沐浴在歡愉中。然而，就算是跟那些被視為家中一分子的動物住在一起，日子也非天天陽光普照，儘管電視廣告是這麼說的。我們會面對著壓力、心痛、失和、恐懼感，一種想給寵物伴侶最好卻又無法確定何謂「最好」的感覺。我們跟寵物伴侶之間的愛戀關係相當複雜。

在「淺談寵物伴侶二三事」這一篇章中，我試圖表達何以飼養寵物伴侶是一個飽含道德爭議且非常重要的研究領域。要是某個議題老掉牙了，就很難成為吸引人的著書題材；當你陳述完你的觀點後就結束了。讓人覺得比較有趣的議題是，一旦你開始想到較多的細節，就會不斷導往各種面向以及更複雜的層面，而且答案沒有絕對的對或錯。飼養寵物伴侶在道德方面的議題就類似這種。

我可以猜想在飼養寵物伴侶方面有些事正困擾著你。也許你一直難以決定要花多少錢在醫療護理上（我這隻動物的生命價值為何，該占我荷包多少比重？）；或者雖然你擔憂那些因為被當作食物而受折磨的動物，卻依然認為肉食對你的貓而言是唯一健康的選項；也可能你每天出門工作時都得把你的狗單獨留在家裡，所以會擔心他覺得寂寞，以及是否擁有足夠的社會刺激和運動。我們需要提供什麼才能讓我們的寵物伴侶覺得快樂？你有辦法一邊溺愛寵物伴侶，一邊又質疑把他們關起來養是否道德？接下來的「與寵物伴侶同居」篇章便探討了諸如此類的個人責任問題，其間重點在於家庭以及街坊的私領域。

第三個篇章「令人擔心的寵物伴侶問題」則超越個別寵物主人，轉而探討我們追趕這波潮流，著魔似地把動物拿來當寵物伴侶養的行為所造成的普遍影響。飼養寵物伴侶在許多方面對動物而言都是很難受的，例如被擄、囚禁、無聊、虐待、遺棄等。此外，飼養寵物伴侶這種文化所造成的影響，已經不僅是個別寵物主人與其寵物之間的事。我希望這個問題也能像其他眾多引起社會熱議的主題一樣，稍微讓大家知悉美國本地飼養寵物伴侶的習慣，可能引發什麼樣的全球影響。我所謂的「全球」，指的是更廣泛的寵物伴侶動物族群；但我的重點依然放在美國的飼養寵物伴侶習慣，間或夾雜些例外。當動物變成大宗商品時會發生什麼事？這些擺在寵物店的動物是哪裡來的？那些剩餘動物以及人類買來後又不想要的動物，會有什麼樣的遭遇？

在總結篇章「如何照顧寵物伴侶」中，我會提出飼養寵物伴侶是否禁得起嚴格道德檢視的問題，也會探討哪種飼養寵物伴侶方式有可能較符合道德要求，無論是對我們或寵物而言。

我之所以認為寵物伴侶的道德議題非常重要，主要基於：

- 寵物伴侶多達數百萬，且數量不斷增加。
- 絕大多數的人都覺得寵物伴侶好得很，沒什麼需要他們保護的，致使有關寵物伴侶實質福祉的議題，自始至終都不在我們意識的雷達範圍內。
- 寵物產業的剝削和殘虐情況十分猖獗，但這在一般民眾飼養寵物伴侶上也屢見不鮮，動物因而受苦。
- 對動物暴力相向的病態行為，跟對人類暴力相向的病態行為間存在高度相關。
- 最後，傷害動物其實是可以在事前予以杜絕的，我們希望能藉由某些綜效達成此目的。

意識到寵物伴侶所面對的困境，或許有助於擴大我們對所有動物的關注，畢竟寵物伴侶是我們最在意的動物對象。又有誰會反對一個對所有生物懷抱著更大慈悲心的世界呢？

而最重要的是，我希望這些篇章及全書所營造出的氛圍，能夠提供你一個從動物觀點思考寵物伴侶飼養問題的機會。當然，我們不可能援用「動物觀點」。動物不是單一實體，即使「貓」也並非一個同種單位。所以或許，我們可以追求一個比較適中的目標：讓我們承認我們取得和飼養為寵物伴侶的每一隻動物都是一個獨立個體，他們本身對於身為寵物伴侶的想法是我們應該加以思考的。我們沒辦法變成某隻動物，但我們可以試著用他們的腳走路，踏出邁向他們世界的想像旅程。恐怕我們不會樂見我們所看到的。然而一旦我們看到了，我們就得開始發聲，因為沉默就代表默許。我們的寵物伴侶需要我們的抗議以及保護之聲。

與寵物伴侶同居

第六章 家庭星群

「寵物伴侶是家庭的一分子！」是媒體、寵物業，甚至動物學術研究的教條。的確，為數不少的寵物伴侶都**被視為**家中成員。某些心理學家常常將寵物伴侶稱為家庭星群的一環，我很喜歡這種描述，它顯示出一種動態系統，被某種看不見卻能量龐大的重力聚合或拉離。珊卓·巴克（Sandra Barker）與倫道夫·巴克（Randolph Barker）自一九八〇年代起做過一項知名研究，他們請狗主人完成一份「家庭生活空間圖」（Family Life Space Diagram），由受訪者將代表家庭成員和狗的標誌分別放在圖表當中代表著個別「生活空間」的圓圈裡。三八％的圖表中，狗被放在離受訪者自己比較近、跟其他家庭成員比較遠的位置。[1]有關家庭星群中寵物伴侶定位的類似研究也得出類似結論：寵物伴侶被描述得離中心點非常近，甚至比家中其他人類成員都還近。當問及他們會想帶誰去荒島時，令人驚訝的是，說「我的狗」或「我的貓」的人數竟然多過「我老公」或「我老婆」。這並不代表我們愛我們的寵物伴侶勝過我們的配偶或孩子，或是我們認為我們的寵物伴侶是人。它所顯示的是，我們的寵物伴侶得以比其他人類成員更近距離、更全面地分享我們的生活空間。對我和我的寵物伴侶而言確實如此。我很難想像沒有把貝拉、瑪雅和索爾納入我的生活空間。我在家工作，所以我跟我狗狗們共處的時間比跟我老公和女兒還多，畢竟他們白天待在辦公室或學校的時間長達好幾個鐘頭。我的人類家庭成員無須依賴我，他們有自己的生活空間，但也有部分跟我的重疊。我的寵物們則沒那麼獨立，所以他們的生活空間很安適地黏附在我的範圍內（至少我是這麼想的）。

寵物地位的定位常常很短暫，而且經常變動。人種學研究顯示出人類與寵物間的情感連結有可能淡薄到何種程度。關係開始變緊張有可能源於人類覺得寵物發生「行為問題」，或者是因為人類本身的情況改變（離婚、生病、失業、新生兒降臨）導致寵物的存在有所不便。無論是哪一種情境，寵物往往都會被逐出家庭系統。猶如以色列人類學家達芙娜・希爾—維特許（Dafna Shir-Vertesh）說的，寵物是「彈性人種」（flexible persons）或「有感情的大宗商品」（emotional commodities）。當我們想要他們是人的時候，他們就是人；而等到我們厭倦了他們，或他們在家庭中製造出緊張關係時，他們就會被降級成「不過是隻狗」罷了。[2]

人們提到寵物伴侶時的口氣往往就好像是提到孩子似的。有些人會把他們的寵物伴侶稱為「毛小孩」，而現在更流行的是，寵物業者會稱飼主為該寵物伴侶的「爸爸媽媽」，甚至連獸醫診所也越來越跟上潮流。寵物伴侶跟小孩一樣，都得持續照顧。他們得餵食、添水、避免自我傷害、保持整潔、帶去看醫生，還得不時盯著。尤其是狗，他們的基因已經被形塑得看起來像個孩子，舉止亦然，因而激起我們的關愛本能。[3]而且他們跟我們的孩子不同，孩子在某個時間點就會開始想逃離，甚至拒絕我們付出的關愛，但我們能夠確保寵物伴侶會一直依賴著我們。如同艾倫・貝克（Alan Beck）和亞倫・凱契爾（Aaron Katcher）描寫的：

> 顯然，無論我們是以最單純、最適當的方式與我們的寵物伴侶進行情感交流，或者就算有時候呈現的是最糟糕的狀態，該寵物的行為都會依舊像個孩子似的。……（而且）把寵物伴侶定義為像個孩子似的，讓我們得以撫育該寵物，並獲得類此撫育所能衍生的所有好處。……那些關心、餵食、加水、照顧和保護等小動作，全都能獲得回應，而所有這些行為都讓付出關愛者擁有一種她被需要的感覺。對某個生物付出關愛以及被需要的互惠感，是我們終其一生的要件。[4]

邁克・羅賓（Michael Robin）和勞勃・坦・貝索（Robert ten Bensel）曾說，第一次有寵物伴侶時，就好像是有新家庭成員的加入。[5]一隻新寵物伴侶到來，家人間會發生各式各樣的變動，有好有壞。養隻寵物伴侶或許能讓家人關係更緊密，大家會因此多花點時間聚在一起；但搞不好也會讓失和的情況更嚴重，例如在照顧責任方面產生歧見。互動不良的家庭有可能會因為寵物伴侶的出現而變得更糟，好比那隻狗不讓先生靠近他太太（或許她就是想要那樣也說不定）。寵物也可能變成對手。某封寫給「親愛的艾比」專欄的信就說了個例子，某位女士哀嘆她的未婚夫老是說他累到或者忙到沒力氣對她展現愛意，但他「一路走去抱著我們的兩隻狗和一隻貓，跟他們玩」。[6]

如果身處有家暴問題的家庭，寵物伴侶可能會成為小孩唯一的心愛之物；然而該寵物不僅會、往往也都淪為暴力的工具和犧牲者（詳見第三十章「關係的連結」）。寵物伴侶來到家中，一般的目的都在於為父母和孩子搭起一座橋，只不過有時不奏效罷了：寵物沒有盡好他或她的本分。在那種情況下，有時是父母再也不想理那隻寵物伴侶，有時是孩子只顧跟那隻寵物建立關係而不理父母。寵物伴侶於是在不知不覺間成了家庭失和的一環。

在一個家庭裡，各成員跟寵物伴侶之間的關係存在著各種可能性。因此，遽下結論認定寵物伴侶是享有完全資格的家庭成員，恐怕會失之過簡。說不定是母親和該寵物之間存在著一種很深的共存，甚至是病態關係；丈夫就是討厭那隻寵物；女兒深愛該寵物，感覺跟他很親，而且還會把那隻寵物明顯喜歡她多過她弟弟的狀態，當作是一種手足間的競爭；兒子也許把該寵物視為玩物。

寵物伴侶也會涉入家庭的「三角關係」。就家庭系統理論來看，兩人家庭系統天生具有不穩定性，一旦面對一定程度的緊張情勢，就會形成一種三個「人」的三角關係。[7]寵物伴侶在此家庭系統的三角環中，或許得以舒緩緊張情勢，也有可能會製造衝突。舉個寵物伴侶涉入三角關係的例子來說，其中一個人可能會把怒氣發在或把緊繃情緒轉移至寵物伴侶而非其配偶的身上；其中一個人可能會轉向寵物伴侶而非其配偶尋求安慰，結果又助長了對方對該寵物的憎恨心理。寵物伴侶也有機會讓人類的戰爭在中途喊停。（舉例而言，丈夫不理妻子，轉而對貓甜言蜜語；丈夫跟妻子都把感情放在那隻貓而不是彼此的身上；妻子不直接對老公說，而透過貓「傳話」：「小毛孩，你能相信他忘了把垃圾拿出去嗎？又忘了耶？我猜你跟我又得自己做完全部的事情，對吧？」）

我們的寵物伴侶或許是家庭的一分子，但無論如何，我們的生活能共享互惠到什麼程度？

在有關「寵物是家人」的敘述中，時常聽到的說法是，人類和他們的寵物伴侶親近到許多日常活動都是一起同行。對於我們這些跟狗住在一起的人，此言的確不虛，因為他們能夠參與家庭範圍以外的許多活動。他們可以跟我們一起散步或慢跑，可以跳上車去辦這辦那，或跟著我們去度假。但這些活動是真正的共享嗎？雖然幾乎在所有案例中，人看來都能夠跟狗共享某項活動（步行、敏捷測試）的成果，但活動的啟動和結束都是由人類來發號施令的。[8]某天，我坐在電腦前，貝拉不停對我發出玩耍邀請，要我把放在膝蓋上的球丟出去。我做了幾次，但也不太多。事實上，大部分情況下我都會無視於她的請求，然後在我心情好也準備好的時候啟動我自己的邀請。我的思維是像這樣的：要是我接受了她的邀請，就會強化某種可能會讓人覺得厭煩的行為。而某些行為書籍確實也是這麼建議的：我必須教育貝拉我才是「啟動者」。然而，如果我們向來都是老闆，永遠都是由我們發號施令的話，我們跟寵物之間的關係會有多互相、多互惠呢？

是寵物為那些要是沒有寵物就會與社會隔絕的人創造了一個家嗎？有時候，是的。一隻寵物有可能成為某個孤獨者的救命恩人，無論他們是因為配偶離世，或者是小孩長大離家，或單純只是因為他們不善於跟同類互動。[9]不過，獨居者其實占飼養寵物伴侶人口的比重非常低。

最大族群是家庭，尤其是那些有幼兒的家庭。

我懷疑是因為「讓家庭完整」的文化壓力所致，覺得有隻寵物伴侶對小孩是件好事的想法促成了許多類似的飼養寵物伴侶行為；不過我並未查閱特別針對此問題所進行的研究就是了。所以，也因而衍生出養一隻狗或一隻貓當作某種「起步孩」——第一個孩子，以打造一個核心家庭的傾向，藉此練習養育孩子技巧、學習如何為人父母。一旦孩子降臨，那隻狗或貓說不定就會失去他的地位；不僅在情感上會開始抽離，實體的疏離更是首當其衝。諷刺的是，就飼養寵物伴侶這件事而言，年輕夫妻組成的家庭絕對是最需要三思而行，且最不適合飼養寵物伴侶的。他們比較沒時間、比較沒錢，也比較缺乏應有的耐性（這種耐性很快就會被人類子孫繁衍的事情給耗盡）。隨著孩子越長越大，生活也會變得越來越忙碌，就越難以提供寵物適當的照顧。的確，有關寵物伴侶依附度的研究顯示，年輕夫妻組成的家庭是依附度最低的，也是最常棄養他們的寵物並將其送到收容所的。

在跨物種家庭星群方面要提的最後一件事是，如果家裡已經有一隻或多隻寵物伴侶又加入一隻新寵物時，可能會對整個系統造成深遠且始料未及的影響。舉例來說，從一隻狗的家庭變成兩隻狗的家庭，其實是一個重大轉變，會增加星群層次的複雜度（狗跟狗之間，以及每隻狗跟每個人之間爭取關注、獨特關係的複雜度）。雖然互為「手足」的狗通常會發展出關係緊密的友誼，但有時也可能完全無法適應彼此；很多人把狗帶去看動物行為專家，都是因為家裡的狗會互相攻擊。在諸多案例中，這種攻擊都帶有惡意且難以矯正，致使這些狗當中就會有一隻或一些被重新安置或被處以人道毀滅。這種情況也適用於貓，他們可能願意也可能不願意接納一隻新的貓家人。建議在收養前先見個面、寒暄一下——很多收容中心都有此要求。但一開始放出的接納訊號，並不能擔保未來肯定關係和諧。而如果是類似在養狗家庭引進一隻貓這種加入新物種的情況，則勢必得經歷全然的關係重組。

即使有很多寵物伴侶都被納入家庭星群中（無論好壞），但還是有很多並未被納入，因此「寵物是家人」的說法遠非普世原則。事實上，寵物伴侶被列為家人的高分「數據」，是因為問卷僅以某些特定的飼養寵物伴侶人口為樣本，導致結果嚴重偏離。這些調查無法代表我們社會中作為寵物伴侶的整個動物族群。被拿來當種畜的動物不是家裡的一分子，在我們收容所裡的流浪動物也不是。人類家庭跟動物之間的情感依附以及動物所具有的功能，變動頻仍，而且並非永遠都朝正面發展。寵物伴侶在某些家庭裡是孩子的替身，某些是伴侶，某些是有形資產，某些是無薪員工，某些是代罪羔羊，還有某些是情緒及生理或暴力的箭靶子。

第七章 為什麼不要飼養寵物伴侶？

兩種刻板印象魅惑了我們的寵物耽溺文化：飼養寵物伴侶的人愛動物，也很願意照顧他們；不飼養寵物伴侶的人既不喜歡動物又自私，而且不想被打擾。我們整本書都在挑戰第一種刻板印象。那麼，不妨讓我們來看看第二種吧。

沒錯，很多不飼養寵物伴侶的人不喜歡動物。我不清楚為什麼會這樣，但有些人的確覺得動物很髒，滿身病菌，總之就是令人渾身不舒服。如果你有飼養寵物伴侶，肯定碰過那些對你心懷不滿的人。但另外也有一群不飼養寵物伴侶卻很愛動物的人。某些我所認識最富責任感的寵物主人其實並沒有飼養寵物伴侶。我來說說我朋友茱莉（Julie）和馬克（Mark）的故事吧。他們倆都很愛動物。他們養過一隻很巨大、很會流口水的聖伯納狗，叫班（Ben），他是家中的一分子，共同生活了十年，待遇有如皇上。班去世後，他們家三個孩子求了又求，想再養隻新的小狗，但是茱莉拒絕了，而且態度堅決。「我們目前的生活狀況不適合養狗，我們太忙了。孩子們全都有自己的課後活動，我們倆又都在工作，而且喜歡旅行……這對那寵物不公平。」

某些探討人們為什麼飼養寵物伴侶，或不飼養寵物伴侶的研究結果頗出人意料。你會發現，有些人也抱持著跟茱莉和馬克同樣的理由，經過非常審慎且有良心的考量後做出不飼養寵物伴侶的決定。大衛・梅勒（David Mellor）、艾蜜莉・派特森—凱恩（Emily Patterson-Kane）和凱文・史塔佛（Kevin J. Stafford）合著的《動物福利學》（*The Sciences of Animal Welfare*），整理出幾項研究的結果，至少就此提供了一部分的答案。摘要如下：[1]

人們飼養寵物伴侶的原因
（重要性依次遞減）

做伴

喜愛與情感

為了孩子
有人迎接我
財產保護
得以付出關懷
動物之美
消遣（例如狩獵）
凸顯價值

人們不飼養寵物伴侶的原因
（重要性依次遞減）
我出外時會有所不便
時間不夠
居家環境不適合寵物伴侶
居住地點恐危及寵物伴侶

不准飼養寵物伴侶

家人有敏感問題

不喜歡動物

太貴

動物傳染病（也就是會從動物傳給人類的疾病）

有趣的是那些有飼養寵物伴侶的人列舉的大抵都是以飼主為出發點或利己的因素；而沒飼養寵物伴侶的人列舉的則多是動物相關因素，聚焦於對動物福利的擔憂。「飼養寵物伴侶原因」中很多項目，對動物而言都有可能衍生出重大疑慮，例如，寵物主人每天與其寵物共處的平均時間大約是四十分鐘，遠不及所謂互惠和促進彼此友誼所需。[2]此外，讓寵物當孩子的玩伴也可能衍生始料未及的問題：小孩跟該寵物間無法建立起感情；該寵物導致意料之外的家庭衝突，並升高而非降低緊張情緒；隨著小孩成長到開始有自己的活動後，便沒時間理會該寵物。同樣地，把寵物當作情感支柱有時也會導致他們太過於依賴主人，以至於一旦得脫離並自立自強時就會出現運作失調問題（難怪美國的狗會流行焦慮症）。

如同我在其他地方提過的，有關飼養寵物伴侶人口的研究顯示，年輕夫妻以及有幼兒的家庭，是飼養寵物伴侶可能性最高的族群。而根據研究，他們也是跟他們的寵物關係最淡薄、承諾度最低的族群。促成這種飼養寵物伴侶趨勢的推手，也許來自於「寵物伴侶是造就幸福家庭重要元素」的文化認知——多虧了寵物業貼心的行銷手法。基於我們活在一個喜歡把什麼事情都跟醫學扯上關係的社會，說不定我們需要一張寫著「缺乏寵物失調症」的診斷證明書。你肯定能在當地的寵物店找到解藥。

第八章

與寵物伴侶共枕

可以肯定的是，貓的呼吸和氣味會毀壞極致感官並摧毀肺部，跟貓同床共眠的人會因空氣汙濁而患上肺結核或肺癆……若不慎吃進貓毛會阻礙呼吸道暢通、引發窒息。

愛德華．托普賽（Edward Topsell），《四足動物史》（*The History of Four-Footed Beasts*）（一六〇七）[1]

我跟我的貓咪們同床共眠了二十年——寧願跟他們而不是跟個男人上床睡覺。

無名氏

根據醫藥網WebMD的調查，差不多有半數的寵物主人會跟寵物伴侶同床。我們所知的跨物種同床共眠習慣大概也就僅止於此。雖然缺乏相關研究的證實，一般人卻都相當堅持己見：某些人責難同床共眠既危險又噁心，其他人卻覺得這是生活中最有趣的一部分。我個人傾向後者。我喜歡跟我的狗和貓同眠，雖然這往往代表我沒辦法睡個好覺。窗外一有動靜他們就會激動地叫了起來，開始跑上床又跑下床。跟這麼多熱血動物靠在一起真的很熱。而且貓咪索爾的生理時鐘是早上四點，時間一到他就會開始走到我們的頭頂，來回幾次，非把我們弄到某個人終於起身或是把他關到門外才罷休。

雖然只有一項論述有利於同床共眠，卻非常具有說服力——說得實在太對了，我們的寵物伴侶又暖和又可愛，而且身為群體中的一分子很棒。

就不利部分而言，我們可能面對睡眠干擾、動物傳染病以及不良行為習慣等問題。

馬友睡眠醫學診療中心（Mayo Clinic Center for Sleep Medicine）所做的一項小型研究發現，病患中有飼養寵物伴侶的大約有一〇%的人表示很「煩」寵物伴侶干擾到自己的睡眠（十年前的比例僅一%，這或許反映出家中飼養寵物伴侶的人數越來越多）。受到的干擾包括噪音（嗚咽、狂叫、低吠、咆哮）、得放寵物出去，以及親自進行醫療護理。[2]同時不難發現，這些干擾並非僅限於同床共眠，本質上，只要家中有寵物伴侶就會面對這些問題。無論我們是否讓寵物伴侶上床，他們都很可能會干擾我們的睡眠，而且我們確實有點束手無策。

然而這項伴隨飼養寵物伴侶而來的特殊負擔卻極少獲得應有的關注，而且我懷疑很多寵物伴侶最終被送進收容所，都是肇因於這些由天性所帶來的始料未及問題。人們把寵物伴侶帶進家門**之前**必須慎思之事的清單中，勢必得加上睡眠挑戰。一種很普遍的情況是：小孩表面上哄父母說找隻大白鼠、倉鼠或天竺鼠，那麼她晚上單獨在自己房間睡覺時就不會害怕了。嗯，結果你猜怎麼著？前述這些小傢伙絕大多數都是夜間動物，他們咬食物、在轉輪上跑動和整理褥草墊的聲音，肯定會讓小孩無一夜好眠。我自己就落入過這樣的陷阱。那是我女兒的大白鼠入住客廳時的經驗。我們的房子很小，當我們晚餐宴請客人時，他們就會剛好坐在大白鼠旅館的旁邊。搞不好這就是為什麼朋友們通常都提議在外用餐。

只要想到你的貓或狗每天去過哪裡、做過哪些事，那麼會擔心細菌和動物傳染病的傳播自然合情合理（請見第十五章「貓抓熱」）。在此談談某個令我特別難忘的夜晚，我醒來發現貝拉吐在我身上，整床都是一小點一小點嚼碎的東西，全是她鬼鬼祟祟拖進屋的某隻動物殘骸。儘管情況如此，但我們從寵物伴侶身上感染到嚴重疾病的風險，並非來自於同床共眠這件事本身。光是把他們養在家裡就已經讓我們置身於風險中，尤其是我們親他們的鼻子或嘴巴、被他們抓，或在跟他們大玩特玩一陣後沒有洗手的話。當然，同床共眠可能會升高我們的風險，因為接觸特別緊密。常言說得好：「帶狗上床，醒來時可能滿身跳蚤。」但很多人——包括我在內——都覺得這風險值得冒。

由於床通常是家裡最夢寐以求的領地之一，所以也會成為衝突的來源。行為學家警告，讓狗上床有可能引發攻擊行為，或許是針對其他動物，也有可能是針對人。[3]在多狗家庭中，床很容易變成必須捍衛和為之奮戰的目標，他們有時甚至會在上頭撒尿。有關與貓同床共眠行為議題的討論似乎不太多，但在多貓家庭中，讓這些貓中的一隻或幾隻睡在床上，也可能會導致領土問題惡化。讓像是鸚鵡、倉鼠或大肚豬等其他家畜共享人類的床鋪，也有機會引發類似（或者完全不同）的問題。

第九章 輕輕撫摸寵物伴侶

飼養寵物伴侶最大的樂趣之一就是撫摸他們——我們用手撫觸他們的毛、抓搔他們的肚子，或只是把一隻手放在他們的背上感受溫度。我們喜歡碰觸我們的寵物，而且他們看起來（多半）也樂於碰觸我們和被我們碰觸。寵物伴侶是什麼?說穿了，就是個得以輕撫的生物？pet這個「寵物」名詞的實際起源不明，但開始使用這個詞是十六世紀時，指的是被溺愛或寵壞的孩子，或是馴服的動物。pet當作動詞的「撫摸」之意，首用於十七世紀，意指輕撫或愛撫。〔該詞用在情慾方面，如「激情愛撫」（heavy petting），是現代衍生義。〕我的寵物們整天都在尋求我的碰觸，反之亦然。我跟瑪雅、貝拉和索爾之間最喜歡的交流方式之一就是碰觸。我很喜歡索爾蜷在書桌、就位於我電腦鍵盤的前方或上方，那樣我就能在自稱是工作時搔他的頭、摸他的毛。

生物學家找到了為什麼我們喜歡碰觸和被碰觸的生理原因。不妨來檢視一下所謂的撫敏神經元（stroke-sensitive neurons）。毛髮覆蓋型哺乳動物（是的，包括我們在內）身體裡擁有一小群稱為「C觸覺輸入」（C-tactile afferents）的感覺傳導神經元，這些神經元遭到輕撫時會刺激催產激素的釋放。催產素在母性行為以及親密、配對、裝扮、信任和創傷治療上扮演著要角。不過如同其名稱所顯示的，這些神經元是對輕撫產生反應，而非捏或戳。[1]

輕輕撫摸（用正確方式）對於撫摸者和被撫摸者而言，都會引發生理反應。輕撫時，人類和寵物的催產素都會激增。被主人撫摸的狗，壓力激素比較低，心跳也比較慢。人如果觸摸狗或貓的毛，也會呈現同樣現象，血壓較低、心跳較慢。碰觸也會釋放腦內啡（endorphin）之類的內源性類鴉片（endogenous opiate），得以減輕疼痛，讓我們感到舒服。碰觸在人類與寵物的情感連結上至為關鍵。

群居動物對於身體親密行為很敏感，不過，怎麼樣會覺得舒服或怎麼樣會覺得帶有侵略性則見仁見智，且不同物種間的差異也很大。舉例而言，針對貓所進行的研究顯示，某些貓被撫摸時會覺得有壓力；[2]其他的貓則會希望主人常常撫摸自己。有些狗喜歡自己人摸他，但對於陌生人則戒心很高，不愛被那些人碰觸。諸如天竺鼠、蜜袋鼯和大白鼠等小型動物，要是不習慣被手握著，或者要是抓的人太粗魯的話，可能會變得很緊張。碰觸有可能引發攻擊性：不妨試著想想當某人靠你太近，或是用讓你覺得不舒服的方式碰你的感覺。所以動物同樣也會感到不舒服。

我們常會誤把我們的寵物伴侶當作填充式動物玩具。我們親切地摟抱、擠捏、撫摸他們，接著又不停地摟抱、擠捏、撫摸他們，以為我們拋灑在他們身上的這些關注是會被欣然接受的賞賜。養過小孩的人都能體會出，那種某人——即便是你愛的人——花太多時間在你身上爬來爬去、撥弄你的頭髮、撫摸你的臉頰時，就會興起的那種只想要有點私人空間的感覺，以及隨之而來可能產生的絕望感。然後你會驚覺自己開始提及「空間泡泡」（space bubble）的概念，以及每個人都應擁有被尊重的個人空間。我們很容易遽下結論，說一隻不喜歡被撫摸的狗或貓很奇怪或不友善，但這不見得是真的。他們說不定只是喜歡有比較大的個人空間。寵物需要有機會去劃定自己的邊界以及說不，就像我們一樣。不過如果你被鏈條拴著，或被某人環抱著，或被關在一個小籠子裡的話，就很難辦到了。

派翠西亞・麥克康諾（Patricia McConnell）在《別跟狗爭老大》（*The Other End of the Leash*）

裡頭談到，狗跟狗主人有時會配錯對。一個很冷漠，另一個卻很喜歡卿卿我我。對人而言，狗的冷淡態度可能會被解讀為是厭惡的表現。而如果是一隻喜歡摟摟抱抱的狗配上一個淡漠的主人，或許就無法滿足其社會接觸的需求。然而即使是喜歡被觸摸的狗，也會有不適合碰觸的時候，比方像是那隻狗玩到一半，或者是當他性慾高漲或生病時。

萬一我們想要觸摸動物，但手邊又沒有狗或貓的話怎麼辦？近期《紐約時代雜誌》（*New York Times Magazine*）列出的「改變明天的發明」清單中有一項發明叫做智能毛皮（**smart fur**）。智能毛皮是由英屬哥倫比亞大學（University of British Columbia）的研究人員開發出來的，它看起來完全就像是人造皮的一丁點殘留物，或說是一頂做壞了的假髮。不過，毛皮裡建置了一個由傳導線組成的感應器。當你碰它的時候，感覺就像是一隻真的動物。更有趣的是，智能毛皮能夠透過被碰觸的方式「讀」出人類的情緒，研究人員說它可以分辨九種不同的情緒手勢。智能毛皮是「觸覺生物」（**haptic creature**）最新發展趨勢的一部分（「觸覺」指的是我們接觸東西的感覺，觸覺設計是將觸覺反應植入使用者介面）。

智能毛皮的開發並非純粹為了好玩。智能毛皮背後的基本概念是，人類喜歡撫摸動物，且撫摸動物具有治療效能。在很多情境下，雖然撫摸動物或能發揮效益，但要跟一隻真的狗或貓進行互動卻行不通。舉個例子來看吧，智能毛皮可以給住院病人或住在養老院的老人們使用；還可以讓喜愛動物卻有嚴重過敏問題的人使用；而且也能用在像我這樣的一般人身上。我可以放一塊智能毛皮在我皮包裡，然後遇到堵車、雜貨店大排長龍，或是其他壓力大的情況時，就摸摸它。我絕對會想要塊智能毛皮的。最終，智能毛皮可能會跟「機器寵物伴侶」結合，創造出更像寵物的產品。目前已經在研發智能毛皮機器兔的原型，為一種可能出現的全新型態寵物伴侶鋪路，完全無需考量有關活生生動物的福利議題。

談論有關碰觸在人類與動物關係中所扮演的角色時，不能不把人類碰觸在動物醫學上的關鍵作用也納進去，因為這在輔助性物理療法上相當重要。如同我先前提到的，碰觸會釋放腦內啡，產生出一連串的功效：肌肉放鬆、循環增強、供氧量提升，這些全都有利於促進身體的自癒功能。治療性觸摸在人類醫學上是廣受認可的一項物理療法，其原理在於透過身體的能量中心〔脈輪（chakra）〕以及體外的能量進行運作。「動物觸摸治療」（Healing Touch for Animals, HTA）援用相同的治療原則（但據說動物的能量場和人類的能量場不同，因此如果能先接受動物醫學應用的特殊訓練會很有用）。治療師或寵物主人輕輕地把手放在動物的皮膚上，或只是非常接近其皮膚，然後把焦點導向能量的流動，有時就能刺激他們產生治療反應。特靈頓觸摸療法（Tellington Touch, TTouch）運用在穴位上輕撫和按摩的手法，採取的是溫和控制筋膜的原理，這在動物護理上同樣具有療效。所有這些以碰觸為基礎的療法，對於生病、焦慮、蒙受心理創傷或受疼痛折磨的動物們，都能有所助益。

第十章 對寵物伴侶說個不停

很多人跟動物講話。但沒有太多人傾聽。問題就在這裡。

班傑明．霍夫（Benjamin Hoffman）《小熊維尼的道》（*The Tao of Pooh*）

我整天都跟我的寵物說話。我維持著持續性對話，不過很難為情的是絕大部分都很無聊：「我們去看看衣服洗好了沒，好嗎？然後就來吃點巧克力慰勞我，給你一片餅乾慰勞你。」當然，我並沒有瘋，或者，要是我真的瘋了的話，至少還有不少的伴。絕大多數的寵物主人都說他們會跟他們的寵物說話——而且說很多。我們的寵物有在聽嗎？他們還真沒得選。他們是被俘虜的聽眾。但不管怎樣，我覺得他們真的會聽，而且是以一種看似對他們的人類伴侶很重要的方式在聽。寵物聽的時候不會批判、不會反駁，也不會打斷我們然後開始講自己的事。你可以徹底掏心，知道你的祕密絕對沒人知道。你可以全然坦白，不用偽裝，不用小心翼翼。但他們**聽懂**我們在說什麼嗎？就狗、貓和其他動物的情緒理解力而言，說不定他們了解得還真不少，即便我們說的是外星語。

但對著我們的寵物說話並非真正的「溝通」。溝通是一種相互活動，一種以得以被了解的形式你來我往傳達相關訊息的過程。寵物主人某項最重要的職責是學會溝通，透過學習「聽」我們的寵物，以及學習「說」清楚，好讓他們能了解我們要求他們的事。良好溝通，是奠定成功關係的基石，溝通不良可能會導致心碎、感情不睦、關係受挫。

我們不應低估非語言溝通的效果。我們是大量運用語言的物種，但我們所有人都知道，言詞就是那麼回事——它們非常表面。我們真正需要明白的是，某人說某些話時，是怎麼說、是何時說，或是從他們眼裡能看出什麼。事實上，科學家的研究顯示，人類的言語交換活動中，估計有六〇%到九〇%其實是屬於非語言溝通。因此，認為其他動物不會說英語或西班牙語所以我們根本無法跟他們溝通的想法非常荒謬。一旦發生溝通不良的情況時，我們很自然地就把罪怪到動物頭上。但其實錯在我們自己的可能性更高。狗吠是我們不懂得傾聽的一個典型例子。狗不會無緣無故狂叫和咬人；他們放出很多的警告溝通訊息。可惜人類往往沒注意到，尤其是小孩，他們沒有大人那麼會解讀狗的行為暗示。小孩特別容易誤判狗的面部表情，舉個例子吧，他們很可能會把狗露出牙齒解讀為在笑。試圖想要去抱一隻「在笑」的狗的小孩，有可能換來意外的驚恐。[1]

學習跟寵物伴侶溝通，有點像是學習一種外語：百分百全新的字彙、發音，甚至連姿態都可能帶有不同含意。舉例而言，狗狗溝通時透過的是各式各樣的咆哮、狂叫、低吠、嗚咽。他們用他們的耳朵、眼睛、臉部以及身體說話。（被截尾的狗會失去其中一種主要溝通工具。）在狗和貓的鼻管裡也都有一種特殊的構造，叫做犁鼻器（vomeronasal organ），以此蒐集稱為費洛蒙的化學信號。他們用這種方式彼此溝通——尤其是運用在性方面，而且比我們自己還更有本事「嗅」出人類的費洛蒙。人類也會透過化學信號溝通，但我們在這個領域的技能比絕大多數的寵物伴侶物種要遜色得多。

如果你跟我一樣既養狗又養貓的話，肯定得花更多心思做功課。貓和狗說的是兩種截然不同的語言，會讀狗語不見得有助於我們解讀貓科心靈的奧祕。例如，狗搖尾巴（通常）是一種友善的舉動，邀請你靠近一點；大搖尾巴就像是臉上掛了個大笑容。但就貓而言，搖尾巴表達的是他覺得不安；搖得越凶，代表那隻貓越具戰鬥力，越不高興。幸好，如果狗和貓一起長大，或在一起生活多年的話，往往都頗能適應彼此的溝通風格。

人跟狗之間的溝通能力無與倫比。狗在演化過程中已經擁有了解讀人類臉部與情感的技能。[2]他們在觀察人類臉部時一直呈現出一種左傾現象。他們懂得追尋一根手指的指示，而且會追尋我們的視線方向。他們似乎還有辦法研判人類給予指示的可靠性，會對於可靠的人類投以更一致的回應。[3]研究人員相信，狗把他們所有的發聲指令都演化到能夠**跟我們**進行溝通的層次。而我們也真的十分善於解讀他們的信號。舉例而言，人類很善於從狗的叫聲精確研判出狗的情緒。[4]而且就像狗會追尋我們的視線一樣，他們似乎也期待我們會追尋他們的視線。貝拉會在一天中發出好幾回這樣的信號。她會把她的球或飛盤弄到我看得到的地方，然後就緊盯著它，還不時把她的眼睛往上瞄，看看我是否接收到這個訊息。

萬一我們的寵物沒有直接給我們明確暗示的話，人類的應對就會稍嫌遜色。就拿二〇一二年獸醫琦亞拉・馬立提（Chiara Mariti）和同事所做的一項研究為例，他們發現狗主人不太會辨識自家狗的壓力狀態。雖然狗主人能夠辨識出發抖和哀號是緊張的訊號，但報告顯示他們幾乎都無法分辨細微舉止，比如別過頭去、打呵欠和舔鼻子。[5]這些技能很重要，因為他們直接影響我們寵物的福祉。例如，寵物主人向來很不會解讀（或留意）疼痛的行為暗示，這可能代表因為有骨關節炎或牙齦發炎等問題，而處於疼痛狀態的寵物無法獲得適當治療，只因為主人沒發現有什麼不對勁。很多人都有種印象，覺得寵物如果痛的話就會哀鳴、哭泣或嗥叫。他們真的會。但發出哀鳴、哭泣或嗥叫，通常都是疼痛已經升高到無法忍受的程度。懂得辨識細微的行為訊息至關重要，它能夠讓主人適時介入或打斷某項社會互動行為（例如狗跟小孩或者是兩隻狗之間），以免衍生危險。

特別是當我們想要教導我們寵物有關融入人類環境的必要技能時，能不能表達清楚事關重大，因為這並非僅限於自家範圍內，還涉及更重要的走出家門、跨進社區；這對狗來說非常要緊。我個人一步一腳印的經驗告訴我，要成為一個有效的溝通者真的很難。我讀越多狗狗行為的書，越意識到自己給的信號有多模糊不清。已過世的蘇菲亞．尹（Sophia Yin）所著的《教寵物身教重於言教》（*How to Behave So Your Dog Behaves*），是我最喜歡的其中一本訓練指南，書名開宗明義就上了寶貴的第一堂課：九〇%的對狗訓練其實是對人訓練。其中一個例子是：某人按了門鈴，狗就狂叫了起來。我們的第一個反應可能是大叫：「**閉嘴！**」——但這感覺上像是在對狗說：「哦天啊，怎麼了？有人入侵？那我們繼續狂吠吧！」

某些動物行為學家還會進一步區隔行為良好的狗和服從的狗。[6]服從的狗凡是被要求怎麼做就怎麼做，即使是處在一種矛盾或高度緊繃的情境下。但服從的狗不見得不會有惱人的行為，例如不停用爪子抓主人以引起注意。反之，行為良好的狗則會在他的人類環境中表現出「符合社會禮儀」的舉止。他對於不同情境都能回應得當，且不會出現打擾主人的行為。想要有一隻行為良好的狗，講求的是溝通和教導的方法，根據《社交狗：行為與認知》（*The Social Dog: Behaviour and Cognition*）裡某一章提到的，必須「超越行為主義論，把焦點從放在服從訓練升級到擁抱狗狗世界的多元認知，才得以開發其生活技能。」人類和狗的溝通系統不同，「在處理從環境和從對方所獲得的資訊時所產生的解讀也有異。」[7]這是狗為什麼會「行為不端」且不理我們指令的一個原因。指令基本包含了語言和非語言的雙重元素，即使主人自己並未察覺，狗卻必須正確無誤地同時處理兩者。接著，主人必須處理並正確解讀狗所放出的信號。事情有可能在兩端都出錯。要是某項指令存在無法辨識或聲音迴異（比如語調差異）的現象，說不定狗就不會服從。因此，如果一隻狗習慣了主人總是以精神飽滿又快樂的聲音發出命令的話，可能不會對主人突然發出的怒氣沖沖叫嚷語氣做出回應。狗對於環境也很敏感，好比身處的位置。一隻受訓在廚房「坐下」的狗，或許不會回應在海邊或在狗狗公園的「坐下」。

將狗擬人化的傾向有可能引發緊張關係或誤解，因為寵物主人可能會對於狗為什麼做某件事遽下帶有問號的推論。打個比方，我們常常聽到寵物主人說：「我們家麥克斯（Max）在家裡尿尿，因為他很生氣我們整個週末都把他留在家裡。他懷恨在心。」不能只因為主人懷恨在心，我們就斷定狗也是。

科學研究向來較少關注貓和人類之間的溝通，但情況似乎正在改變，有關我們如何了解我們的貓，以及他們如何了解我們的興趣日益升高。新研究證實了貓主人長久以來的認知：貓如今有各種方式告訴我們怎麼做可以讓他們覺得最舒服。他們用他們溫柔的「來這裡喵」和他們急切的「現在餵我喵~嗚」，跟我們說話。而我們（冒著被銳利的爪子抓以為譴責的風險）學會解讀他們的眼睛、他們的尾巴以及他們身體的律動。某些人指出貓其實不太會透過臉部表情進行溝通。比如坦普・葛蘭登（Temple Grandin）在《動物造就我們的人性》（*Animal Make Us Human*）裡說，貓的臉面無表情到「近乎空白」。[8]她真該見見索爾，他的臉充滿了情緒性線索。保羅・雷豪森（Paul Leyhausen）的經典著作《貓咪行為》（*Cat Behavior*）裡的動物行為圖，包含了貓的各式各樣臉部表情以及他們可能的含意；對我而言，這是貓臉能告訴我們很多事的有力證據，即便貓比狗更難以捉摸些。

隨著對貓行為研究的增多，覺得貓冷漠且自戀的刻板印象開始逐漸減退。貓或許不像狗那麼善體人意；狗似乎懂得我們什麼時候想要他們把頭靠在我們的腿上，或用鼻子摩擦我們的手。但貓其實**有**在留意。舉例而言，最近有一項針對家貓「社會參照」行為的研究，目的是在於確認貓能否解讀他們主人的面部表情以及語調，尤其是他們能否根據這些情報導引自己的行為。研究人員這次使用了一種新刺激法，主角是一台綁著綠色蝴蝶結的電扇，並要求主人注視著這台電扇，一開始先是面無表情，接著顯現出高興的面部表情，最後則是害怕。有超過四分之三的受試貓咪會盯著他們的主人看他們對電扇的反應，然後出現同等反應。

家中養的如果是像大白鼠之類的動物，恐怕會相當缺乏溝通的相互作用，寵物主人需要更費勁地解讀其行為信號。行為是進入寵物情緒世界的一扇窗，能讓我們知道他們是否覺得舒適安全，或者他們覺得害怕、身體不舒服或是慘遭疼痛所苦。大白鼠用吱吱聲溝通，人類的耳朵大部分都聽不見，不過我們能聽到他們磨牙的聲音（他們的前齒輕輕摩擦，是一種放鬆的訊號），而且往往能看到伴隨著磨牙動作而來的驚恐眼神——他們的眼睛看似在眼窩裡不停抖動。我頭一次看到女兒養的某隻大白鼠流露驚恐眼神時，還以為我們得趕快帶那隻可憐的小動物去看醫生了。幸好我女兒讀過上百本有關大白鼠行為的書，很清楚是怎麼回事：牽動下巴的肌肉通過眼睛後方，所以一旦下巴快速來回移動——比如磨牙——時，眼球也會跟著動。如果她的大白鼠們因為「充氣」而不適的話，她也立刻就知道。毛髮豎立通常意味著緊張，或者是疼痛的信號。[9]

雖然我們很愛說個不停，但得提醒我們自己，對某些動物而言，人類的言語攻勢一點都不討喜。比方說吧，假如我在PetSmart抓起一隻大白鼠，把他放到我臉旁開始輕輕地說：「真是個小甜心哪！太可愛了！看看那些可愛的小鬍鬚！」我想那隻大白鼠一定會覺得渾身不舒服。同樣地，對壁虎、蛇、小白鼠和寄居蟹來說，人類的聲音其實會讓他們感到恐慌。

儘管跟我們的寵物說話是建立良好關係的重要元素，尤其是懂得傾聽，但有的時候就這麼安靜下來一會兒也是很有用的。我們剛從收容所把貝拉領養出來時，我很堅持要教會她如何做一個與大家和諧共處的家庭成員，以及人類世界的好公民（而且她有**一大堆**得學），我讀過一本很棒的訓練書，它對於你到底該跟你的狗說多少話方面確實很管用。它啟發了我，原來並非所有友善的互動都是好互動。那本訓練書說，如果你一直說個不停，狗狗可能會變得麻木：你的聲音會變得猶如背景的一部分。所以，一旦你命令你的狗做某件特定的事，比方說「過來」或者「別碰」時，她恐怕只會認為你又在喋喋不休罷了。

我也懷疑，我們的寵物是否同樣需要點平靜安寧的時刻。聲音景觀在人類福利上是一個很重要的面向，關於環境健康的研究不斷告訴我們，住在很吵雜的工廠、公路或機場附近會對健康造成不利影響。就非人類動物的福祉以及壓力程度而言，聽覺環境也非常重要。眾所周知高強度噪音會損及實驗室動物的福利，也會改變其行為和生理。不自然的高強度噪音也會影響野生動物，我們想必都見識過聲納對鯨魚和其他鯨目動物的致命影響。噪音對關在庇護中心裡的狗和貓是個嚴重問題，也是導致所謂狗窩壓力症候群（**kennel stress**）的重大成因。我沒看過有關家中寵物伴侶聽覺環境的研究，但我覺得這是個嚴重的福利議題。我擔心我們家的金魚迪柏絲和克朗戴克會因為過濾系統持續不斷的嗡嗡聲而覺得有壓力。（真的很大聲，我在樓下都聽得到。）我們試過各種系統，包括金魚悄悄話（**Tetra Whisper**）和靜音水世界（**Aqueon QuietFlow**），但都一樣吵。可是，金魚沒有濾水器不能活，我又能怎麼辦呢？

有些人會把焦點放在比較形而上、比較精神層次，很難將其付諸言詞或轉換成資料的「知」與「說」形式。這讓我想起了亞倫．波恩（**J. Allen Boone**）一九七〇年代廣受歡迎的經典著作《無聲的語言》（*Kinship with All Life*）。波恩的現代版就是動物溝通者。你隨便查一下電話簿或上網搜尋一下，都能在你的所在區域找到一個。這些人聲稱能夠透過心靈感應和讀心術跟我們的寵物伴侶說話。無論是你的狗走丟了，或是你想知道你重病的貓是否已「準備好」安樂死（**euthanasia**），都能尋求溝通者的協助。我花了兩分鐘上網搜尋了一下，就列出了一張離我家三十公里之內的七位溝通者名單，我確信如果我剛剛繼續搜尋的話，還能找到更多人。我住在科羅拉多州（**Colorado**）柏爾德（**Boulder**）附近，搞不好真的很難得地竟然有這麼多溝通者也在此。

我頭一次坐下來研讀有關跟動物心靈溝通的書時，內心頗為抗拒。不過我決定以開放的心態接觸這些資訊。我選了一本「透過直覺式溝通解決行為問題」指南——瑪塔・威廉斯（**Marta Williams**）的《詢問你的動物》（***Ask Your Animal***）。她說任何人都可以跟他或她的寵物伴侶進行心靈感應式溝通，並不需要有天賦靈媒能力（但有的話肯定會有所幫助）。你需要做的只是立定你的心念，然後「想著」你要傳達的訊息；接著打開你的心靈／心智，「傾聽」答案。

這本書對我來說很不易讀，但並不是因為我抗拒可以在沒有（或說得更準確點，是「超越」）慣用的語言或非語言為媒介的情況下溝通的概念。我心存疑慮的部分是，威廉斯書中提到有關狗、貓還有其他動物都能夠用人類說的話跟我們對話，他們會在心靈溝通時使用英語

（或法語或隨便什麼語）來溝通。她寫道：「你可以（從你寵物伴侶）接收到內心發出完整的字或詞，甚至是一整句和一整段」，就像當時那隻貓跟威廉斯說了「往上」兩個字一樣。（他在鄰居的屋頂上。）[10]

我試了威廉斯建議的方法。貝拉在我旁邊的沙發上睡覺。我立定心念，想著那些字從我腦中躍過空氣飛進貝拉的腦海裡：「妳要玩飛盤嗎？」我欣喜地看到貝拉立刻抬起頭，抓起放在她旁邊的橘色 Chuck-it 飛盤。她跳下沙發，看著我，眼裡閃著那特別的「哦天啊，現在是遊戲時間」的訊息。我還是沒被說服，不過也不是不相信。

直覺式溝通最有價值的部分似乎在於充分聚焦於人類與寵物間的情感連結，以及體認到開放與靜心有助於人類理解寵物，也有助於他們被我們了解。然而我所擔心的是，萬一心靈開放的運作缺乏以動物行為知識做後盾的話，說不定會導致我們的寵物無法獲得他們需要的協助。一般會用到動物溝通者的某種常見情境是臨終關懷，這時會請他們前來協助家人了解梗犬泰迪（Teddy）已經做好離世準備，而且可能必須接受安樂死。然而，泰迪在這種情境下真正需要的（就我個人看法而言）或許是一個善於辨識並處理疼痛和受折磨信號的獸醫。

與寵物伴侶共享生活，讓我們感受到最具轉念價值的某個部分，也許就是那種能夠搭起鴻溝上的橋梁、學習如何相互溝通，以及自我混為一體的感覺，或援用哲學家的說法就是互為主體性。這趟發現之旅包羅萬象，從學習大自然歷史和某個特定物種行為，到熟悉個別動物的型態和個性，而且說不定還會就此開始對於跟我們「同宗」的新物種抱持著開放態度。

第十一章　動物亮晶晶

她優雅漫步，宛如夜空。

拜倫（Lord Byron），〈她優雅漫步〉（She Walks in Beauty）

我先生的同事唐娜（Donna）有一隻西高地白梗叫做叮噹小仙女（Tinkerbelle）。唐娜最近帶點靦腆地向我坦承，她很愛幫叮噹穿上可愛的小衣服。「我一把要給叮噹穿的衣服舉起來，她就會很興奮，」唐娜說：「她喜歡看起來美美的。」我問我朋友珊蒂（Sandy）會不會給她的狗胖奇（Punch）穿衣服時，她不可置信地笑著說：「當然會啊！尤其是野馬隊比賽的日子。」我承認在我女兒小時候，我會幫我們的狗穿上萬聖節服裝，因為她覺得那樣很有趣。瑪雅成了個巫婆。我們大笑著，一起拍照，還說：「哦天哪，可愛死了！」瑪雅被制服了，她的尾巴往下垂了一點點。她還是很高興跟我們玩著不給糖就搗蛋的遊戲，但如果能還其本色無疑會更開心。我女兒還有一回把瑪雅的指甲塗上發亮的粉紅色指甲油（她看起來美呆了！）。我們的寵物是我們的一種表徵，尤其是我們的狗，因為他們跟我們一起走向世界的距離遠超過其他大多數寵物伴侶。把他們裝扮得很有型是件很有趣的事，而且這些裝扮絕大多數都是無害的，說不定他們也覺得樂在其中，要是他們很樂於沐浴在我們關注的光環下的話。

讓我們很快地瀏覽一下某些新的「動物亮晶晶」（animal bling）產品：可以拿來在寵物伴侶的毛上作畫的吹管彩色筆（無毒）、亮光指甲油（也無毒）、手織毛衣、薰衣草香味沐浴乳以及繡花項圈。某間叫做後排檔（Rear Gear）（又稱為「再見桂圓眼」（No more Mr. Brown Eye）」的公司，銷售的是狗和貓的屁眼遮。這些小吊牌「遮住你寵物伴侶的後面，讓他更有自信」。而且有各種式樣可供選擇，包括危險廢棄物標誌、警徽、愛心，還有杯子蛋糕。這些產品聽起來或許很可笑，但基本上也無害。

我們很容易卯起勁來投入讓動物變得亮晶晶的領域。極端做法的例子也屢見不鮮，像是給狗穿真正的毛外套，這從很多方面看來都不怎麼妥當。不過人類夢想給寵物伴侶的某些怪異產品，有些還真的發揮了增進我們寵物伴侶福利的效用，好比修護狗鼻乾燥問題的護鼻膏Snoutstik，以及為步履不穩的老狗設計的矽膠防滑趾套。

然而，有些動物亮晶晶的產品卻越過了界，對於動物福祉造成不利影響。其中一種惹人議論的「裝飾」是寵物伴侶的身體藝術，比如刺青和耳洞。我說的不是那種越來越普遍用來當作一種永久性身分識別，或標示著該動物已經結紮的小小刺青圖案（貝拉的肚子上有個小綠點，是收容所做的記號）；這些是有用的，動物承受那短暫的不適是值得的。我說的是有個男人把一顆寫著「Alex/Mel」的大紅心刺在他的狗身體的側邊，還有個女人在網站上賣穿了耳洞帶著耳環的「哥德風」貓咪。為了因應此類案例，有些州已經立法通過，將幫動物刺青和穿耳洞等行為列為觸犯虐待動物法。

動物裝扮也可能衍生問題，也就是萬一寵物主人一逕地把寵物伴侶預算花在不必要的錦上添花上，卻沒把錢花在必要項目的話。我知道有某位女士每個月都幫她的狗添置幾件新衣服，卻沒帶她的狗去過獸醫診所，因為「負擔不起」。她是個特例嗎？從產業銷售數據看來，寵物主人每年花在寵物用品（不包括食物）和打扮上的錢比獸醫護理還多。[1]當然，綜合性銷售數字無法看出個別消費習慣，但至少凸顯了優先順序誤排的可能性。平均而言，寵物主人花在獸醫護理的預算遠不及應有水準。至少有四分之一的狗和貓從沒看過獸醫，且有好幾百萬隻的慢性疼痛或步行困難疾病未獲得治療，主人要不是沒注意到，就是手頭吃緊無法處理。這些花錢購置華麗項圈和寵物伴侶個人化飯碗的人，是會在獸醫診所大方支出以保其寵物伴侶健康舒適的同一批人嗎？我不知道答案，但我希望是。

寵物業鼓勵我們去幫寵物伴侶買吸睛的產品。然而，所有額外支出其實都是圍繞著那基本產品而來，也就是活生生的動物。我在後面的篇章會談到把動物當作大宗商品銷售的道德問題（尤其可參閱第三十八章「活體動物產業」）。我在這裡想提的只是，在某些動物亮晶晶的產品中，動物**本身**就是那亮晶晶製品，就我個人淺見，這實在不妥。其中一個很糟的例子就是所謂的活項鍊（living necklace）。墜子是個裝了水的小塑膠袋，裡頭塞的像是一隻烏龜或一條魚之類的小生物。烏龜和魚項鍊在中國變得非常流行。無需贅言，項鍊撐不了多久就壞了，因為那些生物很快就死亡，並開始腐爛。另一個有些曖昧的例子在你家附近的店裡很容易看到，就是發亮的寄居蟹。寄居蟹的殼在正常情況下都是頗為單調的棕色，現在被塗上了彩虹漩渦，或是超級歪色彩，又或者是個超人英雄圖案。問題不是出在繪畫本身，繪畫不會傷及那隻蟹，只是如此一來可能會扭曲消費者購買的本質。美國如今的購物商場經常可見叫做蟹之小屋（The

Crab Shack）之類的店鋪，把畫過的寄居蟹像玩具一樣展示出來以引發衝動性購買。這些寄居蟹的售價不怎麼高，附上一個大約等同一張索引卡尺寸的小型塑膠「棲息地」。這就是那倒霉的寄居蟹度過其短暫又孤寂的餘生的所在地。寄居蟹（萬一你不清楚的話）是群居動物。

第十二章 開屁屁的玩笑

「後排檔」的屁眼遮訴求的主題是羞恥心。廣告說（我想應該是玩笑話吧）狗覺得「桂圓眼」讓他們很不好意思，所以會希望能用東西把他們的屁眼遮起來。毫無懸念地，後排檔在社交媒體引起了廣泛注意，讓反狗人士有了個指稱養狗人士有多可笑的絕佳機會。後排檔也引燃了某些養狗人士的怒火，聲稱給狗戴個「美臀牌」形同羞辱。或許後排檔有些可笑，但它的確點出了頗為嚴重的問題。在享受動物的可愛和羞辱他們來取樂之間，以及在跟他們**共樂**和拿他們來**取樂**之間，有著一條很細的線。當我們把動物置於圍繞著羞辱而生的趣味情境時，就不再是一種無害的樂趣。重點不在於動物是否有能力感到羞恥或受辱，我們對他們的態度和意圖才是關鍵所在。

一旦危及動物的福利時，羞辱是異常嚴重的問題。舉個例子來說，一群人參加派對，某個人提議把狗灌醉會很有趣。由於很多狗都很喜歡啤酒的味道，所以那隻狗看起來好像很樂意參與那場惡作劇。喝啤酒的狗被拍下來，放上了Instagram或是臉書。大家都哈哈大笑。然而，這並不像萬聖節裝扮那麼無害，而是近乎虐待。想想最近一群兄弟會的大男生把一隻倒栽蔥的黑色拉不拉多小狗米亞（Mya）拍下來──她被頭下腳上地抓著懸在一個桶子上，靠近桶子的嘴裡塞著啤酒瓶蓋──放到推特（Twitter）上所引起的軒然大波吧；那些男孩後來被控虐待動物。

藉此來談談網路最近流行的一種叫做「寵物告解」（pet shaming）的現象，可說是再適合不過了。這些照片或影片展示的動物看似犯了錯，不僅有白紙黑字的認罪告白，往往還附上見了鬼的罪證。絕大多數告解動物都是狗和貓，不過我也看過一些做錯事的雞和一隻做錯事的烏龜。黃色米格魯美魔女（Maymo）承認她把一隻填充大象的臉咬掉了；哈巴狗西馬諾（Shimano）說：「我吐在床上三次，媽媽還沒來得及清理前我就把那些吃了。」一隻漂亮的三花貓承認：「我尿在那隻倉鼠身上。」還有隻黑貓很抱歉把四百美元的退稅支票給吃了。我覺得寵物告解很好，因為我看到其他人的寵物伴侶跟我的一樣頑皮，甚至還可能更糟。不過我特別喜歡的是，這些寵物主人相當善待他們寵物伴侶的「不良行為」。

第十三章 播下同理心的種子

我朋友瑪姬（Maggi）八歲的女兒寫了封信給她：

親愛的媽咪：

我生日想要一隻倉鼠。我覺得他們真的很可愛愛愛！！！而且，我一定會很負責的。

第一，我會好好照顧她。我每天都會餵她。而且，我會跟她玩，教她把戲，在我房間散步，還有在她的轉輪上跑步。

第二，我每個禮拜四都會清理她的籠子，換上新的褥墊。會把食物和水裝進她的碗裡和瓶子裡。還會擺一些她的玩具，例如隧道和轉輪。

每個來我們家的人都會喜歡她的。而且，我會讓她在我房間跑來跑去做運動。我也會讓她在我朋友和我的身上爬來爬去。

最後，基於我所列的這些細節，我們應該要養隻倉鼠。而且，我覺得這對我有幫助。我已經可以為某人負起責任了，你不覺得嗎？

愛妳的女兒上

這對許多為人父母者來說都不陌生：小孩想要——哦不，是**需要**——一隻寵物伴侶，而且願意為此付出任何代價。我們應該對他們的懇求讓步嗎？

幾個禮拜前，我親眼目睹了一個寵物多麼具有吸引力的普通場景。我在折扣輪胎（Discount Tire）排隊等著換輪胎。排在我前面的女士牽著一個差不多八個月大的小女孩。有位帶著北京狗的女士走了進來，排在我後面。當北京狗一走進門，小娃娃的眼睛就直盯著那隻小狗看。我向來很喜歡小娃娃，所以試著挪一下身，微笑擺頭想吸引她的注意。但她對我毫無興趣，全都是因為那隻狗。我應該不會對她的反應感到驚訝，因為我剛好正在讀蓋兒．梅爾森

（Gail Melson）很棒的一本書《孩子的動物朋友》（*Why the Wild Things Are*），該書探討了動物在兒童生活中的角色。

人類迷戀動物幾乎是打從出生就開始了，而且深植於我們的生活。嬰兒處理動物的視覺影像要比無生物的影像快得多。幾乎所有幼兒天生都對動物存有好奇心和興趣，而且在他們從孩童至成人的發展階段，無疑也會逐步形成對動物所抱持的信念以及態度。[1]很多孩童之所以會跟動物發展出關係都是因為家裡有飼養寵物伴侶。在有寵物陪伴的家庭中長大的人，往往會認為跟寵物同居是他們生活中很重要的一環——他們會變成未來的寵物主人。跟狗一起長大的小孩，通常都會養狗；貓小孩則會養貓。

生態學家康拉德．羅倫茲（Konrad Lorenz）寫道，孩提時代飼養寵物伴侶讓我們能夠「在我們人類內心播下在創造和自然之美中，才得以發現的歡愉種子。」[2]羅倫茲的說法對嗎？孩提時代飼養寵物伴侶，能夠將跟自然之間的聯繫感、對寵物伴侶的同理心和責任感逐漸灌輸進我們小朋友的腦海中嗎？或者它教導我們小孩的是，動物存在的最大意義是滿足我們的幻想和取樂，所以把動物關在籠子裡，否定她本身的生存權沒什麼不對？寵物伴侶對孩子有好處嗎？孩子對寵物伴侶有好處嗎？

有關家中有寵物伴侶究竟能否養成小孩責任心的研究相對罕見；[3]我想那可能得視我們對「責任」的定義為何。如果我們的目標是教導孩子如何負責任地照顧寵物伴侶，那麼讓他們在有寵物伴侶陪伴，以及父母從旁指導如何善盡照顧責任的環境下成長，勢必最有助於他們擁有這些技能。其中關鍵在於父母必須擔綱「指導」妥善照顧之職，而非僅把責任丟給孩子；況且十分普遍的現象是，賦予了孩子一個比他們自己願意承擔的還要更高的責任層級。如果目標是教導孩子擁有更廣泛的責任感，例如很負責地按時把功課做完，或者是不用叫就能完成自己份內事，那麼我猜，照顧寵物伴侶就跟教這些，嗯，做完功課或完成份內事之類的技能差不多。

近期的一項研究顯示，在有寵物伴侶的環境中成長，似乎和社區參與以及社會責任之間存在著正相關。發展心理學家梅根・穆勒（Megan Mueller）發現，影響孩童的並非家裡有寵物這件事本身，而是孩童與寵物伴侶之間關係的品質。他們參與照顧寵物的程度越高，就越有可能從事社區服務以及協助朋友和家人。根據穆勒的說法：「此研究顯示出，與寵物伴侶關係緊密的青少年，跟他們社區以及親友間的關係也較緊密。」[4]

建立起同理心，是父母想為他們小孩找隻寵物伴侶的其中一個主要原因；這也是我當時的主要動機。我希望我女兒能發展出德國哲學家亞瑟・叔本華（Arthur Schopenhauer）所稱的：

「對所有生靈無界限的同理心。」瑟佩爾和伊莉莎白・保羅（Elizabeth Paul）表示，寵物伴侶可以充當動物大使，猶如一種「跟其他動物族群間的道德橋梁」以及跟大自然之間的道德橋梁。寵物伴侶能夠達成這樣的使命，是因為他們在人類和動物之間擁有一種跨界地位。而且事實上，某些研究指出，與寵物伴侶間擁有正向關係往往能發展出以人性化的態度對待動物，並會進一步延伸至對其他人也抱持著同理心。舉例而言，某項研究發現，學前兒童對寵物伴侶的同理心跟對校內其他學童的同理心之間存在相關性。跟動物情感連結度最高的孩童，同理心的得分也最高。[5]

跟寵物伴侶一起長大的小孩，成年後也可能比較具有同理心——尤其是對動物。瑟佩爾和保羅發現，孩提時代養過寵物伴侶，跟關心動物和食品道德風險規避（素食主義）、加入動物福利組織，以及加入環保組織都具有高度正相關，雖然在環保方面的關係度要低得多。[6]同理心並非只是一種情緒性反應，而是以知識和經驗為基礎建構起來的。對他人的理解越深，就越有機會激發同理心。小孩跟寵物伴侶住在一起，或許有助於學習了解動物，尤其是動物的情緒，這是沒有飼養寵物伴侶的小孩所缺乏的。

然而，針對「寵物伴侶打造同理心」這個說法，依舊缺乏科學研究的實證定論。對於如何準確評量對動物和對人類的同理心，以及飼養寵物伴侶對於孩子在同理心的發展方面，我們還沒有辦法掌握得很好。某些研究顯示，有飼養寵物伴侶的孩子並不會比沒飼養寵物伴侶的孩子更具同理心。這有點像是認為同理心屬於一種廣義的直覺特質，所以對其他人有同理心和對動物有同理心是連在一起的（你對其中一種越有同理心，就會對另一種也越有同理心）。但我們並沒有支持此直覺想法的研究，而且我們也不清楚動物導向和人類導向的同理心，跟孩提時代飼養寵物伴侶之間的關係是如何發展出來的。[7] 此外，同理心也可能非常狹隘，一個小孩可能只對狗和貓懷有同理心，卻對豬、雞或昆蟲的困境無動於衷。萬一我們傳遞給孩子有關動物和慈悲的訊息曖昧又矛盾，那麼飼養寵物伴侶恐怕反而會徒增他們的困惑。

父母讓孩子飼養寵物伴侶的另一個動機是培養他們對於科學的興趣，尤其是生物學。這也是我縱容女兒對動物的興趣，並鼓勵她養各種不同生物的另一個核心因素。我在這方面的成效卓著：她小時候都把時間花在讀有關大白鼠和壁虎的書籍，而不是看《孟漢娜》（*Hannah Montana*）。而今，已經上中學的她，生物是她最好也最喜歡的科目。有關兒童飼養寵物伴侶是否會影響他們對科學和大自然的興趣的研究付之闕如，不過我猜，在動物的陪伴下成長的確會激發很多兒童的科學好奇心。

現在，進入了我們寵物伴侶與兒童問題的第二個部分，一個在學術研究領域極少獲得關注，且在友善陪伴關係中也罕見觸及的部分：把有知覺的生物放到一個還未成熟、仍在發展中的小小人手上，道德嗎？要是你養過小孩和寵物伴侶，我想這個問題或許會讓你有點不舒服。我就有這種感覺。無論我們有多想要我們的小孩變成負責任的大人，但他們實際上，就是孩子。

用動物去教導責任感似乎不公平，尤其是在小孩還未嫻熟於負責任的照顧技巧之下，動物恐將時不時陷入困境。我認識的某個家庭是由孩子們負責餵狗的；如果他們忘了，狗就得挨餓。這個案例是教養不當，還是未善盡照顧動物之責？還是兩者都是？無論如何，遭殃的都是那隻狗。另一個朋友則做了個實驗，想看看她的四個女兒到底對她們的寵物鼠有多負責。我朋友把大白鼠籠放進衣櫃裡，讓它沒那麼顯而易見（她還是會照常餵食和確認他們的飲水）。結果，這四個八到十六歲的女孩子，兩個禮拜後才注意到大白鼠不見了。這堂拿走課對孩子們很有用（「要是你沒辦法信守承諾的話，就不應該飼養寵物伴侶」），但同一時間，那些大白鼠整整兩個禮拜都待在暗無天日的衣櫃裡。

孩子們真正想做的，當然就是摸和握。不過小孩子在碰觸動物時難免有些粗魯。尤其是幼兒，他們的運動控制還不完善，所以無論多努力，恐怕還是會有一段無法溫柔對待動物的時間。通常只是因為沒有人教他們要如何輕輕地握住一隻小動物，或是如何對一隻狗或貓適當表達愛意（例如，**不要**硬擠硬捏他們的脖子）。諷刺的是，父母為小孩選的寵物伴侶往往都是口袋寵物伴侶，因為便宜、短命、容易養（就算你只做最起碼的事情）、不像狗或貓要求那麼多，而且一旦小孩玩膩了也很容易轉送。然而，這些動物這麼小，遠比狗或貓脆弱得多，更禁不起粗魯的握法。他們比較不適應人類環境，也更容易因為聲量太大和大量活動而感到緊張。寵物店一般賣給小孩當作「起步寵物伴侶」的動物——倉鼠、沙鼠、寄居蟹——通常都比像是球蟒或蜜袋鼯等「進階寵物」更頑強。「起步寵物伴侶」其實是一種誤用。拿豹紋壁虎來說吧，他們通常被歸為起步寵物伴侶的族群，但他們的需求非常複雜，且要營造一個適當環境的難度非常高，就算是那些非常清楚壁虎生態的人也一樣。而且，壁虎基本上並不喜歡被人抓在手裡。

孩子和動物一起玩樂的畫面十分溫馨，想在家裡養動物最有力的其中一個理由就是要讓小孩有個伴。但往往孩子們玩的方式都純屬單向式，甚至有時候還是動物所不樂意的。舉個例子來說吧，我小時候很喜歡幫我的狗布朗尼（Brownie）打扮。他很討厭這個，而讓我覺得很有趣的一個部分就是他臉上那生氣的表情。雖然布朗尼不覺得好玩，但應該還不至於構成虐待。然而，某些玩法可能趨近於全然的殘忍。我永遠忘不了有一天我到某個朋友家去剛好看到她女兒在浴室裡的情景。浴缸裝滿了水，那小女孩把她的兩隻寵物鼠放進水裡，讓他們「練習游泳」。如果你曾經讀過有關所謂強迫性游泳測試——用來研究大白鼠在面對高度壓力與絕望之際的生理反應——的描述的話，完全就是我所看到的樣子：大白鼠身處裝滿水的浴盆裡，無路可出也無法休息，因為周圍太高太滑。發生這些事時，那小女孩的媽媽在哪裡？

同時，我們也不能輕忽兒童虐待動物的數據，那看來就像是令人不安卻稀鬆平常的「成長」經歷（請見第二十六章「殘忍、虐待、忽視」）。絕大多數的孩童虐待事件都發生在家庭寵物伴侶身上，而非偶然撞見在該處徘徊的流浪動物或走失的動物。小孩的虐待方法有時候是從父母那裡學來的，但不見得都是如此。好父母並不能保證小孩就不會錯待動物。只要寵物伴侶和孩子占據著相同的個人領域，動物就面對著一定的曝險程度以及受傷害的可能性。

家裡有寵物，也可能意味著給孩子上了一堂錯待、矛盾，甚至是虐待的課。對動物殘酷以待的父母引領他們孩子學會的是殘忍；對動物暴力相向往往會從這一代傳到下一代，就像遺傳疾病似的。寵物伴侶也經常變成家庭暴力的箭靶，被父母拿來懲罰或威脅孩子（請見第三十章

「關係的連結」)。即使實質的暴力是對準孩子，但動物也不免受到波及。我所聽過最駭人聽聞的其中一則故事是，母親非常生氣她兒子沒好好做功課，結果他受到什麼懲罰？她叫他用榔頭砸死他的倉鼠。

我想表達的並非小孩和寵物伴侶是一種不良組合。事實上，寵物在小孩的生活中得以發揮非常重要的功能，尤其是在培養同理心和惻隱之心方面。想要邁入學會憐憫和尊重動物的一條康莊大道，就是跟某隻特定寵物建立起深厚友誼。而觀察及學習動物的生理與行為，也有助於小孩開發有關生理世界如何運作的知識。家中有寵物，也能讓父母有機會教導小孩如何在動物和孩子都能免於受傷害的情況下跟寵物互動。不過，不得不承認無論對小孩或寵物而言，有時仍難免得有所取捨，對後者來說尤其屬實。而且，究竟今天這種大受小孩歡迎的特定飼養寵物伴侶方式——讓動物離開他們野外的家，把他們變成寵物伴侶（例如從附近的湖中撈青蛙或蝌蚪），然後把小動物、爬蟲類、兩棲動物和魚關在小籠子或魚缸裡，美其名為「悉心照料」——是否真能教會他們心懷慈悲，依舊是個問號。

至於瑪姬女兒寫的那封要求飼養寵物伴侶的可愛信，朋友們都極力主張千萬要小心。「倉鼠，」他們警告：「是先導寵物。」

第十四章 寵物伴侶與我們的健康

「寵物伴侶讓我們更健康！」是飼養寵物伴侶議題中最常聽到的似是而非的言論之一。差不多每個禮拜都能看到某些煽情的新標題寫著：「為何養狗能讓孩子免於哮喘之苦」（《時代》（*Time*）雜誌）；「你的狗說不定是減肥祕方」（凱薩·米蘭（Cesar Millan）的網站）；醫藥網 WebMD 告訴我們：「飼養寵物伴侶能讓我們遠離憂鬱、降低血壓、增強免疫力。說不定還能改善你的社交生活。」[1]這些動人篇章讓我們覺得飼養寵物伴侶，似乎是你為了提升健康與幸福所能做的最佳選擇。而許多科學方面的媒體報導，基本上都是把焦點放在某一項小型研究上，然後從當中的數據擷取能夠拿來大做文章的片段並據以做出結論（無論合理與否）。他們營造出一種印象，讓我們以為就算我們十分了解動物與人類健康之間錯綜複雜的關係，但離實際該做的還差得很遠。

大家最有興趣的部分（至少近來如此）是寵物伴侶能夠為我們的健康帶來多方面的正向影響。有關健康益處的研究雖然頗為零碎，卻非常引人注目，這裡舉出的只是其中的幾個片段（全都來自於布魯斯．海德利（Bruce Headley）和馬可斯．葛拉布卡（Markus Grabka）二〇一一年彙整的研究報告綜覽）。[2]第一批有關寵物伴侶與健康之間關係的某項大型研究，是艾瑞卡．佛萊曼（Erika Friedmann）跟她同事於一九七〇年代所做的，他們觀察寵物伴侶帶給主人的生理變化，並提出這些變化是否有利於我們的健康。針對某冠心病醫護單位患者的研究顯示，家中有飼養寵物伴侶者的身體狀況比沒飼養寵物伴侶者佳。其他研究顯示，養狗的人在心臟病發之後一年內死亡的機率低於沒養狗者。一大群申請醫療補助的人中，有飼養寵物伴侶者比較不會因生活中的逆境而受挫，也比較少看醫生。老年人如果有飼養寵物伴侶且與其關係密切，則衰老的速度較沒有飼養寵物伴侶者慢。在有寵物伴侶的家庭中長大的小孩，似乎罹患哮喘的風險的確較低。天竺鼠和狗或許有助於自閉症傾向兒童的社會互動。

同時也有證據顯示寵物伴侶有利於我們的精神與情緒健康。首先提出這個概念的是鮑利斯．列文森（Boris Levinson），他讓他的狗協同治療。列文森發現，對於精神治療師而言，狗能發揮高度的協助價值，因為只要有狗在，就能增強互動、開啟人心，並有助於人們放鬆。動物似乎具有一種壓力緩衝效應，許多針對有寵物伴侶在旁時的生理反應（如血壓），測量研究也都得出類似結果。例如，一項針對老年人所做的研究顯示，跟狗一起漫步時的壓力程度遠低於獨自散步。其他研究也顯示，房裡有狗陪伴在側的降血壓效果比使用血管收縮素轉化酶（angiotensin-converting-enzyme, ACE）抑制劑還高。跟狗互動得以增加催產素；催產素是一種類似荷爾蒙的縮氨酸，與信任感、社會連結及快樂有關。而有關動物是否有利於憂鬱症、創傷後壓力症候群，以及阿茲海默症等患者的研究，目前仍在持續進行。

動物是一種社會資本，能作為一種社會潤滑劑，他們為我們跟其他有可能成為朋友的人搭起橋梁，並協助人們展開社會互動；社會資本——我們的社會關係以及社會支持系統網絡——能提升我們的健康。[3]狗能幫男人碰見女人，貓能讓男人看起來有型又性感。（有一種頗奇怪的性別置換現象，雖然帶貓的男人很性感，但帶貓的女人卻難以免俗地被套上詭異的標籤。）寵物伴侶有助於舒緩社會排斥的痛楚，似乎能讓很多人覺得開心。說不定寵物伴侶也能讓我們變得更聰明；在一項實驗室的測試中，有狗在旁能降低認知方面的錯誤率，並提升資訊記憶力。

然而，我們在談論各類有關研究時，仍然必須抱持著審慎的態度。例如，我們並不能就此宣稱「寵物伴侶能使血壓降低」，因為尚未針對不同群體、跟動物間不同形式的互動、特定情況等等，做出系統性研究。再舉個例子，某種型態的家庭比其他型態更傾向於飼養寵物伴侶，且這一類家庭的孩子比較不容易得哮喘，也是很有可能的。要建立起因果關係的難度很高，我們在接觸有關寵物伴侶與健康的研究時，絕大多數都應帶著幾分質疑的眼光。

儘管跟動物同居好處多多，卻也不免造成健康上的負擔。我們暴露在病菌中，而且可能成為每年被狗咬的四百五十萬美國人中的一分子，或是因為絆到寵物伴侶而重傷的八萬五千人中的一員。某個比較少被注意到卻相當嚴重的問題，是寵物主人所面對的壓力。我估計我全部的白頭髮都是拜我的寵物伴侶所賜。在一個不是每個人都喜歡動物的社會裡飼養寵物伴侶，有可能會引發社會衝突。即使在狗狗公園，一個大家共享對於犬科動物熱情的所在地，我也看過有人就這麼讓人討厭地打了起來，還遭人惡言相向過（就我看來根本毫無理由）。

處理親愛的寵物伴侶健康衰微或瀕臨死亡問題，也可能背負著龐大壓力。引導我年邁的狗狗歐迪（Ody）度過臨終前一年的日子異常難熬，身心皆然。而在我為了我的書《最後漫步》（*The Last Walk*）做研究時，我發現自己在此煎熬路上並不孤單。失去寵物伴侶的痛楚有可能讓人因悲傷過度而自殘，尤其是因為我們身處一種為寵物伴侶哀悼恐將孤立無援又覺得尷尬的文化裡。如果寵物伴侶真的是家人的話，為什麼當我們公開哀悼他的死亡時會被看作是怪胎？此外，照料一隻生病或受傷的寵物也可能讓我們的荷包吃緊。就拿這個月來說吧，瑪雅得接受一次意外的口腔手術（兩千美元），還排定了接下來割除一個已經開始影響其生理機能的大脂肪瘤手術（一千美元）；醫生開給貝拉三種昂貴的營養補給品，以舒緩其頑強的過敏問題；而且我們已經為處理索爾的膀胱感染復發問題額外支付了三百五十美元。天哪！

做出把動物帶進家門的決定時，就代表著寵物主人涉入了可能的風險，同時也參與了負起另一個生物生存的責任；後者尤其重要。然而截至目前，並沒有關於寵物伴侶與人類互動關係對於動物本身健康影響的研究。但如果我們真的關心動物福利的話，在我們一頭栽進寵物伴侶治療前，類似的研究後盾非常重要。打個比方，狗在有著自閉症兒童的家中如何自處？動物住在有憂鬱或動怒傾向者的家中，是否也會受到這種情緒蔓延的折磨？

我深感這股「寵物伴侶對我們有利」的潮流有過於簡化且不負責任之嫌。太多炫目的報導把寵物伴侶變成了另一種形式的減肥藥、巴西莓或青春之泉——宣稱可能讓我們變瘦、變美、變年輕的消費品。最近出版的一本書裡是這麼說的：「走進寵物店買隻寵物伴侶以進行自我治療的觀念，已經越來越獲得主流健康專家的認可，甚至是背書。對於那些關注科學證據的人而言，照顧寵物伴侶、與寵物伴侶互動，形同取得抗焦慮及抗憂鬱雙重處方箋的想法，已經不再只是個笑話了。」[4]動物這會兒變成了最新版本的速效修復劑。但他們不是巴西莓。生命不堪一擊。把某個生靈拿來當作增進自身健康的工具，真的道德嗎？

第十五章 貓抓熱

某堂微生物學課改變了我對世界的看法。公眾飲水機、門把、冰箱手把，每一樣都盤踞著數不清的細菌和病毒。研讀有關人畜共通傳染病的研究報告後，也讓我產生出類似的心理反應：我繞著我的動物團團轉時會有點作嘔，我把他們視為大量微生物的宿主，而這些微生物並非個個友善。我還是會抱我的狗和貓，但我發現自己洗手洗得更頻繁、清便清得更勤奮，而且會在索爾想舔我臉的時候別過頭去。[1]

有關動物傳染病，我們最清楚的來源可能是牲畜或野生動物，例如禽流感、豬流感以及漢他病毒，但新興起的有關寵物伴侶人畜共通傳染病的探討，卻正鋪天蓋地地挑戰人類與寵物伴侶間的互動。談到對於寵物伴侶傳播疾病的擔憂，幾乎家喻戶曉，在我們每個人意識裡根深蒂固的就是狂犬病，尤其如果你剛好是迪士尼電影《老黃狗》（*Old Yeller*）的粉絲的話。這種擔憂合情合理，畢竟狂犬病屬於致命性傳染病。拜已開發國家積極要求注射疫苗所賜，狂犬病在這些地區獲得了良好控制，但在全球許多地方依舊是個重大威脅。根據世界衛生組織（World Health Organization）的統計，大約有一百五十個國家和地區仍有狂犬病例，每年約有六萬人因而致死。

然而，狂犬病只搔到了動物與人類間傳染病的表層。最近出刊，由史考特・維斯（J. Scott Weese）與瑪莎・福爾芙特（Martha Fulford）執筆的《伴侶動物人畜共通傳染病》（*Companion Animal Zoonoses*）綜述了寄居在我們寵物伴侶身上的細菌和寄生蟲。在寄生蟲方面，有蛔蟲、條蟲、線蟲、跳蚤，還有會引發隱孢子蟲病的雙孢子球蟲，以及引發住血原蟲病的原生動物。而細菌性疾病則包括曲狀桿菌、二氧化碳嗜纖維菌和梭狀芽孢桿菌所引發的傳染病，以及由巴通氏菌造成的所謂貓抓熱。幸好，病毒引起的人畜共通傳染病在已開發世界中極為罕見。最後，還有真菌性疾病，根據維斯和福爾芙特的說法，這種與寵物伴侶有關的人畜共通傳染病十分常見。動物傳染病的傳輸途徑變化多端，但一般人類較容易受到感染的途徑包括咬和抓、舔或親密接觸，以及接觸排泄物。

由於貓和狗是我們家中最常見的動物，所以大家最擔心的可能是從他們身上得到動物傳染病，但其他種類的寵物伴侶——從齧齒動物到兩棲動物再到野生動物——同樣會傳播疾病。我們不太會跟這些寵物伴侶有親密接觸，因為一般人不太會去親他們的壁虎，或跟他們的倉鼠睡覺（雖然還是有可能發生），然而，光是手握這些生物都可能讓我們暴露在病菌的威脅下，咬和抓更不用提了，而這些卻往往都是父母會幫小孩選的寵物伴侶類型。小型齧齒動物的抓、咬行為十分普遍，卻很容易因而致病。比方說，大白鼠會傳播鼠咬熱，通常是由念珠狀鏈桿菌或小螺菌引起的。二〇一四年時，美國疾病管制中心（U.S. Centers for Disease Control and Prevention）在一名十歲男童因被他的寵物鼠抓傷而死於鼠咬熱後，發布了公眾警示。爬蟲類可能會散播沙門氏菌。我們有可能因為魚缸而得到「水族館肉芽腫」（即海洋分枝桿菌）。許多有關於寵物伴侶跟人類疾病間的有趣關係不斷冒出來。比方說，部分證據顯示，被貓咬跟憂鬱症有關，女人尤其明顯。[2]

維斯和福爾芙特也同時提醒，當我們談到動物傳染病的問題，以及由動物傳染給人類的風險和反過來的風險時，也冒著針對動物而產生的過激反應風險。這種過激反應的規模有可能大得驚人，全球許多地方都曾發生過類似情況，舉個例子來說，二〇〇六年中國雲南省為了因應民眾對於狂犬病疫情的疑慮，圍捕和淘汰（透過打死、電死和活埋等方式）大約五萬隻狗。但規模也可能非常小，好比當某人認定他們的病是因為自己的寵物伴侶引起的時候；這種認知通常都來自於獸醫或內科醫師的建言，然而卻往往缺乏有力證據。維斯和福爾芙特指出，他們見過「很多放棄寵物伴侶或讓寵物伴侶安樂死的不幸案例，在做出建議時，常常都是在沒有或極少證據顯示寵物伴侶是感染源的情況下。」[3]他們表示，我們需要採取一種審慎且以證據為本的方法，在飼養寵物伴侶的風險，以及飼養寵物伴侶的好處間，尋求一種微妙的平衡。[4]

第十六章 寵物伴侶自身的健康

家裡有寵物伴侶或許有益於我們的健康。但對我們寵物伴侶本身呢？他們是否也能因為跟我們住在一起而享有健康呢？我們能否降低他們的血壓、減少他們的過敏風險，並延長他們的整體壽命呢？我想答案恐怕喜憂參半，且端視個別寵物主人而定。但有一件事是肯定的：我們寵物伴侶的健康幾乎完全操控在我們手裡。如果負責任的飼養寵物伴侶行為意味著提供我們動物所需，以使其健康與壽命都呈現最佳狀態的話，那麼有良心的寵物主人得做的事可是多得很呢。

某些影響健康的因素似乎超越了個人的掌控範圍，比如狗狗的近親交配（請見第三十五章「不當繁殖」），以及暴露在環境汙染源中（請見第二十二章「寵物伴侶與地球環境」）。不過你或許會辯稱，我們**當然**有辦法控制這兩件事情，例如我們可以收養混合品種狗，也可以減少我們的狗接觸許多環境毒素的機會，好比別讓他們在剛噴過殺蟲劑的草地上跑來跑去和玩耍。其他因素也事關重大，諸如結紮（請見第三十四章「寵物伴侶絕育」）和接種疫苗；但這些對我們動物健康所造成的影響很難論斷。因此，面對這些情況時，我們只好倚賴自己合理的判斷來下決定，找出我們覺得能夠平衡我們和我們寵物伴侶潛在利益與危害的點。

最後，有一堆因素是身為寵物主人的我們幾乎可以百分百掌控的——營養、運動及心理健康是其中三大要件，這些在後面篇章都會有詳細說明。我們也有一些可能被稱之為「日常瑣碎護理」之類的任務。包括那些每天或每週的例行護理工作，如刷牙、剪指甲、梳毛。這些看似不重要，但若累積一生卻可能產生巨大差異，包括我們的動物過得如何以及感覺如何兩方面。究竟寵物主人得花多少時間和精力在日常護理上，取決於個人。我們沒有誰能做到盡善盡美，猶如我們也無法對我們自己或我們的孩子做到盡善盡美一樣。這樣說好了，我並沒有每天幫三隻小家畜——瑪雅、貝拉和索爾——刷牙，雖然每天刷牙是牙齒保健的金科玉律。我提供的牙齒保健比較像是「銅」科玉律：我會做，但沒那麼規律，頻率也不及我應有的水準。

還有非常重要的一項：按時且規律地去看獸醫。對人類而言，接受健康護理服務被認為是基本需求。我們或許對於最佳醫療護理該做到什麼程度各有看法，但幾乎每個人都認同接受醫療護理很重要。然而輪到我們的寵物時，獸醫護理往往演變成是寵物主人的個人喜好，或者被視為我們寵物伴侶的一件奢侈品，猶如一個時髦的新餐盤。一生都沒看過獸醫的貓、狗數量估計介於二五％至五〇％之間（大部分的估計值都位於此範圍的高點）。沒接受過獸醫護理，從來沒有？著實令人難以置信。我們沒有口袋寵物伴侶、爬蟲類、魚類和異類寵物伴侶的獸醫護理數據，但我合理的猜想是，這些動物從沒看過獸醫的比例大約在八〇％至九〇％。

至於那些會去看獸醫的動物呢，很多都沒辦法按時出現，因為維持他們健康的成本「太高」，無論對於個別寵物主人而言，這個模糊的數字究竟是多少。寵物伴侶無論是在患有急症需要獸醫檢視，或者是被診斷出有慢性病導致看診帳單開始堆疊時，常常在獸醫診所就被處以人道毀滅，好壓低成本。寵物主人有很高的自由裁量權，就算有些人覺得你在碰到第一個財務紅燈時就把你的寵物丟下車很可惡，但這種情況卻相當普遍且並不違法。[1] 我建議可以採取以下幾個原則，來決定是否把錢花在寵物伴侶的醫療護理上：

一、若因主人未能提供基本護理而導致其必須忍受長期病痛，或致使其生命的品質或長度有所減損的話，對寵物而言是不公平的。

二、因此，要是沒有意願提供常態性獸醫護理，也沒有財務能力這麼做的話，就不應該飼養寵物伴侶。

三、寵物主人若預算有限，應事前規劃，並撥出一份專供獸醫護理及緊急情況使用的資金。

四、然而，要寵物主人為了照料寵物而導致自己陷於財務困境是不公平的。

為免上述建言被扭曲為歧視窮人，必須強調，我在此所談的對象並非資源有限的人群，而是那些把動物生命可惡地當作沒啥價值的人。那些擁有資源卻不打開皮包，或者搞錯支出優先順序的人（不願意花一千美元為他們的狗進行救命手術，卻在進行人道毀滅後回家的路上，為了安慰自己而花了一千美元買台新電視機的人），根本不該飼養寵物伴侶。就這一點來看，值得注意的是，美國人花在獸醫護理上的年度人均消費還不及支付在電視上的。順道一提，社會學家蕾絲莉・爾文（Leslie Irvine）針對遊民和他們的狗所做的研究，卻發現他們彼此間存在一種高度的奉獻精神，狗的需求往往被置於人的需求之上。她那本書叫做《先開飯的總是我的狗》（*My Dog Always Eats First*）。

第十七章 餵食致病因子

狗狗的進食哲學是：「既然都掉到地上了，就吃吧。你總有機會待會兒再把它吐掉。」

戴夫・巴瑞（Dave Barry）

負責又關心的寵物主人究竟該餵他的寵物吃什麼呢？這看起來像是個非常簡單的問題，不料答案卻意外複雜。最佳食物的成分為何（尤其是對我們的狗而言），已然成為雙方陣營讓人眼花撩亂的雜耍表演，各自的擁護者態度之強硬也著實出人意表。各種力量不停推拉著陷入長考的寵物主人：獸醫的建議、寵物食品業的行銷、對寵物飼料危害提出警告的消費者網站、所有堅持自製食品的雜誌、生食危險等等。這就跟在人類的飲食範疇裡，究竟何種飲食最健康或最有道德責任感一樣，也難以達成共識。同時，我們餵寵物伴侶吃東西時真正在乎的，是他們是否樂於享用、是否得以維持他們的健康、是否不會花光存款，以及是否不會造成太多的不良副作用。要是你們當中有人想把這件事情搞清楚的話，祝你成功！以下是某些讓我一直糾結不已的問題（為了簡化起見，我把焦點放在狗糧上，但其中有許多部分也適用於貓以及其他家畜的食品）：寵物飼料比自製食品健康還是不健康？我們能信任寵物飼料的品質嗎？狗一定得吃肉嗎？如果是的話，我該如何調解自己對於肉食的道德掙扎（包括因肉品產業而受苦的動物，與肉製品生產對環境的影響兩方面），以及餵我的寵物伴侶吃肉這兩件事？

長久以來，都沒有這種叫做「狗糧」的東西。在我們共同演化的大部分時間裡，狗賴以為生的都是人類消費的副產品。他們吃我們的殘羹，還有——根據人類學家的說法——我們的糞便。約翰·布萊蕭（John Bradshaw）指稱，正是這種人類與犬科動物飲食的高度相似性，造就狗演化成伴侶物種。[1]這種合作形式是何時告終的呢？為什麼我們得特地跑到某家特殊商店，去買為我們的寵物伴侶特別製作與包裝的食品呢？這完全都是拜主宰寵物食品業的行銷力所賜。

根據寵物食品協會（Pet Food Institute）的資料顯示，「狗糧」是一八六〇年代一位俄亥俄州（Ohio）的電工詹姆士·史普萊特（James Spratt）發明的。事情的經過是，史普萊特在倫敦試圖銷售避雷針時，看到有人把吃剩的餅乾拿去餵一群狗，於是靈光乍現——好比閃電打到了避雷針似的——何不把肉跟蔬菜等食材混在一起，製造專門給狗吃的餅乾呢？這些微小的根逐漸孕育出「利維坦」（Leviathan），開啟了現代寵物食品產業。隨著寵物食品產業的發展，我們餵狗的方式也發生了巨大改變——殘羹再也無法獲得認同。瑪莉・佘斯頓（Mary Thurston）在《犬科動物失落的史實》（*The Lost History of the Canine Race*）中指出，「殘羹」是寵物食品行銷人員的抹黑手法，以便凸顯他們產品的不可或缺。[2]傑出的行銷造勢，促使狗糧變成美國商業史上最值得稱頌的成功故事之一，創造出總值兩百二十五億美元的需求假象，而且還在不停擴增。

然而寵物食品業提供給動物的食品，真的優於我們自己的剩飯剩菜嗎？二〇一二年最知名的狗糧品牌是西莎狗糧（Cesar Canine Cuisine）。儘管享有高知名度，但西莎在一些消費者狗糧評估網的得分都很低。例如西莎在狗糧內線（Dog Food Insider）網站最高五個「狗爪印」的評分中只拿到二・五分，該網站根據狗糧成分的品質與安全對眾多品牌進行評比。在評比下方，你可以看到一長排狗主人發表的言論，他們的狗伴侶都在吃了西莎食品後生重病。吉寶狗餅（Kibbles 'n Bits）的廣告做得多可愛啊，但評比卻只拿到相當難堪的一個「狗爪印」。媽呀！

為什麼評等這麼差？而且為什麼有簡直多到過剩的網站致力於評比寵物食品？因為大家都

很害怕餵寵物伴侶！他們擔心我們滿懷著愛心倒進碗裡的食物會讓我們的寵物生病——甚至還可能要了他們的命。何況確實有擔心的理由。過去十年，某些大規模的寵物食品慘案都跟摻了非食用性添加物有關，像是二〇〇七年導致數百甚至可能是數千隻寵物伴侶生病和死亡的三聚氰胺中毒事件。由於狗吃了後會生重病，所以這些來自中國的加工肉乾目前皆已下架。而最糟的情境如下：在特定時間內，會有一堆食品被回收，卻通常都不在消費者意識得到的雷達掃描範圍內。狗糧與貓糧被發現遭到沙門氏菌、大腸桿菌、梭狀芽孢桿菌、曲狀桿菌的汙染，甚至有很多人因為處理寵物食品而染病。吉寶的穀物（尤其是儲存不當的存貨）進行黃麴毒素B1和其他黴菌毒素測試時呈陽性反應。除了汙染和摻假的問題外，我們寵物食品中許多基本成分的品質都很差，促使寵物主人轉向擁抱自製食品。

寵物食品市場絕大多數都掌控在幾家跨國企業手上，不只美國，而是全球皆然：瑪氏寵物照護（Mars Petcare），旗下品牌包括寶路（Pedigree）、西莎、希寶（Sheba）；雀巢普瑞納（Nestle Purina），旗下品牌包括珍致（Fancy Feast）、愛寶（Alpo）、喜躍（Friskies）、佳適（Beneful）、極品（One）；德爾蒙（Del Monte），旗下品牌包括喵喵樂（Meow Mix）、吉寶狗餅、牛奶骨頭（Milk Bone）、巴比羅尼（Pupperoni）、抓抓樂（Pounce）；高露潔—棕欖

（Colgate Palmolive），旗下品牌包括希爾科學食品（Hill's Science Diet）、處方食品（Prescription Diets）；寶僑（Proctor and Gamble），旗下品牌包括愛慕思（Iams）、優卡（Eukanuba）。在此稍微讓你了解一下這個產業的財務實力：瑪氏和雀巢普瑞納的年營收都超過一百六十億美元。這些公司的原料都來自於全球的一小撮供應商，所以全美大部分的狗糧與貓糧大致都含有相同成分。我們在二〇〇七年的產品回收行動中目睹了這種現象：一百八十家不同廠牌的寵物食品都採用佳餚食品（Menu Foods）所提供的原料，其後證明其中含有致命成分。佳餚食品使用的其中一種蛋白質成分源於中國。雖然是以「麥麩蛋白質」的名義出售，卻含有大量的三聚氰胺；三聚氰胺是一種用來製造塑膠產品，便宜又好用的工業化學藥劑。前述蛋白質在「成分分析保證值」測試中也顯示為蛋白質，但遠比牛、豬、魚等天然成分便宜得多。

寵物食品產業與人類食品產業的關聯度很高。猶如我先前提到的，歷史上狗是仰賴人類殘羹存活的，甚至還長得很健壯。工業化的寵物食品大抵遵循著同樣的原則——使用廚餘。但今天的工業化廚餘跟以往的廚餘差異極大。已經沒有家庭餐桌大快朵頤的牛排和馬鈴薯後剩下的豐盛殘羹了，取而代之的是農牧業廢料和副產品。這些材料被美國農業部（United States Department of Agriculture, USDA）認定為「不適合人類食用」。這些材料不僅是人類從美學角度而言令人不悅的動物器官，像是蹄子、耳朵、鼻子和胚胎之類的；同時，這些材料也是美國農業部標以黃色塑料身分識別，於法不得加入人類食物製品中的屠宰後牛隻殘骸、從腸道排出的廢棄渣滓、老鼠藥和木刨屑，以及染病和抵達前已死亡之食用動物等。

想要拿廢棄物來賺錢，或善加利用不用也可能會被丟棄的動物部位，並非原罪。動物把自己獻給市場並讓自己身體的每一寸都發揮作用，估計即使是動物權益保護者也會對此心存感恩。然而，一旦寵物伴侶因為我們餵他們垃圾而演變成不健康，或受疾病和早逝折磨，就有些不妙了。

我們接著來看看有關寵物伴侶餵食的一個關鍵問題。寵物伴侶被劃分為農牧動物中的大宗族群。用來餵食寵物伴侶的食材，基本上和用來餵將來準備送到屠宰場的豬、雞和牛的食材相同。而針對農牧動物的安全認定門檻很低，因為牠們大多只活個一兩年罷了，所以一般沒那麼在意牠們食材的長期效應。餵食的東西可能含有「病體動物成分」、「穢物汙染成分」或「工業化學汙染」。[3]用味如嚼蠟、添加了抗生素和生長激素的食物餵牛和豬，並不會出現在五歲時引發癌症的問題，因為牠們向來活不到五歲。沒錯，它的目的純粹就是為了盡速增加體重，而且成本越低越好。但我們實在不想要有一大群過胖的狗和貓在還沒到天年時就死於癌症，對吧？可惜我們顯然就是面對著這種情況。

有越來越多的獸醫以及寵物主人，把寵物食品品質低劣與貓、狗特高的患癌率，以及其他會縮短壽命的疾病掛勾在一起。品質低劣的食品不僅被指跟癌症有關，也跟泌尿道疾病、腎臟疾病、心臟疾病及口腔疾病有關。而且──萬一你沒注意到的話──我們的狗和貓都出現不自然的肥胖（請見第十九章「你的狗好胖！」）。我們的寵物伴侶能夠活過自然天命的實屬罕見。食物，當然是影響健康與疾病的眾多因素之一；其他則包括所處環境、基因不良和近親交配。但食物絕對具有關鍵性。人類可能會因為優質寵物食品標出的高價而裹足不前，但跟急性腎衰竭或淋巴瘤治療的獸醫帳單比一比，就會發現前者反而是比較負擔得起的選項。當然，某些昂貴食品的品質不見得就優於較便宜食品；尤其是大企業的基本成分說不定都來自於一家像是「佳餚食品」之類的共同第三方公司，以至於較高價飼料或罐頭所含的原料實際上與較低價者無異，雖然包裝有異。不過仍有某些優質寵物食品的確配得上其頭銜。

再以寵物食品業的食安和品質控管來看，標準似乎異常嚴格。該產業的主管機關是食品藥物管理局動物藥物管制中心（Food and Drug Administration Center for Veterinary Medicine）以及美國農業部，但兩個機構的作業向來都不怎麼透明。若是美國農業部加強檢驗以及食品藥物管理局積極介入，應有助於降低三聚氰胺慘案再起的風險，尤其是在進口食材方面。不過這兩個機構都沒有真正為飼料產品究竟可以添加什麼以及應該添加什麼，制定過標準。這些規範都是由美國飼料品管協會（American Association of Feed Control Officers）——由動物飼料產業代表所組成的團體——所訂定的。

無論獸醫對於寵物食品是否具備該有的知識，但寵物主人要找到正確資訊確實有些難度。現今，寵物食品消費者所能取得的事實少得可憐，以至於我們在決定要餵食我們寵物伴侶什麼東西時，並沒有充足資訊可讓自己做出明智決定。寵物食品標籤是容許誤導消費者的：他們以最低標準來對待不實廣告。舉例而言，根據美國飼料品管協會的規範，寵物食品標籤「或許含有宣稱不實的可能」。所以，「自製燉雞」有可能是任何東西——甚至不見得含有雞肉成分。聽起來頗為荒謬，但可笑的是寵物食品業者即便真的用了高檔成分，卻也**無從**以此作為賣點。

而且跟人類食品如出一轍的是，消費者往往很難分辨食材的原產地，甚至還很難搞清楚究竟都是些什麼東西。例如，「副產品」和「粉」就是眾所周知的語意不清食材，「動物性蛋白質」也一樣。就算標的是「肉」，搞不好也很難說。某些動物性蛋白質原料雖然不見得能讓人食慾大開（比如蹄、喙、內臟、頭、皮膚），卻富含營養。而其他像是水解毛髮蛋白質、血球蛋白粉、豬禽糞粉蛋白等蛋白質成分，搞不好就成為最常使用的廉價添加物。雖說寵物食品製造商必須列出他們產品所含有的成分，卻不必詳列他們原料供應商所添加的所有東西。以至於他們有可能在添加了抗氧化劑乙氧基喹因（一種有害的保鮮劑）的食品中使用「魚粉」兩個字。因此，除非你打電話給各家公司打到手軟，試著親自去搞清楚這些魚粉的源頭究竟是什麼以及成分為何，否則你恐怕寧願別給你的寵物伴侶吃什麼添加物。

對於寵物食品向來存在的一項疑慮是，蛋白質的其中一種來源（「蛋白粉」）會不會是來自於寵物伴侶被丟棄的遺體，最有可能的是收容所進行安樂死後，被送到加工機構去的狗貓屍體（這些屍體總得被送到哪兒去，垃圾掩埋場已經爆滿，火葬對我們進出量這麼龐大的收容系統而言又太貴）。同類相食很不文明，但問題的嚴重性恐怕還比不上在狗貓食品中含有戊巴比妥（pentobarbital）成分，這是在安樂死上使用的巴比妥類麻醉藥物。我們不能光憑臆測就逕行論斷，但食品藥物管理局動物藥物管制中心的一項研究顯示，在一些寵物食品中「確實」發現有少量的戊巴比妥。不過美國農業部檢查寵物食品中是否含有犬科或貓科動物DNA的報告結果卻是無任何發現。美國農業部／獸醫醫學中心（CVM）的研究宣稱，戊巴比妥成分必定是來自於牛或馬的殘骸。但牛馬安樂死時通常不會使用戊巴比妥鈉（sodium pentobarbital），因此安樂死對象到底是誰依舊成謎。[4]

獸醫醫學中心為了安撫消費者對於同類相食和麻醉藥物汙染的擔憂，致力於釐清寵物食品中所發現的戊巴比妥成分是否已經達到足以對寵物伴侶造成傷害的程度。他們用四十二隻米格魯幼犬做了一次為期八週的測試，餵這些小狗吃摻有戊巴比妥的食品。然後把這些小狗殺了（！）再把牠們的器官拿來檢驗。研究發現這些成分對這四十二隻受試物沒有顯著傷害。[5]因此，美國農業部的官方立場就是：我們的寵物食品安全無虞。不過，因為我們的寵物伴侶吃那些食品恐怕不會只有八週，而是八年或更長的時間，所以那數據著實不具重大意義。

知道了這麼多事情後，我們是否應該遵循所有寵物雜誌的建議，餵我們的狗我們得以掌控食材的自製食品呢？我問過一些獸醫對於這個問題的看法，通常得到的答案都是：商用食品比較好，因為擁有各種適當的營養成分，比較「均衡」。我不喜歡這個答案，所以我一直不停地去問新認識的獸醫。我想要有個獸醫跟我說自家烹調的比較好，因為我的直覺跟我讀的大把書籍都直指這個方向。我沒有辦法完全相信獸醫的營養建議，他們（跟人類的醫生一樣）受過的營養學訓練相對很少，搞不好所有的說詞還是從希爾科學食品的宣傳手冊上看到的。但我也沒那麼信任我自己。不過要是我問我的狗——畢竟他們才擁有狗該吃什麼的最終發言權——答案想必十分明確：自製食品非常可口，獲得五個「狗爪印」。

第十八章 我們該把「誰」餵進寵物伴侶的嘴裡？

對某些人而言，決定要養什麼寵物伴侶常常取決於這些寵物伴侶得吃什麼——或者我應該說，這些寵物伴侶得吃**誰**。每回我去買狗和貓的食品時都強烈感受到這種兩難抉擇。身為動物愛好者的我，總是被那些養育、餵食和屠宰牛、豬、雞、火雞以及出現在美國人餐盤中的其他物種的可怕產業搞得心神不寧。我選擇不吃動物製品，把我女兒養成素食主義者，而且住在一個無肉家庭——除了寵物食品外。

我不喜歡幫我的寵物伴侶買肉，我會覺得很不舒服，但我還是去了。很多人，包括某些全素者宣稱，素食主義或素食餐點對狗而言沒什麼不妥，甚至連貓也適用，並指證歷歷地說秉持蔬食計畫的動物長得很健美。史上最長壽的狗是一隻二十七歲的邊境牧羊犬，據說就是吃素的。如果我們綜合考量健康風險與好處，把健康、自製的素食料理跟沒價值的商業飼料拿來比較的話，素食應該會勝出。但我研究文獻後得出的結論卻是，一堆證據指出我的貓和狗應該吃肉才能保持健康。就索爾而言絲毫不假，因為貓天生是肉食動物（他們沒辦法完全消化植物性蛋白質，也無法獲取其中的營養，他們的膳食必須以肉為主要成分）。在家為我的狗和貓烹調的一個好處是，我們得以掌握我們所買肉類的來源，而且如果我們十分堅持的話，也可以向那些關心農場動物福利的個人或公司買。不過，就算是「人性化飼養」的動物同樣得忍受許多折磨，買牠們的肉還是會讓人面臨道德上的掙扎。

我必須承認影響我做決定的另一個因素是，我的動物們用餐時快不快樂。有一段時間，我讓我的狗狗們吃素，在那幾個月的素食生涯中，每次到了用餐時間，我看到他們面對著自己餐盤中的食物失望卻不得不接受的表情，就覺得很難過。

食物鏈問題不會只發生在狗和貓的身上，而且往往成為人們選擇寵物伴侶時的重要參考。即使在我的寵物狂歲月——我女兒幼年時代——中，我也會劃分出我願意考慮的寵物伴侶類型：不需要吃其他生靈的動物，免得**我們**得精心安排其後事。我從不考慮養任何種類的蛇，牠們的食物是活生生的齧齒動物，甚至是冷凍粉紅寶或粉紅寶組織（粉紅寶指的是大白鼠或小白鼠的新生兒）。你會注意到我所採取的是一種典型的自我合理化道德模式——所謂的「敬而遠之」。當我買一盒火雞絞肉幫我的狗煮飯時，我用不著親自從一群火雞裡挑一隻出來，割斷牠的喉嚨。所以就道德層面而言，火雞對我來說要容易得多，至少我不用親手把活生生的大白鼠餵進蛇的嘴巴裡。不過那個時候我還沒有把昆蟲當作「有感覺的」物種，直到養壁虎時，我才開始對於那些蟋蟀遭逢的命運越來越覺得不安。蟋蟀開始變得比較像是「某某」而不是「牠」。

在考量飼養寵物伴侶的各種道德面向時，我們的寵物伴侶吃什麼和吃誰是個核心議題，因為這很可能會對於被歸類為「寵物食品」而非「寵物伴侶」類別的動物造成致命的影響。像大白鼠這種可能同時成為寵物伴侶和寵物食品的生物，凸顯了動物所處的道德區塊是會變動的。

第十九章　你的狗好胖！

我們家獸醫跟我說貝拉很胖時，我真的覺得很糗很難堪。我怎麼會讓這種事情發生呢？獸醫語帶責備地說：「妳得讓她減肥，她這樣子實在很不健康。」貝拉已經加入了日益增多的超重狗狗俱樂部。我們非常努力地要讓她回復健康體重，但那可是場硬仗哪。

你知道寵物伴侶罹患肥胖症的規模和嚴重性幾乎等同於（或甚至超越）人類的肥胖症嗎？根據寵物肥胖症預防協會（Association for Pet Obesity Prevention）的資料顯示，美國家庭超過半數的狗和貓都過胖。超過半數耶！我在跟獸醫討論貝拉的減肥餐計畫時問她，她有多少顧客因為寵物伴侶超重問題而來尋求諮詢。「大概八〇％吧。」獸醫說完後嘆了口氣。

寵物伴侶的體重問題，絕大部分都肇因於吃進太多卡路里，卻沒有透過身體活動燃燒掉足夠的脂肪，跟糾纏人類的惱人算數問題如出一轍。而且他們的肥胖症也跟人類一樣，原因沒那麼單純。超重可能源於某些醫療狀況或是服用某種藥物；基因也有關係，性別和年齡亦然；同時某些品種也比較容易變胖。雖然寵物主人不見得都認同，但壓力、無聊和其他負面情緒也可能促使動物出現不健康的飲食模式。

超重會從多方面折損我們寵物伴侶的健康，最值得注意的是日益攀升的關節炎以及其他關節問題，而且很可能會罹患糖尿病、心臟病和癌症。此外，說不定更重要的是，會損及我們寵物伴侶的日常生活品質，降低他們的活力和情緒幸福感。但並非只有狗和貓會有超重問題，像倉鼠、大白鼠和天竺鼠之類的小型寵物伴侶也很容易變胖，尤其是如果他們大部分時間都待在小籠子裡的話。即便是寵物魚也可能太胖。有許多網路論壇的主題就是魚的超重問題；必須警惕的是有時候一條「肥」魚實際上是因為水腫或長了腫瘤，也有可能是懷孕。有個基本原則可以應用在我們的小動物身上：要是你的寵物伴侶看起來有不尋常的圓滾滾現象，請仔細檢查或是尋求獸醫的協助。

動物一旦超重，要甩掉那些磅數說不定異常困難。許多為體重奮戰的寵物主人，都是受到一隻叫做歐比（Obie）的臘腸狗胖小子的減肥故事所啟發。歐比在被諾拉・凡娜塔（Nora

Vanatta）收養前的主人是一對老夫婦，他們因為沒辦法讓他做太多運動，轉而用食物來表達他們的無限愛意。等到凡娜塔收養歐比時，他已經重達近三十二公斤，幾乎走不了路（臘腸狗的平均體重應該是九公斤左右，而且這是最高值）。凡娜塔立刻訂出提升歐比健康水準的計畫。她也透過社交媒體管道，幫歐比設了一個臉書專頁叫「無敵減重選手——臘腸狗篇」（*Biggest Loser, Doxie Edition*），把歐比變成全國家喻戶曉的名「狗」和超胖寵物伴侶的代言人。歐比成功地減了將近二十三公斤，看起來棒透了。

既然有那麼多的胖狗——部分得拜肥美食品以及無可抗拒零食的絕佳行銷手法之賜，寵物產業自然又跳進來端出各式各樣的體重管理產品。有些可能真的有效，好比有助於體重控制的專門配方餐。其他像是「第一款專為狗狗訂製的減肥處方藥」適體瘦（**Slentrol**），以快速見效的藥丸形式抑制體重的增加。最好的體重控制計畫跟人類的大同小異，或許就是那種最簡單（也最便宜）的方式：少量攝取營養素密集食品、少吃點垃圾食物、減少空熱量食物，以及多做點運動。當然，我們的狗和貓是不會讓我們輕輕鬆鬆完成這項任務的。他們會帶著哀求的眼神看著我們，然後發出嗚嗚或喵喵哭訴。我們（和他們）必須有著堅強的意志力。〔下定決心讓動物保有健康體重並助其達成目標，可參考寵物肥胖症預防協會網站（**Association for Pet**

Obesity Prevention）的相關資訊（http://www.petobesityprevention.com/）。〕

寵物伴侶減肥策略的焦點向來擺在生理面——吃下多少卡路里以及花多少時間散步或玩球。至於造成寵物伴侶飲食過量以及飲食失調症候群的心理面因素，無論是寵物主人或動物醫學研究都鮮少論及。

獸醫法蘭克．麥克米蘭（Frank McMillan）針對動物醫學研究報告中，有關寵物伴侶因壓力刺激或情緒所引發的情緒化飲食問題進行了檢視。動物似乎也會面臨我們這個物種因為壓力、焦慮或其他負面情緒狀態所引發的情緒化飲食問題。[1]他發現，雖然有一大堆的研究報告談到寵物伴侶肥胖症，卻鮮少觸及有關飲食過量的心理層面，以及與壓力相關或由情緒引發的情緒化飲食，到底對於飲食失調的影響程度有多深。而在這極少數的研究中，有部分提到了情緒扮演著重要角色。例如某些研究人員指出，貓在面臨無聊、焦慮和沮喪時的應對機制可能是狂吃。還有一項研究顯示，住在公寓裡的貓肥胖風險比較高，推測應該是跟無聊所引發的壓力有關。

所以根本問題不在於餵得太多，而是吃得太多。然而我們在問如何幫助寵物減肥前，得先問為什麼他或她會吃得太多。我們有充分的實驗數據顯示，如果把一群寵物想要的所有食物都給他們——即使是富含脂肪的食物——的話，有些會變得超重，有些不會。如果寵物的肥胖是因為壓力引發的過食，那麼減肥的標準模式——嚴格限制食物的取得——說不定會使情況更為惡化，因為那會升高寵物的壓力程度，造就一種不快樂的惡性循環。超重會降低寵物的生活品質，而且麥克米蘭也指出，生活品質低落或許是**促升**寵物體重的重要因素。

許多人在歐比的臉書上留言，嚴厲斥責他的高齡主人讓他身陷嚴重的體重危機。雖然辱罵一對老夫婦看起來有點偏離焦點，但問題確實存在：讓寵物變得超重難道不算是一種虐待嗎？渥太華（Ottawa）一位法官在面對一隻呈現不健康肥胖情況、名為拿破崙（Napoleon）的貓的個案時，給出的答案為：「是」。一名女性被控讓拿破崙陷入困境，且未給予適當護理；拿破崙被帶到渥太華人道關懷協會（Ottawa Humane Society）時，已經胖到無法站立也無法清理自己。拿破崙當時重達十一公斤（而非一般的四．五公斤左右），病態胖的程度讓收容所的員工判定人道滅絕對他應該是最好的選擇。拿破崙的主人無法辯稱無罪，因為她的確針對如何讓他減肥這件事諮詢過獸醫，卻未聽從獸醫的意見。她被定罪後，必須支付賠償金予渥太華人道關懷協會，且未來五年不得再養寵物。

當然，拿破崙的案例跟比理想體重超出一公斤的貓的情況截然不同。龐大飼養寵物伴侶的族群都知道，要維持理想體重是一場長期抗戰，而且某些寵物，就如同某些人，比較難減得下來。就貝拉而言，我的做法是把零食數量減少，並用迷你胡蘿蔔取代餅乾。我在阻撓她翻箱倒櫃上越來越有創意，還把貓碗移到她拿不到的地方。我餵她時改用量杯（經我們家獸醫一說後我才驚覺，我確實沒有辦法「目測」出非常準確的半杯），還有，讓貝拉很開心的是，我增加了每天玩飛盤和追球的時間。

第二十章　惱人的便便

我的在地報社至少一個禮拜會接到一封抱怨狗的投訴信。在此舉一個最近發生且十分典型的例子：「我今天在羅斯福公園散步時，眼見一位遛狗的婦人在狗狗大便後環顧四周看看有沒有人注意，然後就揚長而去了！！」這封抱怨信接著談到我們這個城市的良好無辜市民面對著一腳踩到狗屎的危險，搞不好還會因而染上可怕疾病，而且基本上他們的這一天就這麼給毀了。

狗屎的確有可能激起針對狗和狗主人而生的怒氣。就在上個禮拜，德州（Texas）有個人因為鄰居的狗在他家草地上拉屎而殺了那隻狗。可見人會被激怒到什麼程度。我以前那隻狗歐迪有第六感，向來能分辨哪一片草皮的主人討厭狗。他藉此選出辦事地點，而且萬一沒拽著他的話，有時候也不會移位到比較私密的地方去解決。你知道嗎，這種方便事有可能衍生出一些令人不悅的情境，而且恐怕還不得不說是命，比方你發現自己放在口袋裡的塑膠袋不知掉在路上哪兒了，結果只好徒手清理那堆煩人的東西。

據估計全美有八千萬隻狗，每天製造出的排泄物數量肯定是環境上的一大問題（如第二十二章「寵物伴侶與地球環境」所述）。狗屎也可能隱含致病微生物，會將病菌傳給人類、其他的狗，以及野生動物和家畜（請見第十四章「寵物伴侶與我們的健康」）。萬一我們把犬蛔蟲的幼蟲吃進肚子裡（比方蔬菜沾到遭汙染的土壤），說不定會染上重症，搞不好還會因而致盲或產生風濕、神經性疾病和哮喘等症狀。近期的研究也提出狗屎可能帶有抗生素抗藥性細菌。[1]

針對狗排泄物對於環境和公眾健康的影響，以及有關狗屎清理的社會及情緒狀態，有一份研究報告寫得很完整。你恐怕會很驚訝地發現，原來撿狗屎已經成為科學研究的主題了。研究人員訪問了一些遛狗人士對於撿狗屎的態度後，整理出以下幾種類型：

很自在地撿起來。（而且會很自在地拎著裝了狗屎的袋子；萬一途中都沒有垃圾桶的話，就會一路拎回家。）

這麼做是對的。（但不喜歡做這件事，而且覺得拎著裝了狗屎的袋子很丟臉；如果去到很遠的地方就不會撿。）

我做了我該做的事。（很不情願地撿起來；要是附近找不到垃圾桶的話，可能會把袋子丟在樹後頭。）

除非不得不做。（要是有人看到就撿起來；只要沒人注意，就一定會把袋子順手丟了。）

完全不管。（想都別想。）[2]

你是哪一種呢？

貓屎引發的社會問題沒有狗屎那麼強，因為貓通常會在貓砂盆中拉屎，要不然就會把他們的排泄物埋在不顯眼的地方。但是左鄰右舍仍會因而起衝突。舉個例子吧，我們有位朋友搬進一間前院有著碎石堆的房子不久後就發現，他的院子變成附近絕大多數在外徘徊的貓的貓砂盆，讓他很不高興。再舉個例子，我女兒小時候，我們在家後院弄了個小沙坑，結果也一樣，變成了大受附近貓咪歡迎的地點。想到你們家小娃兒在布滿貓屎的地方挖來挖去，實在不怎麼妙。室內貓砂盆是個了不起的發明，但我盡力不去想索爾在臨幸過他的貓砂盆後又在我們家具上走來走去的事實。貓屎可能帶有各種病菌，包括會引發弓形蟲感染病，也就是狂貓症的原蟲。

第二十一章　動物的反擊

鳥會啄，倉鼠和沙鼠能咬得你發疼，兔子會用他們強有力的後腿蹬你。不經意的一擊，貓可以弄瞎小孩的眼睛，而狗可以要了你的命。跟動物共享我們的私密空間面對著一定程度的風險。如果我們有小孩，而且決定要跟動物住在一起的話，就得接受我們讓自己孩子暴露在一定程度風險下的事實。風險或許極微小且可控制，但無論如何，風險永遠都在。在我飼養寵物伴侶的冒險生涯中，基本上（隨著年紀大一點、智慧多一點，我自己估算了一下）我低估了自己和家人的曝險程度。假如我能回到從前的話，很多事都會採取不同的做法。

根據疾病管制中心（Centers for Disease Control）的數據顯示，全美每年大約有四百五十萬人被狗咬，其中大約有九十萬人得接受治療。二〇一二年，被狗咬後必須進行重建手術者超過兩萬七千人。[1]全美每年平均有三十個人被狗殺死。大多數被狗咬的人以及大約七〇%的致命攻擊都發生在九歲以下的孩童。過去三十年，隨著狗的數量增加，被咬的案例也增加。鍊著的狗比沒鍊的狗還具有攻擊性，且未結紮的公狗是發動致命攻擊的最大族群。所有品種的狗都會咬人，但某些狗基於其身材和秉性可能比較危險。

有關狗咬最具爭議的其中一個問題是，是否有某些品種的狗天生比其他品種來得危險？一般認為得以榮登「最危險品種」寶座的是美國比特鬥牛犬（**pit bull terrier**）。但撐不撐得起這樣的頭銜，依舊爭議不斷，統計數字也變來變去。同樣地，如何合理並適當回應某些特定狗群所帶來的遞增風險也還是個問題；何況這種日益升高的風險也尚未獲得百分百證實。不幸的是，許多旨在降低這種主觀認定風險的政策，比如針對特定品種進行某些規範，也會對所有符合此特定身體特徵的狗群造成困擾。

全美的收容中心都充斥著類似比特犬長相的狗。舉個例子，只要到我當地的收容所走一回，就會發現各個狗舍都住著你很容易就覺得牠們是比特犬的狗。但要是真的對那些狗進行基因分析的話，說不定你根本猜錯了。收容所的人也常常錯判品種，所以為了避免此類問題，全美各地的收容中心都祭出一項新政策：不再標識狗的品種——我們承認自己常常會把事情搞錯，致使那些被標為比特犬的狗恐怕都很難獲得收養，而且很可能讓那些待在並未擁抱無殺戮政策的收容所的狗，慘遭人道毀滅。再者，「比特犬」本身根本不是個品種，而是用來描述一個不斷新增卻概念模糊的狗群的總稱。[2]這有點像是狗版的「關鍵報告」（*Minority Report*），我們在犯罪之前就先定了狗的罪。而且我們把牠們判定為一個族群，而不是依其個別特質進行認定。比較適當的做法應該是，把每一隻狗當作一個獨特個體，並據此評估潛在風險。

統計數字並未告訴我們，究竟是狗天生就危險還是狗討厭小孩。數字實際能告訴我們的是，身邊有狗，會讓我們和孩子面對著一定風險。被狗咬的最大風險源於家裡有狗，萬一家裡的狗不只一隻的話，風險也將隨之劇增。而如果家裡有小孩，風險也會升高，因為小孩子不像成人那麼善於解讀狗的行為。舉個例子來說，某項研究顯示，四歲和六歲的孩子無法正確研判狗是否感到害怕，但他們能分辨攻擊狀態和友善表示。[3]報告指出，孩子會盯著狗的臉部表情，但不會注意體態或尾巴位置，後兩者有助於我們辨識害怕。同時，小孩很容易誤判狗的臉部表情，就像第十章提到的，會把狗露出牙齒解讀為在笑。[4]此外，小孩往往動得很快又出其不意，也沒那麼尊重個人界線。雖然「別讓小孩跟狗獨處」是老生常談，父母卻常常忘記，有時可能因而導致狗或孩子，或者兩者發生嚴重後果。[5]

雖然被貓咬的情況不像被狗咬那麼普遍，但也是造成傷害的一大因素。每年據報大約有四十萬起被貓咬的事件。由於被貓咬的穿刺程度往往都很深，而且貓嘴帶有非常多的細菌，所以一旦被咬多半都會遭到感染（根據粗估，約占被咬總數的八〇％）。成年女性是最常見的貓咬受害者。貓跟狗一樣，通常都是因為被激怒（比如幫他們洗澡）而用咬或抓來反擊，不過也有很多的抓咬事件是發生在沒拿捏好分寸的玩樂情境中。許多貓主人肯定也對於某種名為「撫摸性攻擊」（petting aggression）的貓科行為模式不陌生：妳可愛的貓咪攀在你的膝上，用鼻子搓你的臉，直到你開始撫摸她為止。她很滿足地發出咕嚕嚕的聲音，然後，突然之間，她轉過身，抓起你放在她爪子中間的手臂就咬了下去。

雖然口袋寵物伴侶好像很小很無害，但這些動物一旦感受到威脅，就會啟動一切能用的防禦機制。我女兒被一隻倉鼠咬得嚴重到縫了六針。沙鼠、小白鼠和兔子也都可能來上惱人的一咬——他們都有又長又銳利的門牙，很容易就刺破皮膚。過去幾年，有幾個小孩就因為被寵物鼠咬而死於鼠咬熱。

不幸的是，一旦人類受傷，通常都會怪罪於寵物。這種情況在狗咬人事件上尤其明顯。我們往往在談到他們時都會心懷不滿：這些傢伙怎麼那麼不忠，我們這麼無私地照料他們，竟然轉過頭來攻擊我們？但狗其實是用嘴巴和牙齒表達了他們的意思。不僅如此，要是我們檢視被狗咬的環境因素，會發現那些「攻擊」極少是無緣無故的。人類對狗並非向來都是舉止得宜：我們嘲弄他們、把他們逼入困境、讓他們不安，還會有像是盯著他們看或想去摸他們頭之類的魯莽行為，為咬營造出各種一觸即發的情境。

缺乏適度監督與社會化通常也是原因之一。比如，無論是有意或無意讓他們可以到處跑的狗都有可能帶來危險，而未經訓練、未社會化或容易緊張的狗也一樣。一旦狗被貼上「咬人犬」的標籤，往往就形同被判了死刑。

當然，還是有辦法可以控制風險。最安全的就是徹底拋棄飼養寵物伴侶的念頭，或選擇全然無害的，好比一隻草頭娃娃（**Chia pet**，譯注：動物形狀的花盆，灑上奇亞籽，幾週後會變成綠毛毛的動物外形）。我們可以決定不要買狼、大蟒蛇或小山獅，轉而選擇買隻貓或狗。我們可以教導小孩如何接近動物、如何解讀動物行為，以及何以尊重動物的個人空間和留意他們發出「現在別吵我」之類的訊息很重要。父母也必須提高警覺，基於對小孩和對動物安全的考量，別在沒有人監督的情況下讓小孩和動物獨處。

第二十二章 寵物伴侶與地球環境

在邁向我們這個篇章「與寵物伴侶同居」尾聲之時，用全球的角度來畫下句點非常合宜。你能同時扮演好環保人士以及寵物主人這兩個角色嗎？身處一個資源匱乏、毒素瀰漫且全球暖化的世界，飼養寵物伴侶是我們承擔得起的奢侈行為嗎？事實上，研究顯示，寵物伴侶飼養——尤其是養狗——與自我認定為環保人士之間有所關聯。不過我發現，綠化人不見得都能那麼安心地當個狗主人。

首先得考慮的問題是跟自己所在地最密切的：周圍環境的品質對我們寵物伴侶的健康有何影響？人類擔心的所有事情——我們飲用水的品質、室內空氣汙染、農藥和我們食物的基因改良成分、煙塵、隔壁的水力壓裂油田——也都會威脅到我們寵物伴侶的健康。即便我們沒有滿櫃子有關探討寵物伴侶與其所在環境的書籍和報告（雖然我們的確有一大堆針對實驗室動物所做的研究數據），但我們還是可以做些合理的推測。

我們的寵物伴侶很容易受到室內空氣汙染源的影響，好比地毯、窗簾和家具上的揮發性有機化合物所產生的廢氣。由於我們動物待在室內的時間很長，他們的曝險程度甚至比我們還高，寵物伴侶的某些鼻子、喉嚨和呼吸方面的毛病都跟空氣品質有關。《環境健康展望》（*Environmental Health Perspectives*）期刊中的一篇文章就提到，想要測試諸如因室內氡氣與二手菸引發癌症的風險，用實驗鼠或人類來進行流行病學研究還不如用寵物伴侶來得實在。[1]換句話說，寵物伴侶猶如煤礦坑裡的金絲雀：觀察他們曝險十或十五年後的情況，將有助於了解我們自身的體內變化，畢竟我們共享同樣的室內環境。

二〇〇八年，環境工作小組（Environmental Working Group）發布了一份有關我們寵物伴侶負荷多少毒素的報告。他們針對一群寵物伴侶進行七十種工業化學成分測試後，發現含有其中的四十八種汙染物，包括水銀和阻燃劑。[2]前不久，消費者守衛團體也曾為寵物玩具帶有磷苯二甲酸酯發聲，狗狗很愛咬的軟膠玩具尤其危險。口水和摩擦導致塑料磨損，使得化學物滲進我們狗狗的嘴裡。磷苯二甲酸酯可能升高肝、腎或生殖器出問題的風險。近期的另一項研究則指出，血清中多溴二苯醚（阻燃劑）濃度較高與高齡貓咪的甲狀腺機能亢進有關。[3]

獸醫蜜雪兒．班伯格（Michelle Bamberger）與藥劑師羅伯特．奧斯瓦（Robert Oswald）合著的《水力壓裂法的實際成本》（*The Real Cost of Fracking*），是第一批點出水力壓裂技術對我們寵物伴侶可能造成哪些影響的書籍。該書傳達的基本訊息是，我們根本不清楚水力壓裂技術的實際成本，但有良好理由相信，且某些數據也指出，如果我們的寵物伴侶接觸因水力壓裂作業而遭到汙染的水源，可能衍生許多健康問題。

寵物伴侶受到環境影響，而且也跟我們一樣對於像是全球暖化、汙染以及非永續消費行為貢獻良多（當然，他們並不知情）。飼養寵物伴侶對環境造成的其中一項最大衝擊或許肇因於食物。肉品消費是全球暖化的關鍵因素之一，所以一個充斥著肉食性寵物伴侶的世界恐怕只會讓情況變得更糟。當然，或許有人會說，反正我們的寵物伴侶吃的很多都是肉製品產業的廢料（請見第十七章「餵食致病因子」），所以這方面的影響應該不大。然而，因為有越來越多的人會幫他們的狗和貓買人類食用等級的肉（就我來看，這是個好趨勢），所以肉食的影響程度還是很高。我的建議是，既然我們的狗（特別是貓）真的得吃點肉以保持健康，那麼那些養狗、貓或其他肉食性寵物伴侶的人，何不自己減少攝取等量的肉呢？如此就碳排放量而言，主人和寵物伴侶便得以互相抵消。

製造寵物食品對於海洋生態系統也會造成影響。野生小飼料魚是魚製品狗糧和貓糧的一種主要成分。寵物伴侶占每年野生飼料魚消費總量的一三%——大約二・五公噸，尤以貓為大宗。[4]這些小魚是諸如海鳥、海洋哺乳動物以及大型魚類等海洋生物的重要食物來源。非永續捕魚法對海洋造成了災難性影響，如同紀錄片《魚線的盡頭》（*The End of the Line*）所述。為了因應對於海洋生態系統的危機，某些公司銷售的貓糧與狗糧採用的是以永續法捕撈的魚，而且擁有海洋管理委員會（Marine Stewardship Council）的認證。

是否採取永續法捕魚的議題也引發出另一項有關寵物伴侶飼養的道德爭議。在一個數百萬人處於飢餓或營養不良狀態的世界中，有這麼多的食物——尤其是其中所含的蛋白質——流進寵物伴侶的嘴巴裡，真的合理嗎？這項議題常被當作寵物伴侶與人類之間的戰爭來談，但實情並非如此；甚至還有把全世界的寵物伴侶都殺了——或者更棒的是，把他們都吃了——的想法，更是離譜得很。（沒錯，前述兩者都有人提過。）真正切題的應該是繁殖者（breeders）別再供應新的寵物伴侶（我們收容所裡已經有夠多的供給了）、產業不要再創造需求、消費者減少購買寵物伴侶和寵物食品。寵物伴侶數量少一點符合永續原則；反之，我們目前所累積出的寵物伴侶大軍則不然。

寵物主人為他們的動物買食物，還會買大量的玩具、床、籠子、小屋、攜帶式寵物箱、碗、瓶、衣服、項圈、寵物牌、自動丟球器、藥物等等。為了讓你對寵物伴侶飼養的規模有些概念，不妨先參考一下：全美的寵物伴侶數量比手機還多——這還只是個保守估計喔。如果再想想人們會幫他們摯愛的動物買的所有東西，顯然環境成本會不斷遞增。[5]而且寵物伴侶和他們的配備跟許多消費性商品一樣，不僅便宜而且屬於一次性用品。（我懷疑配備的吸引力搞不好跟寵物伴侶本身的吸引力一樣強。）用過的寵物商品猶如用過的手機（有時甚至還包括用過的寵物伴侶），最終都會被送到垃圾掩埋場。

我們也別忘了那些排泄物：估計大型狗每天的排泄量大約是〇．三公斤，一年的糞便量約當一百二十四公斤。這些排泄物也會衍生出龐大的環境問題，包括垃圾掩埋場裡大量的拾糞塑膠袋，以及可能遭到留在地上的狗屎挾帶的病菌所汙染的湖水、溪流和河川。貓屎同樣有它本身的問題：潛在病菌必須獲得適當處理，尤其是會引發弓形蟲感染病的微生物。因此，我們必須使用貓砂盆裝那些排泄物，並定期清理。只不過貓砂堆跟嬰兒尿布一樣，都得占掉垃圾掩埋場大把空間。常用的泥土材質貓砂也被認為無論對貓或對人而言都具有健康威脅，貓在貓砂盆中挖洞以及舔掉腳上泥土時會沾到的屑屑，以至於人也會吸收到那些塵埃顆粒。

面對著一個飛奔向氣候災難的世界，我們很難感覺到一點點狗屎或貓砂能起得了什麼作用。但每個小動作都至關重要，即便十分微不足道。（負責任地活著難道不就是對世界的回報嗎？）鑑於寵物伴侶越買越多，所以減少世界上寵物伴侶的數量絕對合理。而且既然這種失控式擁有寵物伴侶和寵物產品的行為，是產業和廣告大力催生的結果，而非源於人類對「連結」的基本需求，那麼，如果消費者能夠少一點衝動性購買動物以及動物用品的行為，對動物而言將是無上福音。

越來越多探討永續性寵物照料法的書籍，能幫助寵物主人釐清我們寵物伴侶所面對的環境風險，以及我們飼養寵物伴侶的習慣對環境的衝擊。我特別偏愛的是凱蘿・芙萊許曼（Carol Frischmann）的《寵物與地球》（*Pets and the Planet*）。書中有幾個篇章談到寵物伴侶如何對環境造成影響；為什麼選哪一種寵物伴侶有關係；如何選購綠色寵物食品、配備與玩具；如何處理寵物伴侶的排泄物；如何管理家庭曝險問題；以及如何尋找生態友善的美容、寄宿和獸醫等寵物伴侶服務。

本章截至目前所討論的都還僅限於「正常」的寵物伴侶——狗、貓、兔子和倉鼠之類。但在美國和其他地方越來越流行的所謂珍禽異獸，也會帶來嚴重的環境問題。想要「怪異」的寵物伴侶需求很高，而且被媒體和寵物業大炒特炒（就我看來很不負責）。舉例而言，動物星球頻道（Animal Planet）會定期播出《十大最怪異寵物》（top 10 strangest pets），但節目的重點向來都是那隻動物有多稀奇古怪，而不是取得和飼養好比一隻奇異鳥或水豚（譯注：半水棲的草食動物，也是世界上最大的齧齒動物）需要考量哪些福祉議題。所謂的好萊塢效應——在某部動物明星的電影上映後對於特定物種的突發狂熱——也充分反映在購買特定品種狗狗的行為上。《一〇一忠狗》（*101 Dalmatians*）促使大麥町的銷量激增，《比佛利拜金狗》（*Beverly Hills Chihuahua*）也對那一群精力旺盛的小型犬發揮了同等效力。突然迸發的需求會導致繁殖增加、價格高漲，然後隨著收容中心充斥著不需要的大麥町和吉娃娃（兩種狗都被視為是必須「高度呵護」的品種，不適合心臟不夠強的人）時，就會不可避免地邁入下行曲線。[6]「野生動物」影片也會營造出同樣現象。《海底總動員》（*Finding Nemo*）推升了小丑魚的龐大需求，《里約大冒險》（*Rio*）導致藍色金剛鸚鵡的需求暴增；兩種物種都是從野外捕捉後賣給（要是能活得了那麼久的話）掮客和個別寵物主人的。

我在稍後章節會談到珍禽異獸的福利問題，在此我只先簡單提一下：國際間的珍禽異獸交易是導致生物多樣性流失的一項關鍵因素。「奇特」在不同情境下有不同定義，我們在此指的則是所有未經馴養的動物物種。許多某某人飼養的鳥類、爬蟲類和哺乳動物等珍禽異獸都是野生捕獲的，如果以鳥類和爬蟲類來看，有些更是從野外偷拿的蛋孵化出來的。牛津大學野生動物保育研究單位（Wildlife Conservation Research Unit）的研究人員寫道：「捕捉野生動物以進行寵物伴侶買賣的非永續性作為，已經導致許多物種的數量減少和劇降。」[7]舉例而言，射紋龜已經瀕危，而且很可能會絕種；但你依舊能從網站上買到。這是個全球性的問題，因為珍禽異獸是從全球搜尋而得，想要他們的寵物主人也同樣遍布全球。如今，中東以及東南亞對於珍禽異獸的需求尤其強烈。全球寵物伴侶的需求量與人類的人口成長速度並駕齊驅，有些地方甚至還超越人口成長，這對保育工作而言實在不是個好兆頭。

雖然某些動物的移動是合法的，但非法仍占多數。例如把瀕危物種運出國界就屬於違法行為，卻依然時有所聞。走私者把鳥塞進他們的襪子裡，把青蛙跟衣服裝在一起，發揮創意用盡方法把動物偷帶上機，飛往垂涎寵物伴侶之地。由於捕捉和販售野生動物或牠們的器官比較容易賺大錢，所以大家常常把珍禽異獸的非法交易跟毒品與武器走私還有恐怖主義想成是一掛的事。[8]也可以說，珍禽異獸寵物伴侶的買家隱藏在一個看不見的暴力網絡中。

現在你知道了，在地決策確實具有全球影響。

令人擔心的寵物伴侶問題

第二十三章　放了我吧

愛瑪・唐納修（Emma Donaghue）的小說《房間》（*Room*），描述的是一個跟他媽媽住在一間房間裡的五歲小男孩傑克（Jack）的故事。因為他全部的人生都是在「房間」裡度過，所以這就是他的現實世界——他並不知道「房間」外面還有個世界。「房間」非常具有人道關懷色彩：傑克和他媽媽的食物每天都是由他們的照顧者（囚禁者）老尼克（Old Nick）供應的，他晚上就會過來睡在媽媽的旁邊。「房間」很乾淨，他們有衣服穿，還有個地方可以處理個人衛生。你可能會開始心想，這是部驚悚小說，雖然並沒有見血或開腸破肚，但的確令人毛骨悚然。讀這本書時，它讓我想到我們對寵物伴侶所做的事。尤其會讓我想到我對無數的大白鼠、壁虎、蛇、寄居蟹、倉鼠和天竺鼠所做的事。我讓他們置身於「房間」之中。

人們不盡然會覺得寵物伴侶是被囚禁的動物，尤其是狗和貓，但他們就是。對很多寵物伴侶而言，囚禁意味著終其一生都得在籠子裡度過（必須使用鐵條或木條，顯然意味著我們持有他們是違反他們意願的）。囚禁似乎偶爾也擁有相當的自由度，比如養在家裡的狗，他每天都跟某個特定人類或人類家庭生活在一起，有很多機會可以到外頭去、自由自在地跑來跑去、任鼻子聞東聞西。但除此之外的時間裡，囚禁意味著無盡期的禁錮，而絕大多數生物都處於這種情境。許多寵物伴侶終其一生都在一個小籠子或魚缸裡度過。我們在此所談論的絕對不是一群少數動物的福祉；據估計，全美家庭養的寵物伴侶有八千萬隻狗、九千五百萬隻貓、一億六千萬條魚、兩千萬隻鳥，以及數百萬的各類動物。[1]

終生被籠子束縛的生物很像被關在牢裡的人，某些情況下甚至更像是單獨監禁。這些動物跟他們本身的物種缺乏實質交流，身體的活動極為有限，幾乎沒有任何精神刺激，且環境刺激的種類和品質也隨之劇降。我們的寵物伴侶跟人一樣，都會因為這些狀況而遭受心理和生理的折磨。隨著針對動物認知和情緒的研究進一步擴展到我們對動物內心世界的探討後，囚禁他們的道德問題就更受到關切。

爬蟲類和兩棲動物被囚禁的遭遇尤其可怕。雖然我當時對這些事的了解沒那麼深，但我確知我們家壁虎莉茲在她那九十一公升汽油桶裡已經慢慢要抓狂了。我們養了她幾個月後，她開始不停地沿著桶邊爬，就好像她努力邁開大步卻沒看見前頭有面玻璃似的。克里福．瓦維克（Clifford Warwick）在提及養爬蟲類當寵物伴侶的道德議題時寫道：「大部分被人養的爬蟲類，都會出現至少三十種與囚禁壓力相關的行為……比如活動過度以及與透明邊界互動，兩者都跟持續設法逃走有關，至於活動不足則是環境不良所導致的生理性『關機』。」瓦維克說，這些跡象很多都「被飼主忽略，覺得無關緊要」。[2]我讀到這裡時，胃不禁抽了一下。

根據瓦維克的說法，爬蟲類的知覺和感受能力「與其他動物相當，包括人類」，而新研究也持續增強了我們對牠們的了解。[3]例如，一篇刊載在二〇一四年《動物認知》（*Animal Cognition*）期刊、由安娜．維金森（Anna Wilkinson）和同事所做的研究便證明了，鬍鬚龍（即鬃獅蜥）能透過模仿進行社會學習，這是原本被視為只有像是人類和特定靈長類「較高等物種」才會的技能。[4]但爬蟲類在某些要項上跟狗和貓大為不同。爬蟲類並未也從未被馴養，而且未來也不太可能被馴養。牠們跟我們差異太大了。牠們不像狗和貓可以跟人類形成「生活共享團體」（狗和貓得以與人共享同樣的身體與情感空間），爬蟲類並不能與我們共享生活空間，而且基本上是終生都被關起來的。瓦維克說：「這牽涉到演化生物管理──生存編碼，並非爬蟲類可以控制的範圍。」爬蟲類屬於不同的生物綱目，來自於差異極大的生態系統。我們對於爬蟲類的生物需求所知甚微，「而且我們所知的反而都凸顯出我們並未（恐怕也無法）滿足他們所需要的。」[5]沒錯，被捕獲的爬蟲類似乎向來適應不良，爬蟲類寵物伴侶的死亡率出奇地高。被抓來的爬蟲類至少有七〇%還沒抵達寵物店架上就已經往生了，而那些活著的大約有七五%當寵物不到一年就過世了。[6]莉茲活了兩年出頭，遠不及大約二十五年的自然天命。瓦維克直言爬蟲類根本不應該拿來當寵物伴侶，我個人也相當認同。

魚也沒好到哪裡去。魚缸往往空空蕩蕩，尤其是無數被視為小孩易於照顧型寵物伴侶的金魚，其處境最堪憂。金魚的推銷重點在於體型小、不太需要照料，而且很短命，但那是因為他們的成長受阻，才會還沒到時間就翹辮子。金魚並非天生體型就小，在理想情況下，能夠長到三十公分，活二十五年。而且很多人料想不到的是，他們很聰明，還很容易生厭。擺在櫃子上用小容器裝著的樣本金魚根本是個笑話。如果寵物業認真看待動物福利的話，金魚根本不會被拿來當「起步寵物伴侶」，更不會在架上擺個小魚缸。然而實際的情況是，魚缸好像越縮越小。

寵物業交易的其中一個招攬趨勢是所謂的奈米魚缸（也稱為微魚缸）。這些魚缸主要用來吸引那些偏執於東西非常俐落，比如剛好適合放在書桌或廚房櫃子上一點都不顯突兀的人。「人們老是偏好小盆小碗的……人們很愛那種剛好可以放在一個小框框裡的超吸睛水族箱，這樣一來就用不著維護大型設備了。」[7]所以體積都很小。等高線水族箱（Contour Aquarium）的容量分為十四公升和二十三公升；生物泡泡（BioBubble）是十六公升；桌上箱（Cue Desktop）只有十一公升。複合式文具水族箱（USB Desk Organizer Aquarium）——跟文具盒黏在一起，附有一個多用途筆筒和LCD日曆——可以裝一．七公升（也就是六杯）的水，而且廣告上說「適合活魚」。《寵物世代》（*Pet Age*）雜誌說，你把奈米魚缸賣給顧客時，最好也一起賣能放在那缸裡的「小東西」。建議的物種包括細波魚、鮐、燈魚、鱂魚和蝦。是有多病態和扭曲的世界，會認為六杯水對那些聰慧傢伙而言是個理想棲息地呢？

我還在《寵物商業雜誌》（*Pet Business*）刊物上發現另一款奈米魚缸製品：一整頁的鬥魚瀑布（Betta Falls）廣告。那組塑膠魚缸採取三格階梯式弧線設計，每一格魚缸養一隻鬥魚。三格魚缸分別用毛玻璃隔開，所以魚是看不到彼此的。這個四十一乘二十八乘二十八公分的魚缸組合，剛好可以放在你的書桌上，而且只需要九公升的水。這表示每一條魚大約只有十杯水的空間來度過餘生。不幸的是，顧客對於鬥魚瀑布的評價很差，他們說水流的壓力太強了，魚被逼得一直躲在邊上，搞得他原本就很小的游泳空間變得更小了。而且，魚會被吸進濾水器，結果就死了。寵物店通常會試著讓顧客相信，鬥魚喜歡生活在區區幾杯水的環境中，編出一個大自然生活的迷人故事：他們跟我們說，野外的鬥魚，事實上是活在水牛腳印所形成的水窪中。但實情並非全然如此。五彩搏魚的天然棲息地，是湄公河和昭披耶河流域水流緩慢且肥沃的蔬菜和稻田區。乾季時，因為許多河水都乾涸了，所以魚會陷在小水塘裡，還有——沒錯——水牛的腳印裡。鬥魚已經進化到得以在陷入水坑時求取生存：牠們是跳高好手，而且牠們的鰓有大量的血管組織，能夠輔助牠們從水面上吸收氧氣（死水通常缺氧）。這也是為什麼擺在沃爾瑪（Walmart）架上迷你塑膠杯裡的鬥魚能夠活得比大多數魚都久，而且杯子都會加蓋的原因。

小型哺乳動物往往跟爬蟲類、兩棲動物和魚的命運差不多，終生都被圈限在一個狹小空間裡。比如所謂的口袋寵物伴侶——大白鼠、小白鼠、倉鼠、沙鼠和天竺鼠——就是典型會被單獨留置在一個用塑膠、金屬或玻璃做的小空間者。寵物店裡賣的籠子，很多都比實驗室或為研究目的而設置的籠子還小，根本還不到為保護研究動物所訂定的福利標準。可惜並沒有福利準則來規範寵物籠的尺寸。這些生物永遠感受不到腳爪下的泥土，只有寵物店裡出售拿來當作褥墊的粗糙木屑。他們日復一日吃著同樣無聊的「小丸子」。他們永遠不必覓食或付出勞力以獲得食物，但這其實是種剝奪：實驗室研究顯示，許多動物物種即使可以不勞而獲，卻寧願選擇勞動以維生。

被飼養的小型哺乳動物寵物伴侶通常都沒有同物種相伴，儘管絕大多數口袋寵物伴侶的天性都帶有很高的社會傾向，且與同類動物之間擁有多元化依存關係。但恐怕只有在他們的囚禁者握著他們時，才是他們得以脫離籠子的唯一時刻。他們的「房間」就是他們的整個現實世界。（我懷疑他們是否對於自己在大自然中的居所還擁有進化記憶，如果是的話，心靈深處或許就會有一種失落了什麼東西的感覺。）我沒看過探討家中口袋寵物伴侶死亡率的研究，但我推測數字恐怕非常高，不過應該沒有爬蟲類那麼高，畢竟哺乳動物是溫血物種，我們至少還能稍微模擬一下他們的生存空間。然而，單獨監禁對這些生物而言依舊不符合道德原則，而且我們恐怕沒辦法在不讓爬蟲類受苦的前提下飼養他們當寵物伴侶。

飼養小型動物凸顯出我們一手創造出來的某項最嚴重傷害就是：社會隔離。社會傾向越高的物種，單獨監禁的傷害程度也越深。我們或許會以為自己就是我們倉鼠寵物伴侶的最佳良伴，但他對我們的想法可不是這樣的。倉鼠無論在基因上或在編碼上，都不是要與人類有所連結。他們或許會變得很溫順，而且不怎麼怕我們，但我們始終不是他們同類。即使有我們為伴，他們依然孤單。在我們的個人主義傾向下，或許很難理解社會互動對他們的福祉有多重要。新的研究指出，社會隔離帶來的可能不只是情感上的折磨，對身體也會造成傷害。一項針對灰鸚鵡所做的研究顯示，社會隔離會縮短端粒*還有生命週期。[8]獨居的鸚鵡比有鸚鵡同伴者早死。哪些常見的寵物伴侶的物種較具社會傾向？差不多全部都是。狗和貓、絕大多數的魚類、大白鼠、倉鼠、兔子、沙鼠、寄居蟹和鬍鬚龍。或許更貼切的問法是，哪些動物喜歡獨居？但就算是像豹紋壁虎這種相對「獨居」的動物，也會在牠們的自然環境中跟同類互動，所以也稱不上是真的獨居。根本就沒有所謂的獨居動物。

截至目前為止，我所談的都是獨居式的監禁，好比單獨一隻倉鼠住在他的私人寵物鼠誕生系列（Habitrail）鼠籠裡。但還有另一種監禁方式對於動物而言也會有問題——過度擁擠。如果你曾經置身於尖峰時間的地鐵車廂，或擠得水洩不通的飛機接駁車，肯定就會對許多社會性動物被塞進太小的空間時所引起的那種焦慮感與蒸騰怒氣寄予無限同情。往好處看是動物們有同伴；往壞處看則是大家靠得太近了，被迫互動得太頻繁，而且很可能衍生攻擊性互動——這些全都會促升壓力指數。過度擁擠是寵物店和動物躉售業者倉庫常見的景象，可能把幾十隻動物都裝進一個小籠子或特百惠賣的容器裡，就像沙丁魚罐頭似的。而且很弔詭的是，倉鼠、大白鼠或魚可能在出生後的頭幾個星期都置身於一個難以忍受的擁擠環境，但接著又獨自在一個全然隔離的空間裡度過餘生。

魚缸是其中一種最常見的過度擁擠情境。奈米魚缸裡的鬥魚或在小盆子裡獨居的金魚看起來很殘忍，但對魚而言同等難受的情境是過度擁擠。我們當地寵物店裡的魚缸，魚擠得像是共用一個心臟似的。凱斯西儲大學（Case Western Reserve University）的講師隆納・歐菲德（Ronald Oldfield）對某種常見的觀賞魚——火鶴魚——進行了魚缸大小與攻擊行為之間關係的研究後發現，居住在像寵物店所賣水族箱大小的火鶴魚通常比居住在較大型、較複雜環境者更容易互相攻擊。優勢魚的攻擊性升高，會影響缸裡其他魚的福祉，他們會因為被霸凌而緊張。被霸凌的魚除了身體上的傷害外，行為也會較畏縮，可能不會吃得跟以前一樣多，對於疾病的免疫力也隨之降低。歐菲德博士跟《紐約時代》說：「人如果讓狗處於這種境地，會被關進

＊譯注：端粒為真核細胞染色體ＤＮＡ末端的重複序列，其功能在於保護染色體末端結構的穩定性，對於細胞生存及基因體的完整性至關重要，有學者稱其為細胞的生命時鐘。

牢裡。」[9]

談到囚禁的道德問題，狗和貓算是特例。這兩個物種通常能夠在籠子外過活。他們或許有時候（搞不好是大部分時間）會被監禁在家裡，但我們會讓他們的生活擁有相當大的自由活動空間，得以展現其諸多天性，而且（在良好情況下）享有生理與心理刺激體驗。這兩個物種屬於馴養家畜，某種程度上都曾與人類共同演化（尤其是狗），同時，兩者都能跟我們建立起親密且有意義的關係。

心理學教授暨犬科認知研究專家亞歷珊卓．霍容維茲（Alexandra Horowitz）指出，就狗而言，自由和囚禁的意義是十分獨特的，必須由人類和犬科動物之間互動的前因後果進行綜合思考。[10]沒有所謂「野生」狗這樣的東西：整個物種都是被囚禁的。（野狗也不是真正的野生動物，因為他們還是跟人類住在同一個空間。）我們全盤控制他們的生活，他們則演化成依賴我們。她說，馴養改變了狗的本性，主導力量來自於「抑制馴養前的認知世界」。[11]被選定的改變要項在於感官靈敏度，致使狗的認知程度因而減損。但他們在某些方面的能力則獲得強化，比如利用人類來擴大他們操控世界的能力。「這種高度人為的篩選過程讓狗處於被囚禁的狀態，無論身體或心理都被人類用繩子拴住。」[12]狗無從選擇地必須跟馴養者綁在一起，具有

「受控天性」。（這是我說的，並非霍容維茲的用語。）

雖然狗屬於天生受控的物種，但仍有種希望得以、也想要被解放的強烈意識：他們想當狗。不過養狗人往往會有諸多干擾和限制「正常」狗行為的現象，例如在交配、劃定領域、吠叫和四處遊走等方面；我們會圍上柵欄、套上項圈和綁上鍊條、把狗閹割。狗狗訓練講求的是用一套精心設計且方法至上的流程限制他們的自然行為。寵物伴侶的「正常」行為表現老是遭到破壞，而且事實上，違反天性已然跟寵物伴侶的飼養掛勾。

霍容維茲表示，限制正常行為可能會對狗造成負面影響，遮蔽他們的世界經驗窗口。這種向來無從選擇不得不被人類飼主限制的問題非常嚴重。「凡事都得聽從某個人的決定，從往哪裡走（走哪條路以及何時走）、跟誰碰面（哪些狗和人）到探索什麼（可以在哪些味道附近流連、哪些不行），導致狗的獨立選擇權微乎其微。」[13]我們其實可以從很多方面賦予狗更大的自由，即便只是以放寬物種的囚禁層次為考量。舉個例子來說，「最不受束縛的狗」就是不要綁鍊子、不要限制活動範圍僅止於一間屋子、能夠自行選擇想要聞什麼以及什麼時候聞、能夠跟他喜歡的對象碰面並迴避他不喜歡的。

至於貓呢，就我的觀點來看，囚禁意味著某種最讓人受不了的飼養寵物伴侶習慣。[14]我們跟貓共住的方式與時俱變，變動的程度恐怕高過其他寵物伴侶，甚至還高過狗。貓再也不像他們幾千年來的半自由狀態。絕大多數的貓都遭到閹割，而且因為貓砂和貓糧的關係，越來越多的貓都住在室內，有的是全天候有的不定時。貓被賦予的活動空間通常比狗還小，那是因為我們有一種錯誤認知，覺得貓不需要空間，也不需要運動。沒錯，負責任養貓法的新正統就是貓**必須**養在屋子裡，美國人道協會（Humane Society of the United States, HSUS）也大力支持這個論調。根據該協會的說法，這是為了貓好：他們跑到外頭去很危險。但包括我在內的許多貓主人都覺得，不讓貓接觸外面的世界會讓貓失去某種重要東西，而且縱然外面世界存在風險，還是有某些貓很樂意以此來交換自由。

貓流行的肥胖症和行為問題，有可能是因為無聊和挫折引起的，並從而導致一大堆的貓被棄置在收容所和被殺。我們今時今日的某些養貓習慣根本起不了作用，我敢打賭問題是出在他們生活的受限程度越來越高。他們行使正常行為的活動範圍幾乎遭到全面限縮。

某些學者指出，由於我們跟動物之間的關係已經沒那麼功能化，加上動物與人類家庭越來越融為一體，使得他們面對不良福祉的風險越來越高。這乍聽之下似乎有違常理。家狗的待遇不是比勞動狗好嗎？家貓被嬌慣的程度不是要高過農舍裡的貓嗎？但說不定嬌慣並不是我們動物真正想要的。我們目前與動物同居的方式，導致他們更難以行使正常行為。此外，貓和狗面對的壓力源日益增多，比如無聊和寂寞。都市化的普及使得居住空間變窄。越來越多的狗和貓住在大城市裡。人類經常旅行，移動頻繁——居無定所對我們而言或許無所謂，但某些動物可能會因而精神緊繃。寵物主人越來越富有或許對我們的貓和狗也不全然是好事。一項研究顯示，雖然富裕意味著可以接受更多醫療護理和高級食品，但同時也導致對該動物的社會和行為需求的關注減少、運動量降低。與主人互動減少恐將引發分離焦慮或強迫症，貓跟狗都會。而精神刺激不足也可能降低行為彈性，並誘發不良反應和憂鬱症。[15]

在談論動物被當作寵物伴侶過著囚禁式生活的利弊時，必須針對不同物種以及每一隻動物進行個別考量。某些動物——比如狗——能活得非常自在，也能享有很高的自由度。但就其他動物而言，我們所能抱持的最大期盼就是盡量減少剝奪程度。針對囚禁，我們很難做出一體適用的結論，只能說基於其所隱含的道德重要性，必須把它擺在我們寵物伴侶福祉清單的首要位置。

第二十四章 無聊症候群

幾乎所有的寵物伴侶都曾感到無聊，其中有些是常態，而且出現病理上的問題。身為照顧者，我們可能完全不知道動物會覺得無聊，又或者是我們知道，但是不曉得如何處理。通常關在籠子裡的動物，像大白鼠、鳥、天竺鼠、金魚、寄居蟹等的情況最嚴重，而其他貓、狗等寵物伴侶也深受其害。

目前認知動物行為學（cognitive ethology）領域的研究，已經證實了對我們來說顯而易見的事實：動物有感情，對自己的生活感興趣，會出於喜悅而做某些事。此外，我們還知道，即使動物不需要自己覓食，也不必擔心被掠食者追捕，仍然會因無所事事而痛苦。生物學家弗朗索瓦絲·威梅爾斯弗爾德（Françoise Wemelsfelder）對於動物無聊症的議題，提供了相當完整的探討，她解釋道，對人類與非人類的動物來說，參與的活動若非出於自願和真正的興趣，根本毫無意義。[1]這些活動必須使動物「全神貫注」才會引發樂趣，非人類的動物唯有在獨自或與其他動物投入探索活動或自發的嬉戲時，才能體驗到全神貫注的感受。「透過專注、探索和嬉戲，動物才能以適合自己的方式與外在環境互動。」[2]在動物王國中，每種動物體驗到的全神貫注形式和風格「可能都不同，然而，不論在任何進化階段的動物身上，都可以觀察到牠們表達出自主的注意力。」我們不應將任何物種排除在外。她寫道：「我認為自主的注意力反映出行為的普遍原則。」[3]

她接著說：「關在籠子裡的動物，幾乎沒有機會……表達自己的興趣或喜好。籠子的環境可能包含了噪音、氣味和觸目所及的事物，雖然動物也許會對其起反應，但並不代表動物可以從事有創造力的活動，進而體驗全神貫注的感受。」[4]由於籠子裡水平和垂直空間多方受到限制，使得動物不論朝任何方向都只能移動幾步，大幅限制了他們的視野，這種限制會產生一個主要的影響：動物不再有活力或保持專注，他們可能會「長時間坐著或站著，一動也不動，頭和耳朵常常垂下來，眼睛半閉著，四肢異常彎曲，讓自己往牆邊靠。」[5]或是大部分時間可能都躺著或睡覺，寵物主人也許會誤把在睡覺的小傢伙解讀為很開心，不畏懼周遭環境，實際上根本不是這麼一回事。

由於拘禁在籠子裡的時間彷彿永無止盡，久而久之，動物開始出現異常行為，結果往往演變成刻板症（stereotypies），像是來回踱步、繞圈或搖晃等重複行為。只要動物無法從事高度自發性的行為，例如獵食、尋求社交互動，或找尋藏身之處以免被獵殺，就會出現這些千篇一律的刻板行為，在這種情況下，動物會陷入心理和生理退化的漩渦，很難復原，而逐漸失去各式各樣的技能，日益封閉。長期感到無聊的動物，會與遭遇到類似狀況的人一樣，出現下列症狀：冷漠、精神萎靡、強迫行為、沮喪、煩躁、充滿敵意、失去好奇心。[6]

第二十五章 你不要我了嗎？

二〇一三年三月，三十七歲的李浩鎮（Hojin Lee）因虐待動物的罪名被捕。他被驅離位於伊利諾州（Illinois）帕克里奇（Park Ridge）的公寓時，把一隻名為布魯諾（Bruno）的混種小獵犬留在裡面，就像丟棄一箱不要的物品。一個半月後，終於有位公寓管理人發現了沒有食物也沒有水，嚴重營養不良，命在旦夕的布魯諾。李浩鎮放了一袋狗食在流理台上，但對這隻小狗來說實在遙不可及，真不知道他這個舉動究竟是出於惡意，或純粹只是疏忽。[1]這個例子聽起來或許有點極端，但這種明顯殘酷的棄養形式出現的機率卻高得驚人。

動物也會被人們從車窗外丟出去、獨自留在鄉間小路，或在三更半夜放進收容所的夜間收容箱（這種箱子是專門設置給不敢在光天化日下遺棄動物的人），人們因為搬家、結婚、離婚、決定重返校園或度長假等種種原因，就把寵物伴侶拋下。（這不正是收容所該發揮功能的時候嗎？）

我們每天也都以不那麼嚴重的方式拋棄寵物伴侶，比方說，我們在家時未能持續提供情感連結，或是我們在忙自己的事情時，留下他們長時間獨處。我們讓他們產生依賴，成為他們食物、運動和陪伴的唯一提供者，然而我們本身仍舊是非常獨立的個體，說離開就離開。

關於被棄養的悲劇，發生在狗身上的情況可能最為不幸。狗主人的主要目標，就是鼓勵狗與他形成深厚的社交依戀，而雙方的確能建立起緊密的關係。我們就是愛狗的這個特點——他們對主人忠心耿耿，而且只給主人這種專屬待遇，正因如此，那些繁殖者、訓犬師和自稱狗專家的人，才會建議飼主最好購買一隻八週大的幼犬，才能有效利用這段小狗開始建立社交關係的關鍵期，讓小狗依附主人，而不是自己的狗媽媽和兄弟姊妹。安全的依附感對狗極有好處，使他們在我們的陪伴下感到快樂又安心，但也會為他們帶來壓力（例如當依附對象長時間消失）和心碎。我們希望他們依賴我們，但是當依賴導致了分離焦慮之類的行為問題，往往又將過錯推到狗身上。[2]

如果狗和主人建立情感連結後才遭棄養，會使得狗在情感上特別痛苦。舉例來說，被自己的依附對象棄養而進入收容所的狗，通常會「經歷一段突如其來悲痛欲絕的關係破裂期」。[3]不過狗很寬宏大量——這又是我們愛他們的另一個原因，在一項收容所的研究中發現，即使是與人類非常短暫的良性互動（每次十分鐘，共三次），就足以促使曾被棄養的狗再次對人產生依附。[4]

第二十六章

殘忍、虐待、忽視

一般的寵物主人可能會低估虐待動物出現的機率，媒體在一些方面讓這個問題雪上加霜，因為我們看到或讀到的寵物伴侶相關內容多半都很溫馨愉悅：九〇%的人會對寵物伴侶說話；六六%的人每天會對寵物伴侶說「我愛你」；半數以上的人會跟寵物伴侶一起睡，帶寵物伴侶一起度假，幫他們慶生。我們心想：「喔！人類與貓、狗的感情真是難能可貴呀！」但是這些產業調查的受訪者，往往是某種特定類型的寵物主人，這些人**真的**深愛自己的寵物，並視其為家中一分子。過度將焦點放在寵物主人好的那一面，使得我們忽略了一項事實：也有許多寵物主人不負責任、怠忽職守，甚至殘酷不仁，而且也讓我們無視於另一項事實：那些每天對狗說「我愛你」並幫狗戴上花俏項圈的人，可能正是那些讓狗獨處一整天，疏於提供足夠的生理和社交刺激的人。

我們人類飼養寵物伴侶的做法，對寵物伴侶來說最不幸的代價就是：受到心腸惡毒或情緒障礙的人虐待。人類虐待動物的花樣之多，歷史之久，會讓你思索動物為了和我們一起生活，是否付出了太高的代價。那些可被起訴的虐待動物罪行只是冰山一角：動物也遭受其他較不明顯但更普遍的身體和精神虐待，如懲罰性訓練方法、長時間拘禁、無聊和長期嘲弄，這些都不是偶發的罕見情況。在我的印象裡，遭受虐待的寵物伴侶數量比較多，而受到良好照顧和疼愛的寵物伴侶則屬於少數。你可能會對此不以為然，但是我想請你親自看看那些統計數據、法醫學教科書和每天的新聞報導。

關於虐待動物的可怕新聞總是層出不窮，實在讓人心痛。舉例來說，就在我下筆的這一天看到一則報導，提到動物管制中心撿到一隻八個月大的混種牧羊犬，救難人員把這隻小狗取名為萊德（Lad），他被槍射中臉部，獲救時槍傷已經好幾天了，傷口嚴重感染，飽受飢餓之苦，因為受傷的下巴導致他完全無法進食或喝水。[1]就在同一週，有個佛羅里達州（Florida）男子顯然是為了叫自己的狗去咬路人，而對狗拳打腳踢。[2]有個紐澤西州（New Jersey）的男子被捕，因為他用牽繩綁住狗，害狗在他的車後面被拖行（他聲稱自己忘記把狗綁在車後這件事）。[3]另一個佛羅里達州男子拿鋤頭攻擊自己的狗奈麗（Nelly）的頭，並把她殺了，只因為她「以奇怪的方式盯著他看」。[4]

以下這些章節名稱，出自於萊絲莉・辛克萊（Leslie Sinclair）、美琳達・默克（Melinda Merck）和藍道爾・洛克伍德（Randall Lockwood）合著的《受虐動物法醫調查報告》（*Forensic Investigation of Animal Cruelty*）：「燙傷」、「鈍器傷」、「銳器傷」、「槍傷」、「窒息」、「溺水」、「中毒」、「忽視」、「囤積動物」、「性侵動物」、「宗教儀式虐待」、「鬥狗和鬥雞」。說到虐待動物的各種形式，人類的想像力還真豐富，動物快逃啊！

辛克萊、默克和洛克伍德將「虐待」下了一個廣泛的定義：「不論出於故意或過失，任何導致動物承受『不必要』的痛苦之行為。」[5]但有些行為是所有人都會視為虐待（例如用鏟子重擊小貓），而有些行為則較為主觀，得視個別情況而定（例如把狗放在後院一整天，日復一日），這兩種行為顯然不同。

在法律上，對於殘忍、虐待、忽視並沒有一致的定義，美國各州的動物保護法不盡相同，也都不夠完善。反虐待動物的法條措辭往往過於含糊，使得檢察官和法官不確定該如何解釋，例如華盛頓州（Washington）的虐待動物法規告訴我們：「凡是故意使用會讓動物過度痛苦的手段，導致動物：一、承受實質的痛苦；二、身體受傷害；或三、被殺害等虐待動物之行為，除非法律另有規定，否則將視為一級犯罪。」[6]有個男子炸死了女兒的黃色拉不拉多犬，卻無法以虐待動物罪名被起訴，副警長解釋：「因為狗立即死亡，在死前並沒有受苦。」[7]至於該由誰來負責逮捕和起訴虐待動物的罪犯呢？也一樣沒有明確的答案——因地而異。

我們很難確切得知究竟每年有多少動物被虐待，或被誰虐待，因為聯邦資料庫裡沒有關於虐待動物犯罪的統計數據。[8]過去幾十年來，關於虐待動物的資料，是由不同的動保團體零星蒐集而來。美國人道協會估計，每年有數十萬起虐待動物案件，這個數字可能還算保守。施虐者的主要族群為家暴者（異性戀和同性戀都有）；患有人格障礙的人；兒童和青少年，主要是學齡前的男童；動物囤積者（其中七五％為女性）；對於動物的行為抱著不切實際期望的成年男女；以及暴力罪犯（強暴犯）。狗是最常見的受虐目標，排名緊接在後的是貓。[9]

二〇一四年九月，聯邦調查局（Federal Bureau of Investigation）局長宣布從今以後，虐待動物將首度列入統一犯罪報告項目（Uniform Crime Report Program），不再只是放在輕微犯罪項目的其他犯罪類別底下，而是歸類為嚴重犯罪，包括輕微和重大過失、蓄意虐待或酷刑、有組織的虐待（如鬥狗）和性虐待。設置了國家級的犯罪事件和逮捕紀錄資料庫，對於打擊虐待犯罪是很重要的一步，因為這將有助於動保團體和執法單位更易於理解、起訴、遏阻對動物的罪行。

雖然一般人大力倡導飼養寵物伴侶對孩童帶來的好處，但在得知許多虐待動物的案件來自於兒童後，讓人感到相當不安。潘蜜拉．卡萊兒—法蘭克（Pamela Carlisle-Frank）和羅姆．佛萊納根（Rom Flanagan）寫道：「研究人員發現，孩童虐待動物的證據多得驚人。」[10]在幾項針對大學生的不同調查中，約有半數的人提到，小時候曾看過或參與過虐待動物的行為，「在這些受訪者當中，二〇%的人在小時候確實虐待過動物，而每七人當中，就有一人殺死過流浪動物……有三．二人殺死了自己的寵物伴侶。」[11]參與或觀看的男生人數比女生多。

沒有人真正知道，一個人殘忍的衝動究竟是來自靈魂哪些黑暗的部分。但是為了要理解虐待動物的行為，研究人員已經找出一些特定的動機，像是想要控制動物的欲望、感覺遭受動物侮辱進而採取報復、對某個物種或品種的偏見、無差別的攻擊行為、渴望引人注意或讓其他人受到驚嚇、為了要報復某個人，或純粹只是虐待狂。[12]

虐待動物者常常拿寵物伴侶的行為當作施虐的合理化藉口，他們通常會把虐待行為貼上另一個標籤：「正當管教」。有個藥劑師朋友最近告訴我，她的同事語帶驕傲地描述，因為未婚夫的狗亂跑，結果他一拳打在狗臉上以示懲罰。諷刺的是，這些在訓練寵物伴侶紀律的人，往往就是那群不去學習有效和適當培訓技巧的人，行為學家幾乎一致同意訓練應該要用正面強化的技巧，而非懲罰。在此惡性循環之下，嚴格的懲罰方式可能會造成狗或其他動物承受極大的壓力，於是又反過來出現更多的行為問題。記者馬克・德爾（Mark Derr）寫道：「我認為，任何學習或行為矯正的理論，若是奠基於使用不對稱的權力，導致弱勢的那一方受苦，就是錯誤的。」令人厭惡的訓練「最終將阻礙學習」，而且會「引起暴力攻擊行為」。[13]

根據研究，那些虐待動物的人也傾向於對壓力源更敏感，而虐待可能是一種處理壓力的機制。寵物伴侶本身的行為常常就會帶來壓力，於是讓虐待更變本加厲，接著可能導致動物更焦慮，而引發更嚴重的行為問題。在飼養寵物伴侶的世界裡，這種惡性循環無處不在。寵物伴侶當然會讓人非常沮喪，造成壓力——但一般人在思考是否要飼養寵物伴侶時，多半沒將這件事納入考慮。一等到緊張程度上升，人們就變得比較無法耐心處理每日與動物共同生活必須面對的挑戰。我自己也曾有過類似的經驗，那是在二〇一三年秋天，嚴重的洪水重創了我們科羅拉多州的小鎮，大家都必須疏散，鎮上大部分地區完全被摧毀，連提供水、煤氣、電力和處理汙水的基礎設施也不例外。我們經歷了整整兩個月的苦難，其中最具挑戰的部分是處理我的寵物伴侶，尤其是兩隻狗，像瑪雅扯繩子或是貝拉刺耳的叫聲，平常只是惱人的小習慣，突然變得放大到幾乎無法忍受，因為我的壓力指數已經過高了。而就在那個特別難熬的一天，我費了九牛二虎之力，才把兩隻狗帶到一個難得能鬆開牽繩的地方，結果他們一起跑出去跳進水溝，裡面全是大雨過後充斥著大腸桿菌的髒水，那時我發現自己流著眼淚，對著可憐又濕答答的狗大吼：「你們**惹毛**我了，要是膽敢再亂來一次，就直接把你們送到收容所！」這次經驗讓我確實體會到為什麼在那場洪水過後，真的有很多動物被送進當地的收容所，而且許多主人再也沒有把他們帶回家。當你是泥菩薩過江自身難保時，寵物伴侶也許超出你的能力範圍了。

第二十七章　不為人知的傷害

在討論虐待動物的議題時，多半將焦點放在肢體上的虐待。然而，對於動物的精神虐待和不當對待其實也一樣很重要，因為這正是他們受苦的主要來源。（我帶著羞愧的心情，想著自己因為水災而對瑪雅和貝拉發表的激烈言辭，他們站在那兒耳朵下垂，夾著尾巴。）在我撰寫本文時，美國五十州的虐待動物法令都沒有特別提及精神上的忽視、虐待或痛苦，其中有些州的法令甚至明確地說，造成的傷害必須是肢體上的才算數。這是個很大的漏洞，因為過去三十年來，已有許多研究的主題涉及到動物認知和情感，動物就跟兒童一樣，肢體受到虐待往往也會引起（因恐懼、焦慮等）心理上的痛苦，因此我們應該認定在肢體上遭到不當對待的動物，精神上也同樣遭到不當對待。[1]

精神虐待對寵物伴侶來說是很嚴重的問題，但是情感忽視（emotional neglect）也許較不明顯，必須特別關注，因為這部分多半未受到正視。麥克米蘭指出，當照顧者提供的環境無法讓動物擁有社交陪伴、心理刺激、控制感、安全感、免於危險（例如提供藏身之處），以及適度可預測和穩定的生活事件，就會造成情感忽視。[2]要判斷某隻特定動物所需要的社交陪伴、心理刺激或控制感多寡，當然是項艱鉅的任務，因為這部分比較主觀，不像檢視動物的身體是否受傷，或水和食物是否充足那麼具體。我們是否把人類的意圖納入考量呢？或只想到動物感受到的傷害？「正常的」對待方式，例如關在箱子裡，究竟在什麼情況下會從可以接受而變成了虐待？是一小時後？十二個小時？三天？還是三個月？

忽視可能來自於無知、缺乏動機、判斷力不佳，以及與動物相處後的高度挫折感。雖然判斷力不佳和缺乏動機的問題很難解決，但是藉由教授如何照顧動物、如何解讀和矯正動物的行為，通常可以改善無知和挫折。兒童保護工作者已經能指導家長如何營造充滿愛心、穩定的家庭環境，因此，動物保護工作者或許也能教育寵物主人。

當務之急是從文化和法律標準的層面上，將照顧和對待寵物伴侶的情感需求納入考量，謹慎詳細地列出對於寵物伴侶精神虐待的形式和證明，然後制定能保護動物免於受到這類傷害的法律，在這條路上還有很多事要做。

第二十八章　小測驗：何謂虐待行為？

以下各題請註明為A（殘忍或虐待）或B（可以接受）：

一、用繩子將狗綁在後院。
二、把一隻倉鼠終生獨自關在籠子裡。
三、將金魚養在小碗裡。
四、拒絕提供水或食物。
五、拒絕看獸醫。
六、未能每週幫貓或狗刷一次牙。
七、拒絕付出情感。

八、不乾淨的生活環境。
九、把貓的爪子拔掉。
十、將貓置於室外。
十一、將貓置於室內。
十二、將鳥關在籠子裡。
十三、幫鳥剪翅膀。
十四、給狗戴電擊項圈。
十五、為狗裝電籬笆。
十六、貓或狗過度肥胖。
十七、斷尾。
十八、剪耳。
十九、割聲帶。
二十、未能提供適當的藥品給生病或受傷的動物。
二十一、在你的狗跳進全是大腸桿菌的髒水後，對著他們尖叫。

第二十九章 動物囤積症的奇怪世界

約翰（John）是個親切的好人，大半輩子都獨居在加州（California）安納罕市（Anaheim）的小公寓裡，以幫人打掃房屋勉強維生，在此同時試圖擔任演員的工作。在那個大眾仍普遍畏懼和誤解同性戀的時代，他公開出櫃，喜歡閱讀莎士比亞的作品，在同性戀圈子有一群關係密切的好朋友。他也喜歡狗，而且想辦法拯救更多的狗，讓他們免於遭受無家可歸和安樂死的命運。在他臨終前，他的小房子裡至少養了十到十五隻狗，到處都是糞便、狗毛和灰塵，朋友都很擔心他的生活環境，但是無法讓他看到問題所在，他是個囤積者。

動物囤積症（animal hoarding）也許是一種最神祕難解的虐待形式，囤積者病態地收藏動物，經常從收容所「拯救」為數眾多的動物，多半是貓或狗，他們聲稱熱愛動物，卻未能充分提供照顧。囤積並不歸類在蓄意虐待動物，也不是真的隸屬於「出於冷漠的忽視」項目底下，事實上，囤積是種不尋常的虐待形式，因為這往往是來自於太過同情或關心動物的結果，起初可能是想努力拯救被棄養的動物，尤其是不希望他們被安樂死，然而隨著動物的數量逐漸增加，囤積者變得越來越無法好好照顧全部的動物。

這些被囤積的動物生活環境通常都相當可怕。流行病學獸醫師蓋瑞．佩卓尼克（Gary Patronek）說：「語言甚至是照片，都不足以描繪被囤積的動物受害者所忍受的骯髒和痛苦程度……整間房子汙穢不堪，滿地都是動物屎尿，有時候甚至累積達數公分高，導致房屋結構嚴重受損，不得不拆除。」囤積者房子裡的空氣因為混合了氨氣而變得有毒，導致「暴露在此惡臭下的衣物都洗不乾淨，只得丟棄」。[1]死掉的動物經常陳屍在原地，或是以某種有系統的方式放置（例如按照毛色排列），不是沒水沒食物，不然就是只有髒水或壞掉的食物，餓死是家常便飯，動物常常得打鬥一番才能吃到食物，而且可能被迫自相殘殺。他們幾乎沒有空間走動，也沒有機會運動，身上有著尚未處理的疾病、傷口和寄生蟲。

囤積者飼養的動物少則十隻，多則達數百隻。資料顯示，典型的囤積者為單身女性、獨居、未外出工作，但這不是唯一的類型，囤積者也可能是男性、已婚夫妻、年輕人，還有老人。一般而言，囤積者已達到成人自我忽視的標準，而且有行為異常的問題，像是在情感上依附且需要掌控所有物（不論有生命或無生命）、對自己的行為缺乏洞察力。[2]佩卓尼克估計，每年至少有五千個案例，多達二十五萬隻動物遭受這種虐待。

心理衛生專家不能完全理解為什麼人們會變成囤積者，佩卓尼克提供了一個可能的解釋：也許是童年與寵物伴侶相處的經驗埋下了種子。對於在功能失調的家庭裡長大的兒童來說，一向逆來順受的寵物伴侶可能成為情緒抒發的出口，而取代了與人類的關係，[3]這種對於動物情感上的依賴，可能演變成囤積行為。不管這個神祕的行為究竟從何而來，囤積症會導致動物極度痛苦。

第三十章　關係的連結

許多早期發起動物保護運動的人，也同時大聲疾呼反對虐待兒童、廢除奴隸制度，這不是巧合，從過去幾十年來的研究，已經證實這些人道運動先驅者的直覺正確無誤：對動物施虐的人也經常會對人使用暴力，像是不當對待兒童、暴力對待親密伴侶和虐待老人。此外，虐待動物也與反社會行為、犯罪和精神疾病密不可分，這些各式各樣的關聯稱為「連結」（The Link，譯注：美國人道協會以「The Link」為其註冊商標）。

大多數人都接觸過「連結」的想法，因為常聽到的說法是連續殺人犯和校園槍擊犯在童年時，都曾對動物做過不可告人的事。[1]研究結果確實支持這種說法，而且還更進一步闡述說明，孩提時期虐待動物的人，成年後對人施暴的機率相當高，且極可能伴隨著其他類型的反社會行為和人格特質。[2]那些參與虐待動物的人顯然更有可能成為暴力罪犯，而不是非暴力罪犯，比起殺人、縱火或違法持有槍枝等犯罪行為，虐待動物這項指標與性侵犯的關聯度更高，而且虐待動物也與藥物濫用相關。[3]

虐待動物與各種家暴形式之間的相關性，也許更甚於虐待動物與犯罪行為之間的關聯，例如在一個家庭裡，動物和兒童或是動物和配偶往往會同時被虐待。此外，動物常常淪為施暴者的工具：傷害動物的目的是為了傷害、警告或恐嚇某個人。在一項研究中，那些去尋求安全之家協助的女性寵物飼主中，有將近四分之三的人指出，另一半威脅要傷害，或真的傷害或殺死她們的寵物。[4]這些婦女當中，有三分之一的人說，她們的小孩也會傷害或殺死過寵物，表示暴力會惡性循環：在暴力家庭長大的孩子目睹動物被虐待，日後也常常會成為施虐者。[5]

公共衛生專家艾莎．阿赫塔爾（Aysha Akhtar）醫生建議，要將對於虐待動物的關注，變成醫療和公共衛生教育的一環（目前尚未做到這一點），至於那些負責人類健康的主要政府機構（不但包括美國疾病管制中心，還包括世界衛生組織），要留意兩者間的連結。此外她還建議獸醫，要開始多跟幫人看病的醫生、社工人員和公共衛生專家溝通，並接受如何辨識非意外傷害的訓練，甚至要考慮規定獸醫這個行業呈報虐待事件。收容所需要更完善的虐待事件呈報系統，也需要能與執法機構共用的資料庫（如統一犯罪報告統計資料庫）。我們有充分的理由採取更有效的策略介入身處險境的人**和**動物，將虐待動物重新定義為一種家庭虐待案件，且重新定義虐待動物為暴力犯罪，而非財產犯罪，將兒童虐待動物的行為視為日後攻擊和偏差行為的嚴重預警，將虐待動物作為虐待兒童、家暴或虐待老人的危險信號。

如果你從事動物福利相關工作的時間夠久，可能會聽過下面的評論：「為什麼你不少替這些動物擔心，而是多替人類做點事情呢？」然而，心理學研究一直告訴我們（而且一般常識也已證實），我們給予動物多少的道德價值，就會給予其他人（尤其是跟我們不一樣的人）多少的道德價值，兩者密不可分。人類長久以來將特定族群的人「去人化」（dehumanizing）——對待他們的方式比較不像人，而是像動物，就像以前非裔美國人被視為奴隸，或是像二戰大屠殺期間對待猶太人、同性戀和吉普賽人的方式。思考一下一般人如何理解「對待某人如對待狗一樣」的用語，就可得知我們真的應該重視二十世紀哲學家狄奧多．阿多諾（Theodor Adorno）提出的警告：「每當有人看著屠宰場，心中抱持著『那些只不過是動物』的想法，則二戰奧斯威辛（Auschwitz）集中營就會重現江湖。」

我們應該提倡以人道方式對待動物，不只是因為這麼做對人有好處，也是出於對動物本身的關心。然而，能看到實務上的資料證實，我們給予動物多少的道德價值，會與我們如何對待其他人密切相關，而且知道如果我們教導孩子珍惜動物的生命和感覺，他們就能善待其他人，且包容各種族群的差異，著實令人欣慰。

第三十一章 取得安樂死執照

寵物產業之所以能順利運作，安樂死是其中重要的一環。在過了將近一世紀制度化的撲殺寵物伴侶後，我們發展出能大量處置動物的完美技術，不僅效率驚人，成本低廉，而且幾乎眼不見為淨。在美國收容所裡，每十一秒鐘就有一隻健康的狗或貓被安樂死。寵物飼主可能被說服而認為這種安樂死〔euthanasia，我們絕不能稱此為撲殺（killing）〕有其必要，而且，這種做法也展現了對那隻動物和整個寵物伴侶族群的同情心。但是果真如此嗎？

收容所安樂死發生在邁克．萊斯（Michael Lesy）所謂的禁區（Forbidden Zone）裡——這個地方隱藏在機構內，讓死亡被隔絕在社會築起的高牆背後，好讓我們看不到。他寫道：「我們當中必須有人定期處理死亡，他們進入禁區……在那裡工作，他們處理了死亡，好讓我們其他人可以逃避它。他們做他們該做的事，理由充分，且與外界隔離。」[1]

二〇一二年秋季，我懷著忐忑不安的心決定進入這個禁區，報名參加由丹佛動物管制中心（Denver Animal Control Center）舉辦為期兩天的安樂死注射課程。我為了寫這本關於動物安樂死的書，必須做些研究，而我將這門課當作其中一部分，因為我認為閱讀文獻摘要與親身體驗截然不同。我現在拿到了動物安樂死執照，根據我的講師黛柏（Deb，這不是她的本名）說，我在安樂死方面接受的訓練比即將畢業的獸醫師還多，我覺得不敢置信。

我花了幾年的時間，才找到開設在我們這一州的這門課程，安樂死注射課程其實排在課表上好幾次了，但都因為報名人數不足而取消，美國有少數幾個州沒有特別規定安樂死技術人員必須接受訓練，科羅拉多州顯然是其中之一。如果你還以為收容所的安樂死都是由獸醫來執行，請再想想。科羅拉多州的藥事委員會（Board of Pharmacy）法規明文規定，動物收容所人員不得為動物實施安樂死，「除非這個人員展現出足夠的知識，確實了解施打此類藥物或調整藥物劑量的潛在危險，以及具備相關的適當技術。」[2]「展現出足夠的知識」這個要求不清不楚，基本上寫了等於沒寫。其他州的法律規定需要受過一些訓練，通常是四或八小時的課程，在這幾小時內，參加者必須學習基本的貓狗解剖學、幾種藥物的作用、注射的適當技術、保定動物（restraint，譯注：意指不危及操作者和動物的安全下，在短時間內用各種方法控制動物）的技巧，以及計算藥物劑量。

我的安樂死注射課程是由美國人道促進會（American Humane Association）贊助，我們的講師經由美國人道促進會認證，從肯塔基州（Kentucky）搭飛機前來授課，這門課約有十二名學生，男女都有，涵蓋不同年齡層，至於人種的話倒稱不上是多元。約有一半的學生在收容所工作，一半的學生服務於動物管制機構，正好反映出美國執行安樂死的場所。有些學生已經定期在幫動物實施安樂死，但是上司要求他們來上課，其他人則像我一樣是初學者。

我們的《安樂死注射訓練手冊》（*Euthanasia by Injection*）是由美國人道促進會出版，內容詳細說明如何儘可能以人道的方式，讓動物經由注射藥物後死亡。正如這本小冊子解釋說，雖然在收容所的環境裡，不見得總是能讓動物順利死亡（因為有些貓會野性大發，有些狗煩躁不安或害怕，基本上只要是不鎮定和不安靜的動物，都需要強制保定），但這仍是我們應該要追求的理想目標。

我快速瀏覽了訓練手冊，以及由該促進會發行的《安樂死注射操作指南》（*Operational Guide to Euthanasia by Injection*）完整版，可以看出安樂死已經成了收容所的例行公事，非常有效率和科學化：裡面全都是數字、事實、靜脈和劑量，關於道德隻字不提。（在書名頁下方，我們看到促進會的宗旨是：「為了保護這個國家的兒童和動物而發聲。」）訓練手冊和操作指南是由道格・法克瑪（Doug Fakkema）撰寫，這位全美知名的收容所安樂死專家，針對收容所安樂死提出三個重要的改進方向：所有收容所都應選擇注射為安樂死方式；強制規定安樂死執行人員必須接受基本訓練；說服所有的收容所在實施安樂死之前，先使用鎮靜劑。目前這三項目標無一達成。

黛柏在這門課一開始，先分享了自己收容所發生的故事，並以這個例子證明這種死法對動物來說是種解脫（這是在我們的假設之下）。有隻名為吉拉尼莫（Geronimo）的比特犬，在主人的指揮下攻擊了一名警察，於是被拘留在收容所作為證據，審判拖了一年多，吉拉尼莫的處境變得越來越淒慘，他討厭人，討厭其他狗，也討厭收容所。最後，審判終於結束，吉拉尼莫的苦難也告一段落，黛柏告訴我們，安樂死就是用在世界上其他與吉拉尼莫同病相憐的動物身上。

在接下來兩天的課程裡，介紹了關於收容所撲殺動物的其他方法，但我們學的是收容所安樂死的「最佳做法」，所以沒有學如何使用毒氣箱，也沒有學如何在空地精準射殺動物，只學習如何注射戊巴比妥鈉讓動物安樂死。

首先，我們必須清楚各種不同的注射途徑，這涉及了大量的字母縮寫：IP（腹腔注射）、IV（靜脈注射）、IC（心臟注射）和PO（口服）。我們上了一堂簡單的解剖課，看了狗和貓的身體解剖圖，以便了解在每種注射途徑下，針頭必須對準哪個目標。

接著我們必須學習劑量，戊巴比妥鈉是一種抑制中樞神經系統的鎮靜劑和麻醉藥，注入的劑量多寡決定了這種藥是會殺死動物，或只是讓牠們暫時昏迷。你不會想用太多，因為收容所和動物管制機構的預算有限，而且戊巴比妥鈉在美國屬於第二級管制藥品，必須合法使用，嚴格控管。但是你顯然也不想用太少，以免把動物送到了畜體廢料加工廠（rendering plant）或掩埋場後，發現牠們還活著。為了計算劑量，你必須算數學，考量動物的體重，預定的注射途徑和其他資訊，例如動物的循環系統是否受損。飛得速（Fatal Plus）是目前相當受歡迎的安死液（euthanasia solution）品牌，每單位含六格令（約〇．三九公克）戊巴比妥鈉，如果是心臟注射和靜脈注射，體重每四．五公斤劑量為一毫升，如果是腹腔注射和口服，體重四．五公斤劑量為三毫升，注射後四十秒內，動物應該會「倒在原地，失去知覺」。

獸醫院與收容所使用的注射途徑不同，獸醫院偏好靜脈注射，收容所常用的則是我們這次在現場示範教學的心臟注射。做了心臟注射，只要手離開針筒後觀察，就可以快速確定動物是否死亡，如果針筒還會轉圈圈，表示心臟仍在跳動；等到針筒靜止不動，表示動物已經死亡。黛柏說在她的收容所裡，只要動物「在醫學上判定死亡」，就可以裝進袋子。她曾經把一隻狗裝袋放在手推車上，推到外面走廊時那隻狗痛苦地喘了一口氣，袋子在動！她說，這會讓工作人員很困擾，她建議安樂死最好是在收容所的後面執行，這樣的話其他工作人員和訪客都不必看到這種事情。她還建議，對動物執行安樂死時要面帶微笑，因為這樣會讓動物感到快樂和放鬆。

當天下午的課程，我們學到了安樂死前使用的鎮靜劑。鎮靜劑一般是用於不易控制的動物，讓牠們靜止不動以免注射藥物時對工作人員造成危險，理想上，應該先給所有的動物鎮靜劑，這種做法比較仁慈，但是成本會提高幾美分。混合鎮靜劑（PreMix）是將氯胺酮（ketamine）和甲苯噻嗪（xylazine）混在一起，利用肌肉注射（IM）或皮下注射（SQ）的途徑給藥，氯胺酮聽起來可能很耳熟——這就是街頭流行的毒品「K他命」（Special K），所以在美國列為第三級管制藥品（「濫用的風險很高」）。

黛柏建議用二十號針頭來注射飛得速，她解釋說，你擰起一小塊皮膚，針頭斜面朝上（看得比較清楚），把針刺入靜脈，活塞向後拉，確認針在靜脈裡（你應該看得到血），如果是注射到靜脈，就要快速注射，如果是注射到腹腔，就要慢慢注射。如果還有心跳，就是「奇怪的事情發生了」，你應該再打一劑。

黛柏敘述她在肯塔基州收容所的工作，她說：「那個地方的動物福利是全美最差的。」在夏季，收容所每天都會進來五、六十隻動物，曾經有一天就收了五十四隻成貓和幼貓；在冬季，每天進來的動物數量降為約十三隻，因此存活率比較高，牠們的空間、時間和精力會比較多。她解釋說，收進來的動物數量多寡，決定了安樂死是否必要，若要減少安樂死，唯一的方法就是減少進來的動物數量。絕育宣傳推動的時間通常需要大約十年，才能有效降低進來的動物數量。她告訴我們：「零安樂死是神話。」這是個口號，是貼在汽車保險桿上的標語，是很棒的理念。她的收容所並非完全不撲殺動物，他們會為了醫療、行為問題和空間等因素而實施安樂死，一旦收容所滿了，動物必須達到更高的門檻才能「進來」。她說，他們附近有一家位於肯塔基州科爾邦（Corbon）的收容所，安樂死比率為九五%，要是有些繁殖者的幼犬賣不出去，就會把牠們帶到收容所，結果又再繁殖出一批。

第二天，我們學習保定動物的方法，這對於收容所裡的許多動物確實有其必要。最好的保定方法，當然就是盡量不需要保定，在理想的情況下，可以用溫和的話語和撫摸讓動物鎮定下來，畢竟牠們信任我們，而如果要幫動物注射，不論是鎮靜劑或是安樂死藥物，通常除了保定之外別無他法。保定的工具是將一條硬皮帶（也就是控制桿，這是一條覆蓋著塑膠的金屬線）接到一根很長的金屬桿，你也可以用遙控注射器——基本上，注射器會接到一根長桿的末端。有些收容所的安樂死處理室會設置保定架，把動物困在牆邊固定住，便於以肌肉注射的方式幫牠們注射混合鎮靜劑。黛柏解釋說，混合鎮靜劑很痛，所以狗會起劇烈反應，有些狗是「大聲公」，會立刻大叫翻身想要咬你，有些狗屬於「文靜派」，根本不知道發生了什麼事。其他的保定選項包括嘴套、頭套、類似捕狗網的工具和貓鉗。

收容所一定得注意成本控制，安樂死的方法必須有效率而且便宜。法克瑪利用北卡羅萊納州（North Carolina）一間市立動物管制機構的數據，整理出安樂死注射的成本分析矩陣，從這份資料可以約略了解安樂死帶來的財務影響。這個矩陣推論，在幫凶猛或暴躁的動物（大約四〇%的狗和五〇%的貓屬於這一類）安樂死前，必須先施打氯胺酮和甲苯噻嗪組成的混合鎮靜劑；「溫和的」貓直接給予戊巴比妥鈉腹腔注射，不必施打鎮靜劑；「溫和的」狗直接給予戊巴比妥鈉靜脈注射，也不必施打鎮靜劑。每隻動物的總設備成本（置藥櫃、桌子、電動剪毛器、保定架）稍微高於一美分；每隻動物的人工成本約為一．三八美元（計算基礎是幫一隻動物執行安樂死的平均時間為五分鐘，每小時的平均工資為一三．五七美元）；每隻動物的器材成本（戊巴比妥鈉、針頭、注射器、混合鎮靜劑）大約七十五美分。由此可知，每隻動物注射安樂死的總成本約為二．二九美元。

最後一天下午是現場教學示範，這部分的課程一直是我最害怕的。理想上，每個人都應該要有一隻動物來練習，但那天丹佛動物管制中心的安樂死名單上只有一隻動物：罹患心臟病的八歲母吉娃娃狗。我們一群人排隊走進一間很大的器材供應室，裡面有一排排貨架，黛柏手上抱著狗，解釋接下來要做的事。這隻狗邊發抖邊喘氣，看起來嚇壞了，儘管這種狗可能不需要鎮靜劑，黛柏為了示範還是幫牠打了一劑，打完後，黛柏在灰色的塑膠桌上調整狗的身體，讓狗的腳對著她，她說這個姿勢最方便。班上有一位同學自願執行安樂死，我們其他人在旁邊觀看，我沒有舉手，我做不到，那位自告奮勇的女生不太確定接下來的步驟。我們先前就決定要用心臟注射，因為在這種小型狗身上很難找到靜脈，而且已經打過鎮靜劑了，她的手拿著針筒靠近心臟，問黛柏說：「是這裡嗎？」黛柏稍微調整了一下位置，然後點點頭以示鼓勵，自願者把針刺入，壓下注射器，然後把手移開，我們看著針筒轉了一圈，然後就靜止不動。雖然我只是旁觀者，但全身都在顫抖，淚流不止，這隻狗的生命結束了，我覺得自己也是幫凶，而我們甚至連狗的名字都不知道。

第三十二章 憤怒反抗，為動物請命

我不會照你說的做。

討伐體制樂團（Rage Against the Machine）歌詞

一八七七年七月五日這一天讓人很難受，紐約市政府當局決定在那天撲殺全市沒有登記證的狗。預定時間開始時，一群人聚集在東十六街公立收容所，從早上七點四十分起，一直到下午四點半，在東河總共溺斃了七百六十二隻狗。第二天，該市的捕狗人員再另外捉一批「無價值的狗」，交由工作人員比照前一天辦理。《紐約時報》（*New York Times*）上有篇報導描述這個事件：

有個大籠子二公尺長、一公尺高、一．五公尺寬，每隔八公分就有一根鐵條，出現在（公立收容所）走廊，每次約將四十八隻狗從籠子上面可滑動的門放進去。接著把這個下面裝有輪子的籠子推到水邊，接在一台起重機上，升高懸吊起來，向下沉入河裡浸泡十分鐘，然後提起來清空，回來裝下一批……這些狗似乎知道自己的命運，大部分無可奈何地接受；但也有不少蹲伏在角落，非常激動，表現出最凶猛和最嚇人的樣子作勢反抗……這個鋼製的「狗鍘」不得不經常派上用場……其中有個狗媽媽養了八隻狗寶寶，特別難處理……她甚至還逼迫裡面其他的狗一隻隻疊起來，好給她的狗寶寶足夠的空間。[1]

情況自一八七七年以來已大幅改變，而以其他撲殺方式取代溺斃，多半是以注射為主；不再累積大量的流浪狗集中處理，改由每日注射藥物；裝滿死狗屍體的大籠子已不復見，取而代之的是一小批數量固定的屍體。安樂死宛如生產線的工作，由一群安樂死技術人員和動物管制中心人員執行，動物大屠殺不再像一八七七年發生在東河河畔那樣，是蔚為奇觀的公開場面，現在寵物主人幾乎看不到這種景象，因此不必感到不舒服或產生道德上的憤慨。收容所這種緩慢的零星撲殺制度，是我們迷戀飼養寵物伴侶文化中最悲慘的一環。

克雷格・布雷斯托普（Craig Brestrup）在《可棄置的動物》（*Disposable Animals*）一書提到，美國第一家動物收容所是在一八七四年由費城（Philadelphia）的伊麗莎白・莫里斯（Elizabeth Morris）設立，「在那裡，被棄養、無家可歸、受傷的貓和狗會以人道方式安置和銷毀。」他說，制度化撲殺可能甚至更早就開始了，在一八五八年，莫里斯和安妮・旺（Annie Wahn）就開始收養流浪動物，並用三氯甲烷（chloroform）殺死牠們。

從早期的制度化撲殺到現在為止，我們確實走了好長一段路。我們嘗試過一些方式，最後摒棄了不人道的三氯甲烷毒氣室、自動電子籠（一種電擊箱）、減壓室，不再使用氯化物（一種神經肌肉阻斷劑，可麻痺肌肉，但是痛覺接受器仍能正常運作），也逐漸捨棄一氧化碳和二氧化碳，或是用大金屬箱大量溺斃動物。然而，即使收容所系統不斷成長和發展，使得安樂死的方法看起來比較可以接受，但是安樂死的必要性卻仍然維持不變。目前，接受安樂死理念的動物福利組織數量多得驚人，包括三大機構：善待動物組織（People for the Ethical Treatment of Animals）、美國人道協會、愛護動物協會。在我們的文化裡，安樂死成了完全可被接納的例行公事，捐款者會捐贈給執行安樂死的組織；公家單位也有安樂死合約；收容所主管列出的職務內容敘述包括安樂死；人員接受「專家」提供的訓練，以學到更好的安樂死技術。

從道德角度而言，安樂死牽涉到的議題包羅萬象，需要留意許多複雜的問題。若是動物存活下來，對牠們會有什麼益處（假設我們真的能確定這類問題的答案）？死亡在哪些方面傷害了動物？任由動物待在收容所幾天、幾個月、幾年受折磨比較慘，還是立刻安樂死比較慘？諸如此類的問題，需要實務上和理論上的答案，而且需要處理很多常被忽略的小細節。值得注意的是，在許多關於安樂死的爭論中提出來的論點，都是假借實務為出發點，但完全缺乏真實數據或科學證據的支持。例如，常見的論點是死亡不會傷害動物，因為牠們無法感知或預期死亡，也不會思考未來，可是這種說法如果沒有科學研究的支持，就沒有意義（而且會產生誤導），更何況事實並非如此。我們無法確切得知動物本身或牠們的朋友死亡時，牠們究竟會如何感知或感知到什麼（我們可能永遠都不會知道），但是動物很可能並非毫無感覺，因為探討動物死亡意識的研究資料已經越來越多，最近的研究指出，有些種類的動物會思考未來，擬定複雜的計畫。此外，對於安樂死的標準敘述是「快速」和「瞬間」失去知覺，這是科學提出的事實，但我們實際上並不知道動物對於安樂死是什麼感覺，也絕不會知道，我們只能基於對神經生理學的理解加以揣測，但仍有許多未知的部分。[2]

收容所執行動物安樂死最常見的理由，是我們稱之為「生不如死」（better-off-dead）的論點。[3]收容所安樂死的神仙教母菲麗絲．萊特（Phyllis Wright）對安樂死的描述為：「死亡對於動物來說並非虐待，而是福氣，因為這些動物沒有人要，牠們的存在使其本身或這個世界都不舒服。」[4]我們必須想到，她是在數十年前寫下這幾行出名的字句，在當時動物安樂死似乎是無法避免的事。

大多數人——甚至是那些支持收容所用安樂死作為防範未來更大傷害的人——都知道生不如死的說詞很危險。首先，它是奠基於**我們**純粹的理論假設（通常假藉科學之名），去臆測動物重視的事情為何。其次，聲稱生命不值得活下去的論點，應該會立刻讓我們感到不舒服，因為這是納粹用來讓殺人變得合理化的藉口：第一，先殺精神和身體殘障者；第二，再殺血統不純正者。最後，我們意識到，以奪去動物的生命為手段，來免除他們遭受人類伴侶和監護人的長期冷落和忽視，這種做法實在是一大諷刺。

哲學家傑夫．麥克馬漢（Jeff McMahan）在《安樂死倫理》（*The Ethics of Killing*）一書中，探討了一個觀點：對動物而言，痛苦帶來的意義可能遠超過死亡，[5]麥克馬漢認為，這與我們人類思考痛苦和死亡的方式截然不同。我們認為如果某個人在未來有些許受苦的機會（甚至是極高的受苦機會），為了不讓他受苦就要奪取他的生命，這種想法還真的很奇怪，而且並不適用在動物身上。人類的觀念是受苦（甚至是未來有些許的受苦機會）比死亡還糟，正因如此，只要是涉及到無痛殺害動物的實驗，都會比涉及到一定程度疼痛的實驗更容易獲得倫理審查委員會（institutional review board）的批准。這種觀點在天寶・葛蘭汀（Temple Grandin）的作品裡也「顯而易見」，例如，她設計各式各樣改良後的屠宰場，目的都是在減少牛隻前往天堂的階梯所受的苦難。

麥克馬漢說，就道德層面而言，痛苦對於動物的意義更甚於人類，因為動物比較不能體驗更高層次的幸福感（深厚的人際關係、美學體驗、藉由操作複雜的技能而獲致成就感），這種幸福感足以抵消人類的痛苦，且讓人從正確的角度看待痛苦。這種動物對於幸福和痛苦能力的不對稱性（如果關於不對稱性的假設正確無誤的話），「是支持安樂死用在動物身上的論點。」但是，並不會支持以下的論點：「葛蘭汀和其他許多人認為，只要安樂死的做法不會讓動物受苦，通常就不會受到非議。」[6]究竟受苦的形式或疼痛的程度要達到什麼標準，才會讓死亡變成（對人類和非人類的動物而言）較佳的選擇，這一點或許可以公開辯論。但是如麥克馬漢指出，在生不如死的論點背後，通常還潛藏著一個更狡詐的思維陷阱：就是死亡本身對動物不會帶來傷害。我不確定有沒有誰可以反駁這一點。

我們可能會說，人道安樂死雖然不對，可是有其必要，而且永遠如此。但是這個理由很牽強，彷彿假設我們站在收容所的門前，就不再運用自己的道德反省能力。人道對待動物運動起始於十九世紀中期，在那個時代，法律條文還規定種族隔離，婦女不能投票，DNA才剛發現，演化生物學尚未具體成形。那時大多數科學家都認為動物不會感到疼痛，更不用說動物可能會有複雜的認知、情感經驗與社交關係。撲殺動物在當時也許有其存在的意義，但是時代變了。

在這些談論收容所的章節中，我用了「安樂死」（euthanasia，源自希臘文「善終」的意思）這個大家耳熟能詳的詞彙。然而，如果我們想讓大家更了解飼養寵物伴侶必須付出的代價，讓目前和潛在的寵物主人清楚自己應該負擔的重責大任，那麼改變詞語就有其必要。我們不要再用「安樂死」這個詞描述收容所和動物管制機構裡發生的事，而是用真正的名字來稱呼：撲殺（killing）。很多人都提過這種說法，得到的反應幾乎如出一轍：抗拒，而且通常很憤怒。人們似乎認為少了委婉的詞語，我們就自動變成是在攻擊那些撲殺動物的人——而我們應該對這些人表達同情和感激，因為撲殺動物會對他們造成情緒和心理上的痛苦。

這種偏差的想法低估了人類對於道德推理的細微分辨能力，尤其是低估了收容所獸醫和安樂死技術人員了解自己職務內容涉及到的悲劇之能力，他們當然比其他人更明白這一點。而且「撲殺」這個詞更精確，雖然我們渴望做到人道，但是在收容所裡發生的死亡其實有很多還是免不了痛苦，即使是由技術高超和富有同情心的安樂死技術人員動手執行，那些反抗的動物還是必須保定，這對於動物來說很可怕而且有壓力。就算安樂死處理室再怎麼衛生，聞起來的味道還是透露出恐懼和死亡，那些在收容所第一線經驗老到的工作人員也證實，這些動物通常似乎確切知道即將發生在自己身上的事。我們可以譴責制度化的暴力，努力理解這些狀況持續的原因，但是在此同時，又不會去責難那些實際在撲殺動物的工作人員的動機。

雖然人類與動物關係的歷史，可以看作是愛與奉獻的故事，但也可以看作是一長串的殘暴和謀殺故事。即使我們一直都在關愛動物，為牠們提供住所，但我們也一直與牠們作戰，而且若是為了滿足我們自己的需求，還會集體殺害牠們。但是，戰爭或許是個錯誤的比喻，因為動物並不是全副武裝，也無法反擊，就像前述的那隻狗媽媽，就算表現出「最凶猛和最嚇人的樣子想要反抗」，她自己和那些小狗仍舊難逃一死。

布雷斯托普建議，我們要聲明自己的立場：「拒絕參與撲殺，主張『和平』，……如果有必要的話，讓街頭充滿貓和狗；在探討人類與寵物伴侶關係的道德層面和需求議題時，要大聲疾呼、斬釘截鐵、毫不示弱。」[7]我會不會樂見所有安樂死技術人員放下注射筒和針頭，拒絕參與這件事？答案是：會。我會不會希望所有寵物文化的消費者，發現了自己參與的這個產業每年導致百萬隻動物被撲殺後，感受到道德上的不安？答案是：會。因為只有當我們打破沉默，真正認清目前發生的事，才會迫使我們怒吼，反對撲殺動物。

第三十三章　飛得速

我在美國動物醫院協會（American Animal Hospital Association）舉辦的展覽會場上，造訪飛得速攤位，拿了一支印著Vortech製藥公司的銀紫色原子筆回家，當作紀念品。雖然我覺得自己當時有點魯莽，但是實在忍不住開口問了攤位上的先生，身為這家知名安死液品牌的業務員，他是如何看待自己的工作，在這個與死亡打交道的產業裡，難道他都不會覺得奇怪嗎？他似乎對我提出的問題感到很訝異，彷彿他從未想過這件事。在一陣尷尬後，他結結巴巴地說：「嗯，如果我不做的話，也會有別人做啊！」這個回答正足以說明安樂死如何深植在我們飼養寵物伴侶的文化裡：就算是以販售安死液維生的人，都從沒有思考過這份工作的道德意涵。

除了收容所提供的數據之外，很難得知每年死亡的寵物伴侶總數有多少，沒有人追蹤，也沒有資料庫顯示動物死亡的原因、地點和方式，不像人口統計一樣，設立一個有組織的資料蒐集系統，其實這類資料庫能為流行病學獸醫師提供寶貴的資訊。但是，對於在飼主照顧之下的寵物伴侶死亡方式，有件事我們可以非常確定：絕大多數的貓和狗都是因為安樂死而往生。絕大多數的倉鼠、大白鼠、沙鼠、魚類、兩棲生物、鳥類和爬蟲類，只會死在籠子裡，幾乎不會考慮讓這些「野生動物」（exotics）安樂死，連獸醫也不太清楚該如何幫這類動物執行這個過程。

究竟在何種時機和條件下，讓生病或垂死的動物安樂死才合乎道德，背後有許多重要的問題要考量。[1]對每位寵物主人來說，安樂死可能是個令人痛苦的道德難題，因為他必須決定（飼主擁有的知識或支援通常很少）是否以及何時該「放手」，讓心愛的寵物伴侶免除痛苦。由於獸醫可做的治療選項越來越多，寵物主人會和一般的病人及家屬一樣，更常被迫在這些昂貴又不確定的醫療方案中做出抉擇。

在獸醫院執行的安樂死提供了不同的功能：它可以是禮物或武器，可以是逃避責任或承擔責任，但也和收容所的撲殺一樣有道德上的考量，只是在不同層面上。在獸醫院的環境裡，安樂死被貼上醫療程序的標籤，因此減少了一些道德上的爭議。而在收容所的環境裡，疼痛與撲殺分開；疼痛被視為道德侮辱的主要來源，而撲殺則是補救措施。安樂死通常與嗎啡和止痛藥一樣，列在解決疼痛的可能治療方式清單上，但是它應該列在這裡嗎？

也許最具道德爭議的問題就是「方便安樂死」（convenience euthanasia），這是指飼主為了與寵物伴侶本身福利幾乎無關的原因，要求獸醫殺死動物。沒有資料顯示方便安樂死發生的頻率有多高，但在跟我交談過的獸醫當中（我曾跟許多獸醫談過），每一個都說自己曾多次遇到這類情況。幾乎所有的獸醫都覺得這些要求讓人痛心，甚至厭惡，因為獸醫的任務是要醫治動物，現在卻被要求殺死動物。我認為我們都會想知道：為什麼飼主可以只因為動物帶來的某種不方便，就要求讓這隻健康的動物結束生命？我們是如何走到這一步的？

在美國，獸醫執行安樂死似乎是件不能加以批判的事，甚至連減少安樂死這樣的建議，都會讓人覺得是種大改革（朝著不好的方向）。我們能不能想像在一個飼養寵物伴侶的文化裡，安樂死並不存在或是非常罕見？答案其實是肯定的。我們要做的只是去看看世界上其他國家，仍然有許多飼養寵物伴侶的文化裡沒有過剩的動物，不會殺死被棄養的動物，就算有，數量也非常非常少。有些國家在道德上無法接受安樂死，因此即使到了生命的盡頭，獸醫也很少執行安樂死，許多寵物伴侶都能自然死亡。大量安樂死不是唯一的可行做法，也不是最好的做法。

第三十四章　寵物伴侶絕育

絕育就像安樂死一樣，是目前美國飼養寵物伴侶文化其中無可爭議的一環，有關當局告訴寵物主人，讓動物結紮絕對有其必要，所以我就照做了，我替我的每隻動物感到悲傷，彷彿我剝奪了他們身上某個特別、甚至神聖的東西。但我也告訴自己：別無他法。（動物結紮涉及以手術切除產生性腺激素的器官，如睪丸或卵巢。）

為動物絕育刻不容緩，這是獸醫、國家級人道組織和大多數動保人士的口號，例如美國獸醫學會（American Veterinary Medical Association）就說，負責任的主人必須為寵物伴侶絕育。如果目標是真的要讓飼主手中的動物沒有生育能力，那麼我們的成效很好，根據美國人道協會提供的資料，八三%的狗和九一%的貓已經結紮。[1]

在美國，支持貓和狗絕育的人士提出了三大理由：一、我們的動物會更健康；二、我們的動物行為表現會更好；三、我們必須盡量為更多動物絕育，以控制過剩的情況，就可避免不必要的撲殺。乍看之下，這些理由簡單明瞭，然而，沒有一點是毫無爭議的，甚至有些獸醫和動保人士開始質疑，整個絕育宣傳是否過頭了。

對每隻個別的動物而言，很難衡量結紮的利弊，但似乎真的有得有失。結紮會降低某些原因（例如感染性疾病）造成的死亡風險，但同時增加其他原因（例如癌症）的死亡風險。[2]對母貓而言，乳腺腫瘤的發病率減少，但是肥胖的機率增加。未結紮的公狗比較可能長睪丸腫瘤，但不太會出現肥胖、前十字韌帶斷裂和攝護腺腫瘤的問題；[3]結紮後的狗得到某些癌症（淋巴癌、攝護腺癌、移形上皮細胞癌（transitional cell carcinoma））的風險較高，但得到其他癌症（乳腺腫瘤、睪丸腫瘤）的風險較低。[4]研究指出，結紮的狗比未結紮的狗長壽（結紮的人也比未結紮的人長壽），但目前科學家仍不清楚原因。

私人診所的獸醫通常建議等到六個月大，或是雌性動物第一次發情期過後再結紮，但是收容所希望動物先結紮，再離開他們的大門，所以很早就會幫動物結紮——這個決定不是基於科學，而是實務上的需要。在貓或狗幼年期就幫他們結紮，是否有風險呢？答案也一樣是不確定。雖然麻醉對於年幼的動物風險較大，不過目前的藥物和做法相當安全，所以這麼做並不會真的帶來額外的巨大風險。有些獸醫認為，太早結紮會使動物性腺激素的發育中斷，而減少或移除這些性腺激素可能造成永久的傷害。例如，早期結紮可能會延緩生長板的關閉時間，導致骨骼增生，不正常的長骨頭可能會改變關節角度，增加關節炎、髖關節發育不良、前十字韌帶受損的機率。獸醫米娜・米拉尼（Myrna Milani）說：「從另一方面來看，擁有一個完整但不曾使用過的生殖系統，引發的問題會和沒有生殖系統一樣多，只不過問題會不同。」[5]

我們被告知，絕育會減少動物的行為問題。先澄清一下：這些所謂的行為問題減少帶來的好處是，可能會讓我們的動物成為**更好的寵物伴侶**。我們想要順從聽話的動物；貓和狗該坐在我們腳邊時，就不可以離家到社區遊蕩找性伴侶；我們不希望處理雌性動物發情期，或雄性動物為了標記地盤留下氣味造成的混亂——上述行為完全合乎自然，只是會讓飼養寵物伴侶變得比較麻煩，我們還可以在這張清單加上其他行為。

絕育是否真能達到我們渴望的行為矯正呢？就像絕育對健康是否有好處一樣，研究結果也沒有定論。最明顯的好處似乎是在公貓身上，未結紮的公貓會出現一些惱人的行為，尤其像是在家裡撒尿標記地盤，而結紮就可以有效「處理」這個問題。如果這些貓因為在家撒尿而被丟到收容所（這種情況確實可能會發生），那麼結紮似乎有其好處。有證據顯示，結紮手術**可能**會減少公狗因受到性腺激素影響而不受歡迎的一些行為，例如為了找母狗而在外遊蕩（不過一道高聳的圍牆也會有效），至於結紮是否會降低公狗的攻擊性目前仍不清楚。雖然對於收容所的公狗來說，結紮和攻擊性似乎相關，但研究指出，對於家裡的寵物公狗來說，兩者的相關性較不明顯。此外，結紮可能會降低公狗為了爭取在性方面的「地盤」而出現的競爭行為，但是攻擊行為的種類和動機很多，我們目前的資料太少，無法支持「結紮減少攻擊行為」這類的概述。結紮對於母狗和母貓帶來的行為好處甚至更不明確，米拉尼認為，未結紮和產生特定行為之間的關聯很薄弱，一般公認的結紮好處很可能被誇大了。

絕育是否會引發不良的行為呢？研究人員知道得不多，就像他們也不清楚失去了生育能力和性腺激素，對動物的生理和行為會有什麼影響。據說做了子宮卵巢切除術（ovariohysterectomy，同時摘除子宮和卵巢）的母狗，活動力會大增。有一些證據顯示，結紮的母狗可能會得到尿失禁，結紮的公狗可能會過動或罹患老年癡呆症。[6]

過去四十年來，絕育已成為慣例，這種意識型態可說是非常成功地深植在人們心中：一般人多半深信不疑，越來越多的寵物主人都在做「正確」的事情，幫寵物伴侶絕育的診所也如雨後春筍般快速增加。我的一位獸醫朋友曾幫許多貓進行結紮手術，摘除下來的器官都可以幫同事做成一條項鍊了。在這四十年當中，收容所安樂死的數量從驚人的二千三百萬，下降到可怕的三百萬到四百萬。[7]儘管貓和狗數量的統計過程很複雜，絕育和收容所安樂死的動物數量之間的關聯性有多高也不可得知，但毫無疑問的是，絕育計畫確實減少了被棄養的寵物伴侶和收容所安樂死的動物數量。

然而有些人指出，動物過剩的情況並非無法避免，若要控制動物的數量，不見得必須積極推動絕育政策，基於這個論點，只要寵物主人願意負起責任，成效可以跟絕育一樣好，而且寵物伴侶付出的代價也比較小。他們舉出歐洲那些很少做絕育手術的國家為例，被棄養的動物數量仍然維持很低，這究竟是怎麼辦到的？飼主很少放任寵物亂跑，因此比較不會出現意外懷孕的狀況，除非是醫療所需，否則非常不鼓勵切除寵物伴侶的性器官，這與美國人對於絕育的道德觀念形成強烈的對比。在瑞典，只有約七％的寵物伴侶結紮；在挪威，將一隻健康的動物結紮目前是違法的。[8]

此外，用「動物過剩」來描述現況可能並不正確，問題也許不在於我們的動物太多，而是那些想要購買動物的人，並不是去收容所領養。根據美國人道協會的資料顯示，儘管媒體大幅報導幼犬、幼貓繁殖場的問題，卻仍只有約二〇%的狗主人和二六%的貓主人是從收容所領養動物（請見第三十六章「收容所產業」）。

先把多餘的動物和數量過剩的問題擺一邊，最後還有一個很少人討論（且令人不安）的動物絕育理由：這個小小的保護措施，可能使牠們免於受到人類的性侵犯，因為這些人經常找未結紮的動物作為下手的目標。如果目標是雌性動物，是否結紮並不是重點，因為插入（肛門或陰道）的行為一樣，而且動物是否發情也無關緊要。但如果那個人感興趣的目標，是會對性摩擦起反應或是會跨騎在人身上的雄性動物，那麼從我（偷看動物戀者在網路聊天室的討論）蒐集到的資料顯示，未結紮的動物正是這些人的首選。

獸醫倫理學家柏納德・羅林（Bernard Rollin）認為，因為動物也和我們一樣享受性愛，所以我們應該尋找不涉及完全摘除性器官和性腺激素的方式來控制生育。[9]一個可能的做法是選擇侵入性和攻擊性最少的手術：對雄性動物採用輸精管結紮術，而非摘除睪丸；對雌性動物採用輸卵管結紮或卵巢摘除術（切除卵巢），而不是將卵巢和子宮整個切除（子宮卵巢切除術）。子宮卵巢切除術是侵入性較高的手術，在美國是標準做法，但在歐洲摘除卵巢是較常用的結紮方法，美國沒有理由不跟著這麼做。[10]

倡導大幅控制貓、狗生育能力的貓狗避孕聯盟（Alliance for Contraception in Dogs and Cats），目前推動手術以外的替代方式。不幸的是，現階段還沒有好的母貓、母狗口服避孕藥；有幾種藥物可以延緩一次發情期，但多半是繁殖者會拿去使用，或是用在比賽犬或狩獵犬身上，但藥效很短，副作用很嚴重，不適合一般使用。

至於雄性動物的絕育替代方法，前景稍微光明，最新的一種狗結紮技術叫做鋅結紮（Zeuterin），就在我寫這本書的同時，鋅結紮剛開始在美國問世。鋅結紮是由亞克科學公司（Ark Sciences）研發，做法是直接注射葡萄糖酸和精胺酸（arginine，你可以在感冒藥Zicam裡找到這個成分）到狗的睪丸，注射後兩者會中和擴散而殺死精子。雖然鋅結紮可以防止精子產生，但是只能降低五〇％的睪丸激素，而手術結紮則可以完全消除睪丸激素，如果睪丸激素對於狗的健康扮演著保護作用，那麼這個做法會有好處。此外，注射化學藥物結紮比手術結紮的侵入性小，痛苦較少，只需要用鎮靜劑，不需要麻醉，能更進一步降低對動物的風險；化學藥物結紮也比手術更便宜。[11]由於化學藥物結紮能保留動物全身的器官，因此會吸引那些希望狗仍保有男子氣概的寵物主人。根據我從網路上看到的專題演講（由亞克科學公司主辦）提到，不願摘除狗睪丸的主要族群，是那些把狗當工作犬（放牧、打獵或看守）的飼主，他們擔心結紮會降低狗的工作能力，究竟是否真的會如此仍有待商榷，但這是大眾普遍的認知。另一種取代手術的公貓、公狗結紮替代方案（但目前在美國尚未核准），是一種植入皮下的避孕藥，叫做Suprelorin，它會抑制性腺激素釋放素（gonadotropin-releasing hormones）的產生，進而阻斷睪丸激素的製造。

關於絕育的議題，以往都是粗糙地混為一談，而目前大家試著要釐清一些細微的差別，像是當我們談到絕育計畫，通常同時涵蓋了貓和狗，然而在美國，貓和狗的族群動態極為不同。舉例來說，幾乎沒有跨州運送貓這種事，可是會主動以跨州和跨國的運送方式讓狗回家。我們有大量的流浪貓，而流浪狗相對較少。因此，我們對於絕育和動物數量的控制方法，也要依照動物的種類而有差別。美國不同地區的寵物伴侶族群動態都不一樣，在某些地區，積極的絕育計畫應該成為首要之務，而在其他地區或許沒有必要，或至少要稍微謹慎一些。

收容所的狀況和個人飼養的寵物伴侶也不盡相同。收容所裡的動物被視為一個團體看待，不考慮個別差異，集體結紮就像是打疫苗：主要的目的不是考量每隻動物的福利，就算是可能牽涉到一些小風險和代價，只要能對廣大的動物和人類社群帶來顯而易見的利益就好。收容所裡的獸醫比較類似公共衛生官員，而不是提供醫療的私人醫生；在私人診所的環境裡，獸醫的首要道德義務則是考量病患個別的需求，因此風險的計算和絕育的好處可能看起來會完全不同。如果留下公狗（貓）或母狗（貓）的生殖器官會有好處，而獸醫和人道組織藉由讓寵物主人覺得慚愧，以咄咄逼人的方式提供訊息，並以同儕壓力和恐嚇的方式，來強迫飼主為了貓、狗意外懷孕的假設性風險而犧牲寵物的福利，那麼基本上他們就會面臨道德問題。

目前的趨勢是過於簡化絕育的議題，而只提倡本質上的好處，卻沒有意識到我們的動物確實遭受某種傷害，即使只是權利被剝奪的傷害——他們的性經驗和生育經驗被竊取的傷害。也許可以把這種論點進一步帶向極端，宣稱我們根本不應該干涉像性行為和生育這種基本的事情，好主人要讓自己的動物維持「自然」狀態。這裡的問題是，我們的寵物伴侶沒有「自然」狀態；他們是被馴養的動物，是受到人類操控的產物，而人類控制他們的生育過程正是馴養的核心所在。卡拉．阿姆布拉斯特（Karla Armbruster）在〈走進荒野〉（Into the Wild）一文中提到，我們不能將控制生育的權利交回寵物伴侶手中；這麼做是放棄了我們對他們的責任，但是，我們有義務承認他們因此蒙受的損失。[12]

我們甚至可以從更黑暗的角度來看待絕育宣傳活動。目前，絕育之所以有其必要性，也許其中一個原因是，寵物產業的背後有更大的力量在運作。企業化經營的繁殖者，不論規模大小，都希望掌控繁殖這件事，才能控制產品的流通，以及其價格和品質。他們希望我們這個國家裡的寵物主人幫自己的動物結紮，如此一來，如果我們需要換寵物伴侶，就必須向一家「信譽良好」的生產者購買，這會使繁殖這件事受到那些從中獲利的人掌控（請見第三十五章「不當繁殖」），也讓動物繼續淪為商品（請見第三十八章「活體動物產業」）。

這些對於絕育較為極端的質疑，只是嘗試性的想法。大規模的貓、狗絕育可能是個合理但代價高的方式，確實可以解決現有的一些問題，但是這些解決方式和問題都必須再進一步深入探討。

第三十五章　不當繁殖

在高度密集的豬隻農場作業環境裡，負責生育的母豬在整個懷孕期間，都生活在由鐵條圍住的狹小空間裡，底下是混凝土條板地面，好讓糞便落下。母豬狹欄（gestation crate）可說是現代農場最殘酷的做法，如果你從來沒有見過類似的圖片，上網就可以找到一些；接著再搜尋「商業幼犬繁殖者」，稍微比較一下小狗與小豬的生產過程。

你會發現一些驚人的相似之處：身體全都擠在一起，卻不能互動；動物的眼神中透露出絕望。你也會發現一些差異，例如，母豬狹欄看起來比較乾淨，而狗和狗籠都汙穢不堪。如果你還不太能接受狗的繁殖像豬一樣，很抱歉我得給你一記當頭棒喝。狗和豬都被當作大量繁殖的家畜，這些動物的功用就是生越多越好，幼犬在出生不久就被帶走出售，新的繁殖週期又可以重新開始。動物從沒有真正的性行為——也就是說，牠們不能選擇時間和對象；而是把母狗綁起來，好讓種犬跨騎，或更常見的是由人工授精。在商業繁殖的運作過程裡，還有在許多小規模或後院繁殖的環境下，狗就像母豬和小豬一樣被視為生產工具，唯一的功能就是生產以獲取利潤。牠們所做的事就是生一窩又一窩的小狗，直到精疲力盡為止（通常在四或五歲），此時再也沒有利用價值就會被殺死。把這樣的畫面和絕育放在一起，對比之下我們看到的是相當怪異的景象：有一大群的狗結紮後沒有性生活，還有一小批狗是幼犬生產線上的機器，終其一生的目的就是為了生育。

關於商業繁殖者（其中最惡劣的稱為「幼犬繁殖場」）的資訊目前都公開可得，不過仍值得我們快速瀏覽一下，以免你還像很多人一樣，相信幼犬繁殖場的問題已成為過去式。幼犬繁殖場運作得很好，尤其是在那些幼犬繁殖場盛行的州裡面：密蘇里州（Missouri）、內布拉斯加州（Nebraska）、堪薩斯州（Kansas）、愛荷華州（Iowa）、阿肯色州（Arkansas）、奧克拉荷馬州（Oklahoma）和賓州（Pennsylvania）。根據估計，每年在寵物店裡出售的小狗有九〇%是來自商業繁殖者，透過網路、拍賣會或報紙廣告出售的狗當中，很多也是來自一樣的管道。美國愛護動物協會估計，目前在美國的商業繁殖者約有二千到一萬家，[1]其中有些是合法經營，由美國農業部核准，有些則因為規模太小而避開監管或純粹非法經營，有些在裡面只有幾隻負責生產的母狗和小狗，而有些則可能有上千隻狗。從動物福利的角度，繁殖者是否合法經營其實無關緊要，因為美國農業部裡，負責監督商業繁殖者和B級動物經銷商（**Class B animal dealer**）的官員人數實在太少，無疑是廣開大門，甚至讓合法經營的繁殖者都有極大的自由和隱私。

信譽良好的繁殖者通常會直接出售給客戶——而且事實上，有些還堅持要見到幼犬未來的父母，但是許多繁殖者仰賴動物經銷商來購買小狗，然後再由經銷商出售給寵物商店或到網路上販賣。幼犬很早就離開母親，一般認為幼犬至少要到八週大才能與母親分開，但牠們通常更早就得斷奶出售，送到寵物店時剛好會是八到十週這個最理想的年紀。由卡車或貨車將牠們運送到經銷商之後，再由經銷商安排銷售和運送到寵物店或拍賣會場等事宜，許多小狗甚至還沒到達最後的目的地，就已經死於疾病或營養不良。

美國有一家規模相當大的商業狗隻經銷商，是位於密蘇里州古德曼（**Goodman**）的亨特公司（**Hunte Corporation**），[2]該公司早年進入幼犬繁殖業是以銷售桑道納狗舍（**Sundowner Kennels**）起家，這種狗舍內部有一排一排隔間，是專為大量繁殖動物而設計。（如果你想自己繁殖幼犬，可以在線上分類廣告網站Craigslist，找到很多二手的桑道納狗舍。）亨特公司的設備占地〇．七公頃，計畫擴大到一．二五公頃。他們很自豪地宣稱，每年在美國境內和海外總共賣出至少十萬隻幼犬，難怪亨特公司一直是幾個動保團體關注的焦點。在動物保護協會（Companion Animal Protection Society）的密集調查下，蒐集了亨特公司營運的內幕資料，非常值得一看。[3]

我這裡的重點是放在狗上，因為這幾乎是所有研究以及公開資料引領我們關切的方向。但是，幼犬當然不是唯一大量繁殖、仲介、出售後獲取利潤的寵物伴侶；只是他們最引人注目。另外還有幼貓繁殖場，小兔子繁殖場，至於其他我們飼養的許多寵物，像是大白鼠、倉鼠、壁虎，也不是憑空蹦出來的；他們是在某個地方由媽媽生下來的，經由刻意繁殖後，讓某些人可以藉由出售她的小寶寶而賺取利潤（請見第三十七章「從搖籃到墳墓」和第三十八章「活體動物產業」）。

動物繁殖者的類型五花八門，動機不同，對於動物福利的標準也各異，若是把他們歸為同一類，一竿子打翻一船人是不對的。比方說，有些家庭的寵物主人本身沒有繁殖的意願，而是希望在寵物伴侶結紮前，至少有過一次分娩和養育後代的經驗；有些家庭的寵物主人之所以會有一窩幼犬或幼貓，是要讓家中孩子能見證「出生的奇蹟」（但他們卻看不到繁殖造成的「死亡奇蹟」）；有的繁殖者是讓家裡的寵物伴侶工作，幫忙維持家計和支付狗食費；有的繁殖者特別喜愛某個品種的動物，想要大力推廣；有的繁殖者以金錢為導向，不論其規模大小，都不太關心動物本身，也許還討厭動物；也有很多是無意間成為繁殖者。

當然有負責任的繁殖者，不論其規模大小，都關心、喜愛和尊重他們的動物，希望能生出健康和懂得社交的後代，確保他們安置在好家庭。然而，一些動保人士會說「負責任的繁殖者」這種說法根本自相矛盾，即使是信譽最佳且最人道的繁殖者都應該關門大吉，因為大量過剩的動物都在收容所裡受折磨，只要還有流浪狗和流浪貓的存在，人們就應該從收容所領養，而每多繁殖出一隻幼貓或幼犬，就代表收容所裡少了一隻能找到新家庭的狗或貓，也等於多了一隻可能會被安樂死的動物。這種論點本身很有說服力，而關於繁殖的道德問題更為深遠。

另一個關於繁殖的道德問題很少受到注意，也許是因為觸及到情感——那就是我們把嬰兒從母親身邊帶走的事實。有明確的證據顯示母親和嬰兒之間的連結，是一種基本的生物衝動：哺乳動物已演化出強烈的母愛行為，分離對寶寶和媽媽都同時造成感情上的痛苦和壓力，我們沒有理由推論，這種母子連結在狗、貓、大白鼠或其他哺乳動物身上會比人類少，然而從媽媽身邊把寶寶帶走，在飼養寵物的文化卻是司空見慣。

去年聖誕節，在我的小鎮上幼犬似乎成為非常流行的禮物。假期過後兩週，我經常碰到主人帶著可愛的新小小狗散步，我當然會停下來認識一下這些稚嫩天真的小小狗。即使我非常喜歡幼犬，但仍忍不住為失去寶寶的狗媽媽感到難過，也替這些小小狗感到悲傷，他們常常一臉茫然地看著周遭的新環境。

選擇性育種和維持品種標準——也就是邁克．布蘭道（Michael Brandow）口中的「血統狂熱」（the cult of pedigree）——會對狗造成傷害，現今已是眾所周知的事。[4]（貓得到的關注少得多，主要是因為純種貓的比例較少，大約只有一五％。）一九九〇年，德爾於《大西洋月刊》（*Atlantic Monthly*）刊登一篇文章〈狗的政治〉（The Politics of Dogs），首度引起大眾對血統問題的注意。在德爾的報導裡，品種標準長期以來都著重在外表，而不是行為或整體健康，因此帶來的結果是美國充斥著患有殘疾和生活不便的狗。想想看那些短頭顱的狗，像是鬥牛犬、北京狗、哈巴狗、拳師犬，這些經過選育的品種鼻子扁，眼睛凸出，頭顱形狀改變的程度之大，連大腦都必須縮小了。獸醫診所裡常常狗滿為患，有些狗幾乎無法呼吸，有些狗因為關節變形不能盡情奔跑，有些狗的眼睛不斷受到感染，有些狗甚至還不到中年，就因髖關節發育不良或關節炎而不良於行，其他狗則是天生耳聾，因皮褶過厚而受到感染，生來就有血液疾病，或是剛出生後就因為「有缺陷」而被殺。純種血統證書讓基因缺陷變得無可避免。（血統證書登記了某隻動物是何種血統的後代，若要成為純種，父母雙方都必須登記在相關品種下。純種血統證書不允許新血統加入，這樣有助於維持該品種專屬的少數幾種特色。）

很多育犬協會（kennel clubs）和選秀賽，仍要求遵循特定的標準而犧牲動物的福利，像是德國牧羊犬要具備向下傾斜的臀部，而無視於大量證據顯示，臀部向下傾斜是災難一場。為了繼續支持選育，繁殖者和育犬協會經常呼籲要維護傳統，聲稱像哈巴狗、拳師犬或牧羊犬等特定品種，如果「消失」了會很悲哀。但即使是四十年前，這些狗看起來和現在根本完全不同，所以「傳統」的定義其實很武斷且快速改變。正如飼養寵物文化的其他許多面向一樣，經濟利潤似乎與動物福利互相衝突，育犬協會靠著純種狗的登記而賺錢，金錢上的誘因使得育犬協會忽略有問題的繁殖者、幼犬繁殖場和基因缺陷。許多狗原本是為了放牧和打獵等特定工作而繁殖的，但已經失去了執行這些任務的能力，牠們現在的「工作」是讓自己看起來漂亮。德爾在文章中提到，為了選秀而繁殖的比賽犬，充其量只像是參賽用的一項運動裝備而已。他還說，潮流變化的速度非常快，一下子就會對特定某個狗品種棄之不顧，例如在一九八〇年代，沙皮狗原本是美國最受歡迎且最受重視（價格最貴）的犬種，結果變成了「基因災難」——出現皮膚感染、家族性沙皮狗熱症候群（familial shar-pei fever），以及其他毛病，結果各地的獸醫院都可以見到沙皮狗的身影，最後多數都流落到收容所。由於越來越多人開始意識到遺傳疾病和近親繁殖的問題，一些繁殖者和幾個育犬協會正在顛覆傳統，以動物的健康作為決定該保留哪些基因的指標。以聯合育犬協會（United Kennel Club）為例，協會要求所有登記的狗都要提供健康證明，這種做法往好的方向邁進了一步。

結論是，一般對於「純種」狗的迷戀，其實可以掃進歷史的垃圾堆裡，對於純種狗「比較好」的假設基礎，必須先建立在一個問題上：「哪方面比較好？」如果人們追求的是地位、在比賽中得名，或實現某種對於家的特定概念（有了一隻黃金獵犬，會讓這個家庭臻於完美），很多方法都可以達到這些目標，而且在過程中不必傷害動物。身為「混血兒」對人類而言已不再是一種侮辱，對狗也不應該是一種侮辱。事實上，綜合了不同的種族背景，會使得一個人變得更有意思，對狗來說也是如此。讓我們學習去喜愛混種狗，讚美狗狗大熔爐，畢竟這正是美國夢的精髓所在。

第三十六章　收容所產業

很多人對於社會裡動物的命運感到心滿意足，因為有一套龐大完善且充滿愛心的收容所系統，可以安置被棄養的動物，然後幫他們找到能永遠安身立命的新家。所以如果你因為搬家而無法帶著寵物前往新公寓，或是如果你的孩子長大了，對小狗已經興趣缺缺，而全家人又太忙碌無法給他足夠的關注，這些都不是大問題；不久之後，他就會加入一個新家庭，在此同時，會有一群友善、喜歡動物的人接手照顧你的朋友，上演著有如童話般的情節。

這種童話對於我們飼養寵物伴侶的做法，又引發了一個最嚴重的道德問題：千百萬隻被棄養、沒人要、被虐待的動物，在我們國家的一般收容所、公立收容所和人道協會裡飽受折磨。讓活生生的動物陷於水深火熱之中，正是我們這個迷戀飼養寵物伴侶的文化所付出的代價。即使身為寵物主人的你，壓根兒沒有想過要拋棄你的同伴，也無法置身事外。我們沒有一個人是無辜的，整個社會都要為「收容所問題」負責，這實際上不是個單一的問題，而是由於我們處理飼養寵物的方式不當，而引發的一連串相關的複雜問題：動物被視為可以隨心所欲消費的產品。太多的飼主輕忽了自己對寵物伴侶該負起的長期重責大任，一旦他們想要終止與這隻動物的關係，或當這隻動物的風采不再，或是挨了寵物伴侶很多次後被咬了，他們就毫不遲疑地拋棄他。

每年約有六百萬到八百萬隻貓、狗和其他有知覺的生物，進到收容所系統裡，有些幸運兒真的找到可以永遠安身立命的新家；有些則不斷進進出出（通常是那些缺乏良好社交能力和指導的動物，達不到行為乖巧的標準，或是「壞脾氣」的動物）；而許多——至少一半——以殘酷的方式離開。若把上述的數字除以二，每年大約有三百萬隻動物死於美國收容所，相當於每小時三百四十二隻，就在你讀這段文字時，一隻動物已命喪黃泉。[1]

「收容所系統」這個名稱，象徵著太多的一致性和標準化，各式各樣的人與組織都想管理過剩的動物。美國人道協會並不是個有如保護傘的大型組織，底下也沒有遍布美國各城市的小型人道協會，這一點和許多人想的不一樣，它是個動物保護的宣傳團體，而不是收容所，與我們本地的朗蒙特人道協會（Longmont Humane Society）沒有直接的關係，也跟丹佛沉默聯盟（Denver Dumb Friends League）或當地灰狗救援組織（greyhound rescue）完全沾不上邊。許多收容所都是小型的非營利組織，登記在市政府下面，必須舉辦很多募款活動才能生存。至於其他的收容所則是由市立動物管制中心負責營運，受到市政府或郡政府的管轄，通常仍稱為「公立收容所」（pound）。除了這些實體收容所之外，在過去一、二十年，也有越來越多組織鬆散的寄養家庭網絡、品種救援協會、小型的動物救難所。這個收容所系統一直持續發展，就是為了配合動物分布地區和數量供需的變化，以及其他因素，如網路的使用、越來越多的跨州與跨國運送狗隻案例。

在那些收容走失、被棄養和流浪動物的單位當中，有一些可怕的程度令人難以置信，有一些則相當不錯，提供的生活條件比許多家庭更好，而大部分則介於兩者之間。如果你從沒有去過收容所，請花一小時的時間找一家參觀，會看到有些願意與你眼神接觸的狗，熱切地搖著尾巴，也會看到對你甚至連頭也不抬的狗，因為待在那裡的日子讓他失去了快樂和希望。你也會看到貓咪無事可做，整天昏昏欲睡。別忘了其他小動物，像是兔子、大白鼠、沙鼠等各式各樣收容所願意收進來的冷血或熱血生物。不要只參觀一間收容所，因為每個地方的差異很大，如果你參觀的是博爾德人道協會（Boulder Humane Society），離開時也許會覺得情況還可以，這個地方很不錯，資金充裕，工作人員及志工的人數跟動物一樣多，維持高收容率和低安樂死率。我也去過家裡附近其他讓我悲痛不已的收容所，其中一間是大倉庫，裡面是由鐵絲網做成的狗舍，持續傳來刺耳的狗叫聲，糞便和尿液的味道也相當刺鼻，動物的數量比人多很多，動物看起來壓力很大，情緒低落。我只參觀了家裡附近的收容所，但是我相信我還沒見識到美國其他地方收容所裡恐怖的場景。

目前有越來越多的個人，以較為鬆散的方式成立小型救援組織、救難所或提供寄養服務，來幫忙照顧這些流浪狗（和少部分的流浪貓）。通常，這些救援組織是動物的最後一個去處，他們會從當地的人道協會或收容所，領養被列在可怕的安樂死名單上死期將至的動物，可能有多達數十萬的有心人，拯救了只剩最後一次機會的動物，他們每個人都應獲頒一枚獎牌。

然而有一點很重要，就是大家要明白「收容所」、「救援組織」、「救難所」等名稱，並沒有任何法律或標準的定義，光是一個名為「收容所」、「救難所」的地方，不能保證動物是在溫暖乾淨的家中受到關愛與照顧。我每隔幾週都會看到新聞報導說，動物管制中心去突擊檢查所謂的救援組織或救難所，結果發現經營者提供給動物的生活條件相當惡劣，而被指控為虐待動物。例如，二〇一四年二月，在田納西州（Tennessee）莫里斯鎮（Morristown）的幼犬救援組織（Puppy Patch Rescue Group）被突擊檢查，他們其中一位經營者犯下六十三項虐待動物的罪名而被捕。狗、貓和魚被帶離那個地方，動物都關在骯髒封閉的小地方，經常沒有食物和水。[2]動物權利基金會（Animal Rights Foundation）是位於俄亥俄州比奇伍德（Beachwood）的救援組織，因創辦人自殺而登上媒體版面，她在家中車庫裡的車內身亡，當時車子引擎仍在運轉，三十一隻狗（大多是幼犬）跟著她往生，只有一隻小狗擠出車外，在車庫裡找到一個可供呼吸的小孔。[3]（我不確定要把這件事看作是虐待動物，或是該當作一項警告以提醒那些富有同理心的人，若想拯救被棄養的動物可能會導致絕望。）

關於收容所最悲哀的一件事，就是每隻突然發現自己脫離原本生活而到那裡的動物，背後都有個故事，收容所裡很多動物都是由動物管制中心的職員在街上拾獲——走失、牽繩鬆脫，或是從房子或院子逃跑。只有約一六%走失的狗和二%走失的貓，會被主人從收容所接走。[4]進入收容所系統的動物，約有三分之一是主人親自帶來的，有些收容所提供不擬續養讓渡表格（surrender forms），並收取一小筆費用。他們試著詢問主人為什麼不再飼養這隻動物，以便更加了解如何減少被棄養的動物源源不絕進入。在這些讓渡表格裡，不乏令人動容且心碎的故事，有時是主人生病了不能照顧寵物，或是老人家被送到養老院或死亡，而家人不想養這隻寵物。然而，如果你看過表格上陳述的各種理由，可能會因為某些責任感不足的主人缺乏對寵物的承諾而悲從中來，例如「搬家，不能帶著他」、「男朋友不喜歡」、「過敏」、「太愛吠叫」、「掉毛」。

黛安．利（Diane Leigh）和梅莉里．蓋兒（Merilee Geyer）花了幾年的時間在收容所工作或擔任義工，精確地掌握到這些悲劇的核心要素，並放在他們的著作《一次一個：美國動物收容所一週記事》（*One at a Time: A Week in an American Animal Shelter*）。他們寫道：

> 到了某個時間點，文書工作完成了，動物移交給收容所的工作人員……如果你仔細觀察，有時候可能會捕捉到那一瞬間，確切看到動物領悟了正在發生的事，他終於意識到自己的監護人要離開，而他得獨自留下來；在那一瞬間，原本他眼裡的混亂會由理解而取代，接著轉成了恐慌、絕望。隨著日子一天天過去，他等待著另一個可能會也可能不會出現的機會，於是從哀傷變成了悲痛欲絕。[5]

大多數被讓渡出來的動物，在主人家甚至住不到一年，其中有一半還沒有結紮，有一些從不曾看過獸醫，大多數被讓渡出來的狗都尚未接受訓練，有一些只能住在戶外，行為問題司空見慣。我認識的一個家庭正好可以提供典型的例子，他們是「連續領養者」，可說是會出現在收容所系統宣傳海報上的家庭，在我認識他們的這十年來，至少領養過五隻狗——多到我甚至無法追蹤。媽媽心胸寬大，喜歡動物，要是身邊沒有動物，就渴望能養一隻，可是等到領養了一隻狗，他們一次又一次地意識到，自己的能力不足以承擔重責大任。他們前一次領養的是隻拉不拉多犬與哈士奇混種狗，三個月大，很可愛，但無法讓人駕馭，活力十足。狗住在後院，從來沒有人帶他去散步，也從未接受過大小便訓練，也沒有教導他如何成為好寵物伴侶必備的各項技能。先生有點喜歡狗，但患有嚴重的狗大便恐懼症，意思是身為職業婦女的太太必須一手包辦清理工作，而造成了婚姻關係緊張。大約六個月後，狗的體型變得太大，撞倒了他們最小的女兒（因為她沒有學過該如何適當地與動物互動），而且狗的大便太多！在留下了幾行淚水後，狗又回到了人道協會，雖然他現在已經不是幼犬了，但仍不懂得如何社交，也未受過訓練，更難幫他找到一個會接納他的新家。結果大約半年過後，這個連續領養家庭又再回去領養一隻新的狗。

利和蓋兒在針對棄養的研究中發現：「這些主人有個基本的共通點：決定是否要飼養動物時非常草率，思考不夠周密，缺乏規劃。」[6]因此，收容所管理人員和動保人士一直努力在做一件事：幫助人們做出更好的領養決策，尤其是建議某些人也許根本就**不要**領養新寵物伴侶。收容所也一直非常認真想讓被領養的動物繼續留在新家庭裡，因此特別注重教育和做更適合的配對。越來越多收容所為有意願的新領養者提供了「寵物爸媽入門課」，甚至還要求他們一定要上，在課程中可以學到應該對動物抱持哪些期望，動物需要學習哪些東西才能討人喜歡，並且要懂得如何社交才能融入這個社會，此外，主人也會更具體了解自己該對這隻動物負起哪些責任。

等到動物跟新主人回家後，收容所也會提供訓練和支援，收容所裡的行為專家樂於幫忙解決行為問題，提供建議和支持。最近一項研究發現，只要主人能獲得行為上的建議，有九〇%的狗不會送到收容所棄養。[7]收容所也在探討如何讓有意願的領養者了解未來的財務支出，例如提供完整的「終生支出計算表」，來說明飼養一隻狗（大約是二萬美元）或貓（一萬到一．五萬美元）要付出的費用。對於想為孩子領養天竺鼠的人，會知道每年可能要花費約六百三十五美元，這個金額遠超出多數父母的預期。[8]

在我家當地的人道協會領養率非常高，即使週轉率很高，仍有些年老、醜陋、出現行為問題的動物會受到忽略，而得在收容所裡待上一段很長的時間，有些貓、狗會在那裡待幾個月，有時候甚至長達一、兩年。無論收容所有多好，那裡的生活對動物來說既可怕又緊張，牠們暴露在高分貝的噪音下，周遭十分混亂，被侷限在無法掙脫的狹小空間裡，常常很孤單——儘管川流不息的人來來去去，旁邊有許多動物也無濟於事。狗和貓甚至可能會（其他動物當然也會）罹患「收容所壓力症」，而引發嚴重的症狀，甚至性命不保。

一個明顯的解決方案，就是設計出能減少壓力和符合動物需求的收容所，例如，越來越多的狗兩兩一對或分成小組住在一起，並提供公共遊樂區和較為刺激的活動。在我當地的人道協會，每隻狗每天都可以在志工的陪伴下，出去散步兩次。貓對於環境的需求則有些不同，最顯而易見的是，只要能不受狗吠聲和其他巨大聲響的干擾，就會對牠們大有助益，牠們喜歡能有地方躲藏、攀爬、在陽光下睡覺，希望能有跟其他貓咪互動的機會，也有傲慢地忽視其他貓的自由。若要設立人性化的收容所，當然需要充足的社區資源和支持，以及對於動物福利堅定的承諾。

對於收容所的態度也隨著時間而有所不同，這種轉變反映在詞彙上面。在英文裡，以前把收容所叫做pound（在古英語裡，字面上的意思是「關閉」或「圍住」）；後來叫做shelter；現在則是campus（校園）；校園聽起來不錯，就像是小狗和小貓大學。收容所越來越強調教育，這與校園的主題一致——除了針對動物的教育，還要教育領養者和社會大眾。救援開始慢慢被稱為「領養」，這種說法很貼切，因為它強調要長期穩定，而且顯然將寵物伴侶比喻成孩子；動物不是被主人棄養——而是被「讓渡」或「釋出」；動物管制中心逐漸成為提供「動物服務」的單位；動物不再被消滅或撲殺，而是安樂死。這些詞彙上的轉變很好，反映出人們更願意為了困在這個系統裡的動物改善福利，而且用詞也越來越委婉，但這部分比較不利，因為會使得我們更容易對正在發生的事感覺良好，也更容易認為一切都沒問題。

收容所本身有其兩難之處，即使有的收容所可以像博爾德人道協會一樣乾淨明亮，裡面有許多充滿同情心的人，盡可能提供動物良好的生活，撲殺率低，但不論是去參觀或當志工，仍會覺得那個地方瀰漫著悲傷的氣氛，這股悲傷帶著渴望，而不是令人覺得害怕——有這麼多可愛和寂寞的動物亟需溫暖的家，而且有些動物還是會被撲殺。問題是，因為有了收容所的存在，一般大眾在某種程度上似乎放下了心中的大石頭，認為在收容所裡感受到了溫暖愉悅，覺得社區真的關心動物，於是心想：「身為一隻收容所裡的動物還不錯。」

收容所往往得仰賴大眾捐款，所以必須常在社區推廣，為了能有償債能力且持續營運，他們可能被迫不讓大眾看到最糟的一面，且要藉由某些溫和的方式將「人道觀念」植入人們心中以獲得支持。他們闡述事情的光明面，在網站和廣告文宣上，選擇最有利於募款的圖片，強調希望與重生的故事，而不是述說這個月被殺死的動物背後的故事。收容所的安樂死技術人員，當然不會在大廳或隔著玻璃牆的房間內執行工作，同時，各個收容所之間也相互依附，好讓大眾能從另一個角度看事情，而且認為很美好。

收容所想要處理問題，但是他們本身是否為問題的一部分呢？收容所產業是否也讓我們與動物的關係變調了呢？在某些方面，答案是肯定的。光是從圈內人自稱「收容所產業」（shelter industry），也許就能提供一項警訊，因為所謂的產業就是要追求成長，或至少要能長期維持下去。在我看來，最終的目標應該是收容所要空空蕩蕩，可是如果收容所裡完全沒有動物，或只有三、四隻動物，就無法成長。收容所得依靠收容大量的動物進來，再盡可能讓更多人領養牠們，才能維持資金流動，以餵養動物和支付收容所員工微薄的薪資。最重要的是，收容所能讓寵物產業本身免於崩解，因為收容所控制住過剩的動物，讓新產品的市場保持健全。

在收容所和救援組織裡面，有些人是從持續的「產品」週轉當中獲利，我聽過幾位獸醫十分關切跨州（甚至跨國）運送狗到救援組織的情況。一卡車一卡車的狗，從供應過剩的地區（通常是大量繁殖狗的州，如賓州和密蘇里州）運送到供給低需求高的地區，像是東北部和西部，這些運送計畫確實拯救了一些狗的生命，但也引發了道德問題。首先，跨州運送狗並不受到動物福利法（Animal Welfare Act）規範，因此，沒有法令規定該如何安置和運送狗，也無法監督那些運送公司。其次，在南方各州的繁殖者看到了他們的狗符合市場需求後，就能輕易地處理掉賣不出去的幼犬，有時候他們也會直接把幼犬賣給救援組織，因為這些組織想為北部的收容所提供讓人渴望領養的狗。如此一來，又會強化大眾偏好純種狗和幼犬的市場需求，減少收容所裡青春期的狗或成犬被領養的機率，至於那些品種不確定或混種的大型犬更是機會渺茫。

媒體的焦點曾一度集中在狗的運送問題，當時有個印第安那州（Indiana）的男子，用休旅車運送狗的途中，車子出了點問題，有位汽車旅館員工發現這輛停在停車場裡的休旅車載滿了狗，於是通風報信，利金郡（Licking County）警察發現了五十隻狗和十二隻幼犬，有些只有幾週大。狗在車裡擠得像沙丁魚一樣，每個狗籠裝四、五隻狗，獲救前，牠們在車上至少待了二十四小時。[9]就在此時，全美各地不知道有多少輛休旅車和卡車在運送狗，一位受訪者跟我說：「隨時可能至少都有二十輛卡車。」（他要求匿名。）寵物狗運送公司（Dog Runner Pet Transport）和彼得森快遞運送服務（Peterson Express Transport Services）等專門運送動物的公司，如雨後春筍般出現，以滿足全美大量運送狗隻的需求。一般而言，「載」一隻狗到北部讓人領養或到救援組織的費用是一百二十五美元，如果你有一輛卡車，可以在兩天內運送七十五至一百隻狗，這樣的收入還不錯。運送是問題嗎？在某些情況下的確是，例如上述利金郡的失敗例子。但我們也必須小心，不要將不人道運送和人道運送混為一談，有不少合法的救援組織非常努力在拯救動物的生命，因為這些動物正好處於美國反對絕育的地區裡。

該怎麼做呢？我們常聽到「領養收容所動物！」的口號，而且這件事真的很重要，因為要是無法及時救出這些動物，他們可能會失去生命。但是，如果從收容所救出一隻動物，卻會導致其他一些與我們相關的福利問題更複雜或更嚴重，怎麼辦？最顯而易見的解決方法，就是我一再提到的：選擇完全退出這個系統，不要再飼養寵物或是在任何面向支持寵物產業，不過對於喜歡動物的人來說，不會想聽到這個解決方法。

在道德上，收容所領養仍然勝過從網路、寵物店或聲名狼藉的繁殖者那裡購買動物，目前家中飼養的貓和狗，只有約二五％來自收容所——這個數字低得可憐。但收容所面對的似乎是一場苦戰。每個星期天，人道組織都會在我們小鎮的《朗蒙特日報》（*Longmont Daily Times-Call*）「本週寵物」專欄裡，特別刊登某隻狗或貓的照片，旁邊附上看起來充滿希望的文字敘述（「夏綠蒂（Charlotte）是個甜美的女孩，隨時準備要嬉戲，但也可以蜷縮在你的腳下，愉快地度過一天」），每次看了都會讓人心碎。不幸的是，人道協會的寵物專欄必須與寵物分類廣告競爭，分類廣告裡至少都有七、八隻可愛的幼犬〔已在美國育犬協會（American Kennel Club）註冊！〕和幼貓（純種暹羅貓！），有時候甚至更多。

第三十七章　從搖籃到墳墓

那些認真關注環境影響和良心消費（conscientious consumption）的人，教了我們一堂課：應該要考慮購買的產品來源和過程。我們的番茄是經過基因改造的嗎？在種植的過程中是否用了會殺死鳥類和使青蛙畸形的農藥？它們是從千里之外運送到我們的雜貨店，還是在當地種植的？那些採收番茄的移民工人是否領取微薄的工資？這個產品的整體環境或道德成本是多少？在環境相關的文獻中，這些叫做生命週期（life-cycle）或是從搖籃到墳墓分析（cradle-to-grave analyses）。在我們這裡，關注的「產品」是指在PetSmart或PetCo等連鎖寵物店裡販賣的活體動物，可愛的小倉鼠、豹紋壁虎或寄居蟹是從哪裡來的？針對動物的從搖籃到墳墓分析看起來會是什麼樣子？

對於許多在寵物店貨架上的生物來說，這段旅程簡直像是生活在地獄。善待動物組織暗中拍下了一段關於美國全球野生動物公司（U.S. Global Exotics，一間美國相當大型的動物批發倉庫）的影片，揭露出動物被安置在擁擠骯髒的生活環境。〔「安置」（housed）是寵物產業另一個常見的委婉語。〕小白鼠、大白鼠、倉鼠和天竺鼠被塞進小箱子，必須在裡面打鬥才能得到空間、食物和水。在其中一段影片中，倉庫有點淹水，一個裝滿小白鼠的塑膠容器有一半泡在水裡，仍活著的小白鼠為了維持在水面上，爭先恐後踩在彼此身上。[1]

在另一個場景，攝影鏡頭拍到一百多個上面放著塑膠蓋的派盤，再仔細一看，你會發現每個派盤裡都有一條蛇捲成一團，整條蛇的身體塞滿了這個小空間，根本動彈不得。接著畫面移到一名員工，正在把一個容量兩公升的塑膠飲料瓶倒過來搖晃，大力敲著底部，像是要拿出卡在裡面的東西，後來真的硬生生地趕出了幾隻小青蛙。猴子和刺猬單獨放在小籠子裡，其中一些出現刻板行為，例如踱步——象徵著囚禁的生活讓牠們發瘋了；其他的動物則委靡不振，倒在籠子側邊，彷彿已經放棄了所有的希望。

德州政府當局看了善待動物組織暗中拍攝的影片後，下令對全球野生動物公司展開正式調查，分別在二〇〇九年和二〇一〇年派一群獸醫、生物學家和其他人員進駐，沒收了所有非人類動物的庫存，總共一百七十一種動物，超過二萬六千四百隻。這些動物當中，八〇％被判定為：「嚴重生病、受傷或死亡，其餘的都未達理想狀況。」[2] 其中一些死亡原因包括被擠壓、脫水、飢餓、熱應力（thermal stress，對一些特定物種來說，溫度過熱或過冷的狀況）、自相殘殺。後來法院裁定該倉庫裡的所有動物（共二萬六千四百隻）都受到殘酷對待，調查小組的報告結果，隨後刊登在《應用動物福利科學》（*Journal of Applied Animal Welfare Science*）雜誌上，整個團隊詳細敘述在這次沒收過程中發現的慘狀後，以冰冷的學術口吻寫道：「本文作者的理解是，這些極為明顯的缺失反映出業界普遍的做法。」[3]

很多人已經在思考他們的食物來源，有些人在雜貨店購物時，甚至也開始思考肉品的來源：也許他們因為考量到動物福利問題而根本不買肉，也許他們只買經過認證的人道企業提供的肉品，也許他們拒絕買小牛肉。為什麼不能把這種謹慎的態度，也同樣用在購買活生生的動物身上呢？答案是肯定的，但是消費者必須先得到足夠的資訊，才能開始提出正確的問題。消費者和動保人士都可以敦促寵物產業提高透明度，如果我們能了解寵物產業的內幕狀況，如果繁殖和批發場所都設置玻璃牆，我猜想我們很多人也會失去買寵物的胃口。

第三十八章 活體動物產業

無關對錯，只跟金錢有關。

影集《火線重案組》（*The Wire*）裡迪安吉拉．巴克斯代爾（D'Angelo Barksdale）的台詞

寵物產業利用我們對動物的愛維生，並且大力剝削。寵物產業的做法是透過說故事的方式，在我們的文化植入了以下的觀念：正常快樂的生活少不了寵物伴侶，而一個完整的家庭必須包括至少一個非人類的成員。在這個故事裡，寵物伴侶就像孩子一樣，受到關愛、珍視、溫柔對待，因此，我們經常會看到：十分之九的寵物主人將寵物伴侶視為家中的成員。為什麼這個統計數字重複出現的頻率那麼高？幾乎就像在幫飼養寵物這件事打廣告，喔！請等一下，它

根本**就是**廣告。我們從廣告和媒體看到的「調查數據」，大多都是直接來自於美國寵物用品協會（American Pet Products Association）這類的同業公會，媒體一再引用「數據」來替寵物產業免費打廣告，頻率之高讓消費者將它們視為事實。

幾乎每一篇關於寵物的文章，開頭都陳述人們如何將寵物視為家人的語句，我承認我有很長一段時間，也將這句話視為理所當然，而且會放進我寫的文章裡。然而在我為了這本書做研究時，發現太多的動物遭到不當對待、虐待和棄養，似乎與我們平常聽到的寵物主人類型大相逕庭，因此讓我開始質疑「寵物是家人」的說詞。自認為是狗爸媽的人不可能用鏟子重擊狗的頭部，如果我們這個社會那麼喜愛寵物伴侶，為什麼對動物忽視、虐待、殘酷、性剝削的案件比例會如此高？

讓我們檢視一下「寵物是家人」這個說法從何而來，十分之九的這個統計數字來自哈里斯互動公司（Harris Interactive）的民意調查，是該公司針對二千六百三十四位成人做的一項網路抽樣調查結果。這二千六百三十四個人之所以會被抽中，是因為他們先前表明同意參加哈里斯互動公司的調查活動（已將樣本人數的範圍，縮小到願意參加調查的網路使用者）。在這群人當中，有一千五百八十五人說以前曾養過寵物，接下來的統計數據，就是以這一千五百八十五人為樣本，請他們回答是非題或李克特量表（Likert-type）題型（例如「請從一到五圈選一個數字，五代表最高分」），這種設計會讓學過研究方法的學生不以為然的搖頭。因此，「寵物是家人」的調查數據（如果我們還可以把它稱為數據的話）其實來自於極少數的寵物主人，他們願意接受關於飼養寵物的民調，然後回答了幾個引導性問題。我認為，這群人正好就是會將寵物視為家人的那種主人，他們不會是虐待狂、動物強暴犯，甚至也不會把視為伴侶的狗終生綁上狗鏈拴在後院——而在這項調查中，不當對待動物的人竟然只占區區一〇%。「寵物是家人」的說法就像是薄紗，遮蓋了隱藏在下面醜陋的真相。

動物是一個大型商品供應鏈裡的重要部分，活體生物宛如黏膠，讓整個巨大的產業結合在一起：沒有了活體動物，就不能賣籠子、魚缸、食品、玩具、獸醫產品和服務或美容用品。我們不會需要狗狗專用護鼻膏Snoutstik、幫寵物彩繪用的吹畫筆BarkArt，或給運動犬喝的運動飲料PetSweat，而肉品業多達數十億公斤重的內臟等廢棄部位，也不會有龐大的市場需求。（譯注：美國人不吃內臟，但這些部位可以廢物利用做成寵物罐頭。）動物雖然就像心臟一樣，但在這個寵物**產業**壯碩的身體裡，相較之下只是個小器官；活體動物並非真正的賺錢工具，這一點可能與一般人的直覺背道而馳。

花了十美元買一隻倉鼠的家庭，得再花約一百美元買相關的基本配備：寵物鼠誕生系列鼠籠、凱優（Carefresh）睡眠專用紙棉（繽紛色），Forti-Diet倉鼠飼料，而且只要動物活著，這個家庭每個月至少還要花二十到三十美元購買睡眠用墊材和食物。我女兒的兩隻金魚克朗戴克和迪柏絲，每隻售價十二美分，容量九十一公升的魚缸則要價九十美元，再加上過濾器、加氧機、水質穩定劑、石頭、植物和百寶箱裡的小雕像，我們真的貢獻了不少給寵物產業。（身為負責任的魚主人，我們必須準備這些東西，但我還是擔心克朗戴克和迪柏絲的生活很悲慘，只能游來游去繞圈圈，沒有其他的事可做。）要是我們把我女兒的成長過程中，花在寵物及寵物用品的錢都存下來，至少能支付昂貴的私立大學一整年的學費。

因此，真正支持寵物產業的並不是出售動物的費用，而是那些他們說你必須購買的用品。事實上，根據英敏特（Mintel）行銷公司蒐集的統計數據顯示，消費者在二〇一一年共花了五百零八億美元在寵物伴侶上，其中三八%花在食物，二二%花在用品和藥品，二八%花在看獸醫，其餘的百分比沒有特別說明，但我只能推測最後這一二%是花在購買動物本身。這個數據對於我們文化裡寵物的價值提供了什麼結論？就是牠們在一美元當中只占了十分之一。我知道，用市場價格來計算某個人的價值會讓人討厭，我們很多人都無法將自己的寵物伴侶與金錢價值劃上等號，但是寵物產業十分樂意，也能夠這麼做，而且說實在的，動物很便宜。李．愛德華茲．班寧（Lee Edwards Benning）在一九七六年出版的《寵物獲利者》（*The Pet Profiteers*）書中大聲疾呼，這個產業和消費者的購買行為根本是不負責任。我們衝動無知，光是挑選一雙鞋的時間都比買寵物還多，原因可能很簡單：寵物非常便宜，衝動購買沒關係，而鞋子的價格較為昂貴，得稍微認真挑選。

寵物之所以會受到這些獲利企業的青睞，是因為：計畫性汰換。倉鼠、沙鼠、大白鼠等兒童飼養的寵物，壽命通常不到一、兩年，天竺鼠也許三、四年，即使是像金魚和壁虎（最多可活二十五年）等相對長壽的動物，在圈養的環境下，幸運的話頂多也只能活幾年。大把大把的鈔票花在這些讓人失望（或者我們應該說「死掉」？）的寵物伴侶上，當孩子為了失去寵物伴侶而傷心，父母最簡單（也許是最不明智）的回答是：「別難過，我們再去選一隻。」或是有的家長可能會因動物死亡偷偷鬆了一口氣，慶幸在孩子的程式系統裡，已經除去了「寵物伴侶」這個錯誤，而在下一次庭院二手商品拍賣場上，這些籠子、魚缸、水箱等相關設備還可以賣五美元。

二〇一四年二月發行的《寵物商業雜誌》封面故事的標題叫做〈未來的趨勢〉（What

Tomorrow Brings），探討目前哪些挑戰會為寵物產業的榮景帶來威脅，上面提到有三件事會減緩成長速度：經濟衰退、人口結構改變和動保人士。在人口結構改變的部分，我們了解到：「業界專家憂心忡忡，擔心一旦以熱愛寵物伴侶和大力支持寵物產業著稱的嬰兒潮世代，終於受夠了飼養寵物伴侶這件事。」[1]零售業者能不能說服新一代的消費者接受飼養寵物伴侶這個嗜好？

若想解決價格昂貴的問題，零售商應該多提倡飼養寵物的各種好處，零售商和製造商都需要稍微調整策略。在〈未來的趨勢〉一文中，作者感嘆地提出一項事實：現在五歲的小朋友不再要求養倉鼠或兔子，而是想要一台遊戲機。「我們真的努力想讓人們重拾飼養寵物伴侶的嗜好。」[2]為了達到這個目的，《寵物商業雜誌》建議以千禧世代為目標族群，特別將焦點放在利基市場，像是西班牙裔飼主，這個族群是少數仍持續成長的市場：「西班牙裔飼主比較不願意把錢花在看獸醫上，而是會花在服務和可自由選擇的額外配件上……（他們）比較想幫寵物伴侶買衣服，對於帶寵物伴侶享受高級美容服務比較感興趣。」[3]完全落入對於這個種族的刻板印象，可不是嗎？

在同一期的《寵物商業雜誌》上，有個部分叫做「活體動物產業」（A Living Industry），焦點放在該產業面臨的迫切威脅，也就是「它的核心」：能否取得寵物。在這方面動保人士特別受到關注，因為即使他們的「出發點是好意」，但是「可能正好會摧毀掉這個產業賴以建立的基礎」。為什麼會如此呢？動保人士藉由說服一般大眾和立法人員，販售活體動物在法律上必須受到更嚴格的監控。「如果胸懷壯志的動保人士成功了，還會不會有寵物可供出售呢？」[4]寵物市場聯合顧問委員會（Pet Industry Joint Advisory Council, PIJAC，這是個替寵物產業爭取利益的遊說團體，請見第三十九章「保護收割權」；以及第四十五章「提供更好的保護」）主席麥可．坎寧（Michael Canning）說，有許多抗議活動都在禁止販賣活體動物。寶多來寵物連鎖公司（Petland, Inc.）的執行長警告《寵物商業雜誌》的讀者：「人們（以及寵物零售商）失去了選擇將哪些種類的寵物帶回家的權利，而且也不能決定到哪些地方購買這些寵物。」[5]

動保人士的焦點主要在狗身上，但是你可以看到他們開始擴大進攻範圍，延伸到所有的寵物交易領域，包括貓、爬蟲類、鳥類，甚至小型哺乳動物，檢視「是否涉及虐待動物」和「採購是否符合永續性（sustainability）原則」。坎寧繼續說：「我們這些寵物市場聯合顧問委員會裡面，都是負責的寵物製造商和經銷商，看到了收容所的實際需求……但是目前絕育的寵物占大多數，也會帶來另一種後果。」「肩負繁殖任務的犬隻數量」可能急劇下降，業界絕不能呆呆地「袖手旁觀」。「寵物產業面臨的挑戰，是要去教育美國民眾與寵物伴侶共同生活的優點為何。」[6]

為了要說服我們與寵物伴侶一起生活會帶來好處，寵物產業一再推廣寵物伴侶不但能為每個健全的家庭帶來歡樂，而且是不可或缺的成員。不僅如此，寵物產業還說服我們，大家都可以變成「負責任的寵物主人」，這麼一來，寵物產業讓那些原本還擔心飼養寵物會對動物毫無益處（事實上是造成了極大傷害）的人，現在也都能放下道德上的顧慮。

第三十九章　保護收割權

我覺得很奇怪，為寵物產業爭取利益的遊說團體，竟然會花時間努力對抗意圖保護寵物的規定和限制，但我想這是有道理的：保護動物可能會使得販賣牠們變得更困難，利潤跟著變少，而寵物產業的目標是要出售寵物和推銷飼養寵物伴侶的想法——牽涉到的金額相當龐大。二〇一二年，美國消費者的寵物和寵物用品年度支出超過五百五十億美元，反映出過去二十年來的成長力道穩定而強勁（一九九四年的支出只有一百七十億美元；從那時起就一直逐步攀升）。以企業的術語來說，推動寵物產業發展的動力就是永續性，而寵物產業要如何繼續繁榮，甚至成長茁壯呢？得透過出售更多的動物，當然還有更多與動物相關的產品和服務。

我們上一章提過的寵物市場聯合顧問委員會，也許是最引人注目的寵物產業遊說團體，該委員會致力於維持寵物產業財務上的健全，目前寵物買賣面臨的一大威脅，是法律規範了如何對待寵物的方式，所以寵物市場聯合顧問委員會正忙於四處遊說，讓禁止販售貓、狗等規定失效，而且堵住網路上可以自由買賣活體動物的漏洞。我還注意到該委員會也設置海洋觀賞生物保護基金會（Marine Ornamental Defense Fund），目的是為了保護魚類愛好者不受相關法令限制，像是禁止進口瀕臨絕種的珊瑚和魚類，如小丑魚和雀鯛（damselfish）。[1]他們請你捐款，如此一來，你身為魚類愛好者的**權利**就能受到保障。

這種使用語言的方式很有趣，我看到的現狀是：消費者的態度和喜好大幅受到操縱，一旦將這些核心習慣灌輸到我們腦中，就可稱為我們的「權利」。因此，這種說法又比寵物伴侶讓家庭快樂健康更上一層樓，最後變成了一種意識型態：擁有動物象徵著美國傳統獨立和自由精神的一環。

我在這裡插入證物A：國家動物利益聯盟（National Animal Interest Alliance）的文宣上寫：「擁有狗……是一項受到珍視的美國傳統，喬治．華盛頓（George Washington）有一隻，班傑明．富蘭克林（Benjamin Franklin）也有，但是如果讓動物極端分子為所欲為，你的孫子就不會有了。」[2]我欣賞國家動物利益聯盟提倡以負責的方式飼養動物，然而他們堅持擁有動物是美國公民的權利，認為法律限制我們能與動物一起做的事以及能對動物做的事，就是侵犯了我們的自由，坦白說，我覺得這種論點過於誇大。

寵物市場聯合顧問委員會、國家動物利益聯盟以及其他業界團體的問題，在於他們刻意讓動物飼主的權利與動物權對立，至於「動物權」（animal rights）的概念，是道德哲學家探討的另一個極端微妙且複雜的議題。請再考慮證物B：保護收割權組織（Protect the Harvest）的宣傳資料。[3]這個政治倡導團體致力於保護上天賦予我們狩獵、捕魚、耕作的權利，彷彿這些權利還不夠似的，還要再加上擁有寵物的權利。保護收割權組織特別關注一個「激進的動物權」組織發起的活動，就是美國人道協會。保護收割權組織警告，美國人道協會都是極端分子，相信動物與人擁有完全相同的權利，例如美國人道協會大力支持禁止在寵物店販賣貓、狗。保護收割權組織說：「美國人道協會裡的人不只攻擊繁殖者養活自己和家人的能力（引用原文），而且還把目標放在你飼養和照顧家裡寵物伴侶的權利。」

只要我們稍微思考過人與動物關係的道德複雜性，就會覺得這些過於簡化和哄騙的言詞簡直是在侮辱人的智商。你可以反對一些打獵方式（例如，「籬內狩獵」（canned hunts），基本上是將動物監禁，以食物或鹽磚（salt lick）引誘牠們直接進入獵人的視線範圍），或一些釣魚方式（例如使用有倒刺的鈎），而不需要譴責整個企業。飼養寵物在道德上也有很多細微的差別，將努力保護寵物伴侶指控為是在提倡「動物權」，且將其視為與人類權利對立的論調，既不合邏輯又很卑劣，而且讓動物陷入了困境。

第四十章 寵物伴侶出租

寵物產業一項最新的趨勢是出租動物，而不是出售。漢娜寵物協會（Hannah the Pet Society）是第一家進入這個飼養寵物新領域的企業，於二〇一〇年設立了兩個營業據點。寵物出租的概念是出自於史考特・坎貝爾（Scott Campbell）的新構想，這位獸醫成立了全球最大的獸醫診所連鎖體系——班菲德動物醫院（Banfield Pet Hospital）帝國。如果你去過PetSmart，就應該見過班菲德提供的服務，這就是為什麼班菲德的綽號叫做「盒子裡的獸醫」。班菲德的經營策略是提供標準化獸醫服務，以每個人都負擔得起的低成本包裝，你可以在同一個地方買到動物、他們的食物和玩具，以及獸醫服務，超級輕鬆。他們主要的規劃是遍及全美，最後像沃爾瑪一樣全球無所不在。坎貝爾在二〇〇七年將班菲德賣給瑪氏食品公司

（Mars, Incorporated），該公司的產品包括M&Ms和士力架（Snickers）巧克力，還有一些知名的狗食品牌，如美士（Nutro）、寶路，和我們的老朋友西莎狗糧（請見第十七章「餵食致病因子」）。班菲德的年營收為一．八七五億美元。

「漢娜在此幫你克服常見的寵物照顧挑戰，例如行為問題、意外的獸醫費用、寵物食品／用品費用、過去不好的經驗。」[1]謝天謝地，終於有人願意來處理飼養寵物所有的苦差事——在漢娜把這些統稱為寵物教養（Pet Parenting）。（在漢娜所有的動物都稱為寵物（Pets，P要大寫）。）坎貝爾的寵物出租業務是以他母親漢娜命名，她非常喜歡動物，雖然該企業的名稱中有「協會」一詞，聽起來像是某種人道協會，但請不要誤會：漢娜其實是販售寵物的營利企業。

它如何運作呢？基本的概念是漢娜會幫你找到最完美的寵物；你簽訂合約，支付寵物及寵物的終生健康計畫（你必須帶寵物到漢娜旗下兩間獸醫診所的其中之一）的費用。如果不滿意你的寵物，可以回來換一隻。

為了幫助你選擇寵物，就得使用漢娜專屬的終生配對程式（Lifetime Matching Program），這個電腦配對軟體（稱為漢娜軟體（Hannahware））是由「心理學家、獸醫行為學家和性格測驗專家」共同協助設計完成，有點像是跨物種的網路約會，差別只在於是由我們提出所有的問題。漢娜的寵物配對團隊會給你一張問卷調查表，請你填寫關於自己個性的重要資訊，你希望寵物具備哪些特質，你有過多少經驗，你願意花多少時間，接著漢娜軟體就會找到完美的對象。寵物配對團隊不但會幫你決定該選天竺鼠還是選狗，也會在動物資料庫裡幫你找到最完美的那一隻。（在漢娜，你的寵物選項僅限於狗、貓、兔子和天竺鼠。）

一旦漢娜確定了完美的寵物，接下來你要簽訂租養合約，合約裡除了寵物之外，也提供終生整體照顧（Total Lifetime Care），寵物需要的獸醫服務都涵蓋在內：預防保健、急救醫療、美容、修剪指甲（都在漢娜指定的地方）。你甚至可以買豪華版，包括每個月將寵物食品宅配到家門口一次，而且以漢娜的豪華轎車接送寵物去做美容、其他預約服務或培訓課程。真的就像我前面說的，飼養寵物的大小雜事漢娜都可以一手包辦。

合約裡保證：不管出於任何原因，只要你不喜歡漢娜配對的寵物，他們保證會將寵物帶回去，再找一隻更適合的給你。漢娜的客戶要簽一張註冊同意書（Enrollment Agreement），基本上這是個租約，涵蓋了最初五個月的蜜月期，在這段期間，寵物家長可以決定這隻寵物是否速配。等到蜜月期結束後，家長可以選擇續租，或是以雙方先前在合約中同意的價格購買動物。

我對漢娜一開始的想法是反感：你怎麼能開口說要「出租」一隻有生命的動物呢？但是我

努力敞開心胸，考慮它帶來的好處。人們通常不確定什麼樣的寵物最適合自己——什麼品種，或甚至什麼物種。例如，通常如果你買了一隻寵物，幾個星期後發現你不喜歡天竺鼠的味道，那麼就被迫陷在這個錯誤的選擇裡，除了將錯就錯繼續飼養，怨恨這隻動物，或拜託朋友接手，甚至帶他到收容所之外，還能怎麼做？——上述這些做法都需要花時間和精力，而且還會讓你有罪惡感。漢娜免除了這種風險，幫助人們了解自己想從寵物身上得到什麼，而且清楚哪種寵物最能滿足他們的期待和願望。

漢娜的另一個好處是，由於獸醫服務涵蓋在內，寵物家長也許更能善用這項服務，不必再去計較那些看似輕微的小毛病，是否「值得」付給獸醫一大筆錢。漢娜還提供教育和訓練支援，因此飼養家庭在處理行為挑戰時會有現成的資源，讓這段關係更容易成功。雖然漢娜的價格看起來有點高，但他們其實還不賴（就像沃爾瑪的企業經營模式一樣，必須一次購買較多的數量，但每件商品的平均價格較低），可以幫忙規劃費用支出：你可以計畫每個月固定要支付的金額，不必擔心突發的獸醫治療等費用，這可能會讓每個月有固定預算的人，也能養寵物。最後，漢娜的制度可能會讓想在家裡養寵物的銀髮族感到安心，因為銀髮族擔心動物可能會活得比自己久，但在這種制度下，寵物會回到漢娜寵物協會，重新找到歸宿。

至於動物從哪裡來呢？這是漢娜的一個關鍵賣點——也是批評的主要來源。漢娜跟客戶保證，所有的動物都來自當地的收容所、救援組織、寄養家庭，以及那些不擬續養而將動物賣給漢娜的家庭。但是動物福利組織質疑，漢娜是否過度誇大自己「救援」組織的角色，因為漢娜經常提供客戶設計師名犬（**designer pup**，譯注：將兩種純種狗交配後的混種狗，這個新品種保有原本兩種狗的外形特色），例如拉布拉多貴賓犬和**shih-poo**（西施犬與貴賓犬混種），而這些狗平常在收容所很罕見。正如我們在前面看到的（請見第三十六章「收容所產業」），「動物救援組織」一詞並沒有明確的定義，所謂來自救援組織的動物，也不能保證就不是從幼犬繁殖場出生的。許多在漢娜附近的俄勒岡州（**Oregon**）和華盛頓州收容所，都拒絕提供動物給漢娜，我們必須去了解背後的原因。

關於漢娜最令人不安的事，也許是它陳述的目標：「寵物父母，重新定義。」我們可能會大肆慶祝人類不再被稱為「主人」（除非他們選擇在蜜月期之後購買），但對於我們與寵物伴侶之間的關係，「承租人」模式真的會比較好嗎？

姑且不論寵物出租的未來是否有前景，我們還是可以有一些創新的方法，既能將人與動物產生連結，又能讓渴望與動物接觸的人免除責任。例如，有個新趨勢是所謂的貓咖啡店（**cat** café），在日本很流行，全球其他地區也趨之若鶩，包括美國。在紐約的貓咪咖啡館（Meow Parlour）裡，客戶可以購買貓咪造型的糕點，跟貓咪玩耍，使用時段可先在網路上預約（每半小時四美元）。你可以坐在店裡用自己的電腦，貓咪就在四周走動；或是進入遊戲室與貓互動。店內規定要尊重貓咪保有私人空間；基本上，所有的貓都隸屬於當地的收容所，可供領養。貓咪咖啡館提供有意願的領養者充分的時間與一群貓互動，看他們是否能與其中一隻特別的貓產生特定的連結。它也讓那些愛貓卻不能養貓的人（例如配偶會過敏、住在不准養寵物伴侶的公寓裡，或是得長時間工作），能享受到跟貓相處的樂趣。[2]另一種讓人與動物產生連結而又不需要長期承諾的創新方式，是一個叫做walkzee的手機應用程式，讓旅行的人在當地收容所「出借」一隻狗幾小時，帶他或她去健行或散步。只要這些「寵物出借」計畫的主要目的，在於改善動物本身的生活，聽起來就會比寵物出租的模式更合乎道德。

第四十一章 最大的輸家：野生寵物

想當囚犯就得有隻不會說話的寵物，如果還沒有人養過響尾蛇，那麼你就是有史以來第一個嘗試的人，這樣會更光榮喔！

馬克・吐溫（Mark Twain），《頑童流浪記》（*The Adventures of Huckleberry Finn*）

在紀錄片《視而不見》（*The Elephant in the Living Room*）裡，可以一窺美國一種更奇特的次文化：飼養野生和危險寵物的世界。片中的場景多半是在俄亥俄州拍攝，這個地方似乎是野生寵物文化的中心。整部電影由兩個主角的故事交織而成，一個叫提姆・哈里森（Tim Harrison），是俄亥俄州公共安全官員，服務於拯救受虐動物（Outreach for Animals）組織；另一個叫泰瑞（Terry），他在自家後院養了幾隻獅子當寵物伴侶。哈里森花時間調查和追捕各種在代頓市（Dayton）附近的野生寵物，牠們都是基於某種原因最後淪落到四處亂跑；泰瑞則是花時間努力照顧那些大型寵物，而這件事在他的公獅子逃離圍欄，開始到高速公路上追逐和攻擊車輛後，變得更加困難。

影片中的俄亥俄州野生寵物拍賣會上，動物像是棒球卡般被交換，而在爬蟲類動物博覽會，則是將毒蛇出售給孩子當玩具，看到這些畫面實在很難不心痛。不過，整部影片營造出來的氣氛不是憤怒，而是悲傷，裡面沒有贏家。泰瑞的結局是心碎，因為他最心愛的公獅蘭伯特（Lambert）意外被電死，而終於意識到他再也無法繼續照顧母獅萊西（Lacy）和三隻小獅子。哈里森的結局也是心碎——因為他得日復一日處理越來越多被棄養、走失或逃脫的動物。最糟糕的是，我們替動物感到悲哀，對他們來說，事情似乎總是很不利，就如哈里森在影片中說的：「對動物來說，沒有快樂的結局。」

「野生寵物」一詞沒有明確的定義，有人將其定義為除了狗、貓、馬或魚以外的其他寵物，所以蜜袋鼯、壁虎和寄居蟹等在美國家庭常見的動物都算野生寵物伴侶。「野生」也可以指任何外來的動物（在俄亥俄州的獅子就是），或未經馴養的動物（例如襪帶蛇）。我們不需要執著於一個明確的定義，才能了解問題所在，但很重要的一點是，缺少了明確的定義，會讓法律規範或甚至謹慎回應這個議題，都變得更具挑戰性。美國的法律制度連如何定義「動物」都沒有共識，因此，保護這類主體的法律必然雜亂無章，很難執行。綜觀各州對於擁有、販賣、進口和出口「野生寵物」的法律，就會發現各式各樣不同的定義和規定。

有許多事情讓照顧野生寵物變成一大挑戰，像是大多數人對於鬣蜥或水豚的行為和自然歷史毫無所知，而若要提供適當的照顧，則需要相當努力去了解這些動物和他們的特定需求，不是每個人都願意付出努力，於是他們只得住在有礙健康的生活環境裡。野生物種有特殊的生活條件，通常很難複製（例如在野外，公獅的領土範圍可能多達一萬公頃），牠們不像貓狗一樣適合跟我們人類住在一起。而且你居住的地方，可能很難找到接受過野生寵物醫療訓練的獸醫，要是這個生物越特殊，就越難找到獸醫。許多野生寵物是非法飼養，又減少了讓動物受到專業獸醫醫療的機會。

艾瑪．布希（Emma R. Bush）和同事最近在《保育生物學》（*Conservation Biology*）一書裡的研究指出：「在野生寵物交易的所有階段當中，動物福利多多少少都會受到某種程度的損傷。」[1]對於直接從野外來的動物，第一個挑戰就是捕捉。根據這項研究，捕捉鳥類的方法：

「包括在樹上塗黏稠的樹脂，會讓羽毛和腳受損。」如果要捕捉的獵物是靈長類動物，一個常見的方法就是殺死母親，帶走小孩。一旦動物被帶離野生家園和家庭成員，挑戰才真的要開始，牠們不得不在行為、飲食和環境上大幅改變來適應。舉例來說，野生鳥類必須適應寵物主人提供的乾飼料，但是對於不同種類或年紀的鳥不見得都適合。[2]根據布希等人的研究，動物對於圈養的生活，適應程度也不一樣，端視「動物的體質，以及牠的需求是否與野外特殊環境高度相關。」非常不適應圈養生活的物種稱為「鮮花」，例如：懶猴（學名為*Nycticebus* sp.）的售價相當低，因為要預防牠們咬人，通常得先拔掉毒牙，而在這種圈養的生活環境下都活不久。[3]

在全美各地，有千百萬隻野生動物由私人圈養，例如至少有一萬五千隻老虎是由美國人所擁有，在德州，圈養的老虎比在野外的老虎還多，我買一隻老虎花的錢，還比不上買一隻純種狗或貓，而且還可以對牠為所欲為，因為沒有法令，甚至也沒有一般標準，規範我應該如何照顧這些動物，縱使完全不了解一種生物的行為和自然歷史，竟然也可以花錢就買回家。

說真的，人們選來當寵物伴侶的動物種類相當驚人，包括鱷魚、毒蛇、獅子、熊、狼、黑猩猩，連那些有小孩的家庭也都沒有顧忌，也許這些人是深受這些動物的危險性所吸引。以喬

（Joe）為例，他認為買一隻緬甸小蟒蛇取名叫蒙地（Monty）很有趣，我想我們只能對喬說：「貨物既出概不負責，喬，如果你被纏死，那是你自找的。」問題是喬的選擇影響到的不只是他本人，顯然也會對蟒蛇蒙地造成影響，他被圈養，別再痴心妄想能過著「正常的」蟒蛇生活。蒙地可能會受到不合標準的照顧，也許在圈養數個月後死亡，或是如果他十分幸運能生存下來，等他長得太大，結果可能會被拋棄。購買蒙地等於支持和鼓勵活體動物交易，這會對環境產生影響，例如，大量的緬甸蟒蛇現正居住在佛羅里達大沼澤地（Florida Everglades）殺害其他動物，到最後緬甸蟒蛇也會對人造成危害。

飼養野生寵物的種類不只涵蓋了所謂的大型動物——比較著名的是老虎、長頸鹿和狐猴，還有一些人迷戀小型生物，越奇特越好。這種對於珍奇異獸的迷戀經常被媒體美化，例如動物星球頻道有個節目叫《十大特殊寵物》（Top Ten Peculiar Pets），介紹過沙袋鼠、水豚、竹節蟲、馬達加斯加發聲蟑螂和迷你驢等動物。這些生物都很容易買到，像是oddballpetfactory.com網站就告訴我們：「進來看看我們親手挑選飼養的小可愛。」只要是動物星球頻道名單上的動物，該網站幾乎應有盡有，還另外提供一些其他有趣的選擇（蠕蟲、黑寡婦、浣熊）。在日本，養昆蟲當寵物的傳統由來已久，現在還可以從自動販賣機購買活體生物。雖然一些野生動物被圈養無所謂（例如迷你驢和大肚豬），不過大部分的野生「寵物」其實只是被當作不值錢的小飾品。

對於動物本身呢？有沒有任何好處呢？關於野生動物的關鍵點在於，這些物種從來沒有被馴養過，無論牠們是出生在野外，或是在俄亥俄州的某個倉庫，經由人工飼養後再到拍賣會上出售，都不是重點：牠們仍然是野生的。有人聲稱可以跟這些動物產生連結——也許他們真的能如此，不過很難得知動物是否也同樣感受到溫暖。寬容與冷漠都會被誤認為情感。

我們可以想像把野生動物作為寵物伴侶帶來的任何好處嗎？能與那些「做他自己」且維持野性的動物（這一點與貓或狗截然不同）互動，或許是有趣和令人興奮的冒險；也許這種經驗會讓我們找回與大自然失去已久的連結，因為我們住在水泥城市裡，以汽車代步，吃保麗龍包裝的食品；或是可以使我們在朋友面前變得更有魅力，甚至還有助於找對象；我們也許會深受某種特別的動物吸引，像獅子、大象或蟒蛇，想與牠們親近；我們可能認為如果提供孩子有意思的動物，會激發好奇心，讓他們學到很酷的事情，長大後當生物學家。但這些飼養野生動物的理由都很自私，沒有特別的說服力，也都不值得讓這些動物的生活如此痛苦，甚至性命不保。

有些人主張，被當成寵物飼養的野生動物，生活輕鬆舒適，因為他們有現成的住所，不必自己獵食。但是主人提供的這個輕鬆舒適的生活，基本上是監獄，而且我們看起來的「輕鬆舒適」，可能非常不適合動物，他們幾乎被剝奪了所有的自然行為，更別提自由了，他們的壽命是否也因圈養而大幅縮短，這一點也很難辯駁。

寵物市場聯合顧問委員會聲稱，那些野生寵物的業餘愛好者對於保育工作帶來貢獻，因為他們經由個人的親身體驗，學習如何以最佳方式照顧特定種類的動物——這方面的知識可以與其他人分享。但我高度懷疑保育人士會覺得這種想法有說服力。此外，還有那些無視於動物福利的人（我們在前面的章節見過），宣稱擁有野生動物是攸關憲法權利的議題，對此我的回應是：這些人需要更仔細閱讀憲法。

野生寵物產業裡最大的輸家是誰？動物。

如何照顧寵物伴侶

第四十二章　寵物伴侶需要什麼？

一旦我們把動物帶回家當寵物伴侶，這隻生物的生活就完全掌握在我們手中。寵物伴侶和小孩不同，養育小孩雖然一開始要負起重責大任，但最後他們會長大成人，獨立自主，而寵物則是從生到死以及過程中的大小事務，都需要依賴我們。他們的生活與我們緊密相連，依我的淺見，要是選擇帶動物回家，就有義務盡我們所能讓這隻動物過好生活。

寵物絕對需要得到乾淨的水、營養的食物、遮風避雨的地方，以及適量的運動，他們還需要定期看獸醫，處理可治療的疾病，至於疼痛的情況則要藉由治療或適當的藥物來解決。即使是某種看似單純的季節性或食物過敏，都可能造成明顯的沮喪，要是對這類情況置之不理其實並不公平。（我們都曾經有過皮膚癢的經驗，就知道這種情況有多麼難受了。）就跟人類養育子女一樣，每個人對於何謂最適合的身體照顧，以及最完善、適當或不周全的照顧中間的界線為何，意見總是會分歧。一隻動物（或小孩）的體重稍微超重，但仍在可接受的範圍內，這是受到不當對待還是被溺愛？一天運動兩小時「恰當」嗎？這類問題不能真的以抽象的方式來回答（你的狗需要的運動量也許比我的狗要少很多），而且或許根本也沒有確定的答案。到頭來，唯有常識和同情心能引導人們做到最好。

寵物需要什麼才能獲得情緒上的健康呢？答案當然得視寵物的種類和每隻動物本身的需求而定，基本的原則是：應該給寵物較多積極愉悅的生活經驗，盡量減少負面不愉快的經驗，換句話說，提供他們良好的生活品質。幸福感並不是某種你擁有或沒有的東西，而是擁有的程度多寡，痛苦、恐懼、沮喪、發癢等負面感受是生活中不可避免的事實，但我們會盡力（就像我們為了孩子所做的一樣）保持平衡，讓正面的經驗越多越好。我們可以提供寵物能刺激感官經驗的環境，例如嗅覺、各種光線和聲音的刺激，以培養他們的安全感；提供寵物選擇自身行為的機會，例如要躲起來還是要嬉戲，也讓他們能選擇拒絕（像是如果狗不想要陌生人撫摸，應該有權拒絕）；有機會從事專屬於特定物種的行為（例如沙浴、貓咪抓癢）；以及能增加行為多樣性的環境。我們還可以提供寵物充分的社交陪伴，不管是跟我們還是跟他們的同類在一起。

若想提供良好的照顧，最重要的一件事就是：確保寵物的需求能持續得到滿足，而且維持一致性。寵物像人類一樣需要控制感，因此，就算一隻寵物能獲得足夠的食物，但是如果他不知道食物何時會出現，感覺不到固定的時間表，則可能會感到沮喪。我們能藉由確保動物的環境維持一致，以提供控制感：總是有水可喝，而且放在同樣的位置；我們早上起床和傍晚散步後，他們總會有食物可吃；總是有上廁所的時間和地點，不必忍耐到不舒服的程度；人類伴侶可以展現出一致的情感支持，而不是前一刻提供關愛，下一刻又保留情感。一旦寵物知道該期待些什麼，就能感受到更多的自信和平靜。

一個常見的誤解是寵物伴侶的生活很容易，不必做些什麼就可以擁有食物和住所，而且免於受到傷害。但是，讓被圈養的寵物生活變得容易，不見得如我們所想的那樣是在幫他們一個大忙，給予適當的挑戰反而會讓他們有機會運用自己的能力，全心投入各種行為，發揮智能。[1]事實上許多研究顯示，寵物**喜歡**做事，並且會為了得到獎勵而做事，即使這種獎勵是不用做事就可以免費得到的。

「能動性」（agency）一詞最近進入動物福利科學裡，可說是掌握到了被圈養動物的需求所涵蓋的重要精髓。馬瑞克・史賓卡（Marek Špinka）和威梅爾斯弗爾德指出，「能動性」可以定義為：「動物為了蒐集知識和提升未來可用的技能，主動參與環境而展現出來的傾向。」[2]它是「一種身體各組織的綜合能力，因此形成了動物整體健康和幸福的重要條件。」[3]他們主張，動物有種內在傾向，想「表現出超越因暫時的需求而受到的限制」，而且想要不斷擴大能力範圍。常見的能動性面向包括解決問題、探索和嬉戲──每一個都提供了精進能力的機會，也都能提供內在獎勵的活動。動物的自然環境複雜且經常富於變化；在這個開闊的世界裡，她總是能擴大自己的知識領域，圈養環境正好相反，往往貧瘠又缺乏挑戰。為了讓動物發揮能動性，圈養環境必須要豐富且複雜，提供解決問題、探索和嬉戲的機會。

第四十三章　讓寵物的生活更豐富

過去四十多年來，有充分的實證證據顯示，豐富的環境確實能改善寵物福利，但是我們必須確切了解，究竟是哪些事物能為哪些寵物提供豐富的環境、程度多寡、原因為何等細節，在這方面我們還有很多工作要做。動物行為學教授羅伯特・楊（Robert Young）在《環境豐富化對圈養動物的影響》（*Environmental Enrichment for Captive Animals*）一書中指出，我們比較了解如何讓動物園和實驗室裡的動物生活更豐富，但對於家庭環境裡的寵物相關知識顯然不足。多數當作寵物飼養的物種也經常用在其他場合，例如用狗來做毒物學方面的研究；用貓來測試軍用武器的效用；用大白鼠、小白鼠、天竺鼠、雪貂、兔子來做醫學研究和產品測試；野生鳥類和爬蟲類動物則被安置在動物園裡，因此，我們有許多關於圈養環境要求和其他福利方面的資訊。然而不幸的是，「我們幾乎沒有這些物種在家庭環境裡的福利相關資訊。」[1]事實上，以往我們只用所謂的被動模式來看待寵物伴侶的環境豐富化：也就是當他們開始出現讓人擔心或破壞性的行為（拔羽毛、強迫性舔舌），我們才採取回應。

為什麼沒有人更積極研究如何讓寵物伴侶生活更豐富化的議題呢？楊說：「很多科學家建議我，這個主題太具爭議，觸碰到情感，最好敬而遠之，因為我們經常將寵物伴侶比喻為一個『摯愛的家庭成員』。」[2]若是質疑寵物伴侶的福利，難免都會批評到飼主，也可能涉及譴責整個飼養寵物伴侶的做法（這種不敬的言論是我的想法，不是楊提出來的）。不過，也有一些福利問題顯然亟需解決，否則為什麼會有成千上萬的書籍內容是關於狗、貓、越南大肚豬的行為問題呢？而且行為問題顧問和獸醫行為專家也越來越多，此外，還有一系列的電視實境節目，專門以瘋狂的動物和同樣瘋狂的主人為主角，例如《管教惡貓》（*My Cat from Hell*）；《如何調教你的狗》（*It's Me or the Dog*）等，從節目名稱就可以看出寵物主人和寵物感受到的絕望。楊說：「這一切都指出了寵物伴侶福利問題的嚴重程度不容小覷……很顯然地，……『愛』仍不足以確保寵物伴侶獲得夠好的福利。」[3]

顧名思義，「豐富化」是指關注如何設計圈養寵物的環境，讓寵物更能安排自己的生活。[4]例如，我們可以給予寵物機會去尋找食物、建立社交團體，或打造棲身之所，光是打開專門給寵物狗看的Dog TV電視頻道不會有用，儘管該公司聲稱，藉由觀賞松鼠爬樹的影片就能為你的狗提供娛樂，但實際上這樣的節目只提供了感官「噪音」。同樣地，在倉鼠籠裡的滾輪，充其量只不過提供了身體宣洩沮喪的管道——也許聊勝於無，但絕對還不夠好。威梅爾斯弗爾德解釋：「為了能創造有意義的生活，必須提供寵物在生物上有益的器材，並且能使其以創新、變化、靈活適應的方式達到主要的需求。」[5]

大多數寵物伴侶接受兩種類型的豐富化：社交豐富化和物品豐富化。對狗來說，與人接觸是我們所能提供最豐富的東西，我們也可以提供與其他狗嬉戲和互動的機會。大多數的貓主人都知道，要分辨善變的貓何時想要主人幫他抓抓額頭，何時又寧願主人的骯髒手指頭不要碰到漂亮的毛，實在是一門藝術。楊指出：「對一些物種而言，人類的撫摸完全不適合，因為他們把人類視為掠食者。」[6]特別像是爬蟲類動物和放在口袋裡的小型寵物，人們有時會誤把驚嚇或裝死的避敵行為，當作看起來很「淡定」。照顧者可能認為自己是在豐富寵物的生活，但實際上他做的事都帶給寵物壓力，就算寵物沒有躲避人類的碰觸，也不代表他樂在其中，我們必須先學習關於特定物種及其行為的完整知識，才能確認撫摸真的能為寵物帶來正面的經驗。

物品豐富化的形式為提供玩具、拼圖、在寵物玩具Kong裡放置冷凍花生醬（譯注：由美國知名品牌寵物玩具製造商Kong發明的玩具，可在凹槽內部放置零食讓狗啃食打發時間），給大白鼠或倉鼠可以咬又可以躲藏的小屋，以及其他的娛樂方式。玩具很棒，但是玩具帶來的豐富化通常不是物品本身，而是讓寵物能與人類一起玩玩具的互動機會，尤其是狗特別喜歡如此。舉個最佳的例子：因為貝拉非常愛追著球跑，我們決定幫他買GoDogGo!自動發球機，原本我們以為可以很輕鬆愉快地躺在吊床幾小時，讓她自己在旁邊玩，只要教狗把網球放進桶子裡，球就會一次又一次從機器飛出來。雖然貝拉非常聰明，知道需要做些什麼就能玩，但是她根本不去使用那台機器，而是希望由**我們**來丟球，因為追球這個遊戲顯然要有伴才好玩。

有一點要謹記在心：不是所有的遊戲、玩具和其他能帶來豐富化的物品，動物都會覺得很愉快。我最近讀了一篇文章提到，如果是以傳統方式使用雷射光，對貓來說並不是好玩具：小紅光在地板上跳舞，等貓靠近時就把光移到別處，基本上這種練習讓貓感到挫折，每次他認為終於快要抓到「獵物」了，立刻就消失不見。貓需要三不五時能有機會真正抓到獵物，而且雷射光可能有點危險，要是直接照到眼睛會造成傷害。

豐富化不只是針對狗和貓，小型哺乳動物、爬蟲類動物、兩棲動物、鳥類和魚類面臨的主要問題是：很多人——我敢說大部分的人——之所以會為自己或孩子買這些動物當寵物，是因為他們容易飼養又便宜，不需要太多照顧，金魚就是典型的例子，照顧起來很輕鬆，你要做的只是買個小碗，把魚放進去就大功告成：你養了一隻寵物！但是對小金魚來說，悲哀的生活正要開始。人們越來越認識到魚是認知複雜的生物，圈養環境要更關注到他們的認知需求，[7]魚需要精神刺激、變化性、社交機會、學習機會。某項有趣的研究指出，與傳統無聊魚缸裡的環境相比，若能提供魚豐富化的環境，會改善他們的神經可塑性（**neural plasticity**）和空間學習技能。[8]豐富化可以藉由以下方式達成：改變光線明暗的時間、添加新東西到魚缸裡，如植物、岩石、圓木，以及其他能增加空間多樣性的物品（像那些藏寶箱魚缸裝飾品）。食物方面的豐富化包括提供一種新食品，或在不同時間餵食，我們可以藉由同物種的陪伴提供社交豐富化，還可以透過行為訓練給予精神刺激，例如以響片訓練（**clicker training**，使用手電筒快速閃光代替「響片」），教導金魚游過一個環狀物。[9]

人們可以發揮驚人的創造力給寵物豐富化的環境，我看過為寵物鼠設計的複雜迷宮；烏龜玩接球遊戲；像地下室一樣大的兔子遊樂場，放滿了障礙物、藏起來的寶藏、供他們探險的物品。我最近在YouTube看了一段影片，兩隻開心的天竺鼠學會打籃球。[10]若要努力使我們的寵物伴侶發揮創造力，則我們自己的創造力是最好的資源。

第四十四章 哪些動物適合當寵物伴侶？

如果我們從動物的角度來看，哪些動物可能會選擇與人類一起生活在家中和寵物店？哪些會說：「不用了，謝謝。」然後以最快的速度跳走、爬走或游走？如果打開寵物店的籠子和大門，我懷疑在貨架上幾乎找不到動物，狗可能還在，貓也有可能，但除此之外，我想我們會看到這些動物落荒而逃。

若從人類道德層面來探討這個問題，哪些動物能以人道的方式對待當作伴侶，而哪些不能？答案取決於兩件事：首先，對於特定的物種來說，圈養和拘禁的環境會造成哪些特別的負擔？其次，與人類的這段關係是否能達到互惠、相互陪伴的目的？負擔越少，互惠的空間越大，飼養寵物伴侶聽起來就更合乎道德。我會用這些標準，將物種從道德接受程度最高排列到最低：狗、貓、兔子、馴養過的小型哺乳動物（大白鼠、倉鼠、沙鼠）、魚類、鳥類、爬蟲類動物、兩棲動物、昆蟲、野生動物。

狗和貓可以跟人類生活得很好，能擁有大量的身體自由和社交刺激，真的可以融入人類的家庭，甚至能讓他們做些樂在其中同時又對人類有益的工作。這些經過馴養的物種已經與人類密切合作生活了幾千年，成為人類的夥伴和伴侶，通常不會只作為食物、毛皮或勞力的來源。雖然在我看來（儘管有些貓行為學家不同意），貓能與人類快樂地生活在一起，但老是關在室內會出問題。

各種馴養過的小型哺乳動物，在人類的陪伴下可以感到相當舒適，而且能建立友誼的連結，雖然親密程度也許不如貓、狗，然而，若要提供讓他們感到快樂的生活條件，不光只是沒有身體上的痛苦，還需要更多的知識、承諾和時間。以兩隻不同的兔子為例，兔子一號是在復活節給孩子的禮物，獨自住在後院的兔籠裡，大多數的日子，兔子一號也許可以出來玩耍一會兒，但其他時間只能坐在兔籠裡吃凱蒂（Kaytee）兔子飼料。兔子二號與一個熱愛兔子的人生活在一起，他非常清楚兔子的行為，在家兔協會（House Rabbit Society）網站上閱讀飼養兔子的相關資料。兔子二號與其他幾隻兔子住在一起，享有整個地下室的空間，天氣好的時候也可以到後院的草地上；她有一個大門總是敞開的兔籠子，如果想要有安全感隨時可以進去；她有大量的活動空間，以及有趣的東西可供探索，享受各種不同的新鮮蔬菜，每天都可以與人類朋友互動幾小時。我們也可以提供讓大白鼠、小白鼠、倉鼠、沙鼠能健康成長的飼養環境，就像兔子二號一樣，但也同樣有可能——不幸的是可能性更高——做得很不好，結果讓大多數小生物的生活情況比較類似兔子一號。

對於爬蟲類和兩棲動物來說，圈養方式付出沉重的代價。也許有些具備相關知識的爬蟲類專家，能提供不會讓這些生物身體上緊張或痛苦的環境，但大多數寵物主人對於處理這些動物帶來的挑戰毫無準備。爬蟲類動物生活在四周都是玻璃牆的環境裡是否還能健康成長，這個問題我留給那些研究爬蟲類動物認知和行為的人。但是一位備受尊敬的行為研究專家戈登·伯格哈特（Gordon Burghardt）相信，沒有任何的圈養環境可以為爬蟲類和兩棲動物帶來適當的刺激，即使是對小型或活動量少的物種也不例外，而我們所能抱持的最佳期待是「受控的剝奪」（controlled deprivation）。[1]

圈養對於鳥類和魚類也很難熬，儘管也許能為他們提供較大的空間，以及相對刺激的環境，但遠比不上無垠的天空或海洋棲息地。至於昆蟲，我們可能會認為他們幾乎沒什麼「豐富的經驗」，因此不是那種會因為圈養或早夭而受到傷害的生物，但是我們學習的昆蟲知識越多，就越了解他們有自己的昆蟲認知複雜形式，必須參與他們同一物種夥伴的社交關係，而且最適合生活在自己獨特的環境裡。我們的同情心可以延伸到這些形式的生命；而且我們從飼養關在籠子裡的昆蟲寵物身上得到的東西很少（他們提供娛樂，但不會跟我們互動或建立社交連結），但他們的損失很多。至於野生動物則根本不應該作為寵物，就這麼簡單。

真的不需要太多照顧或豐富化的環境，就算被圈養也不會產生任何道德問題的是草頭娃娃（仍需定期澆水）和寵物石頭（pet rock）。這些很棒的寵物選項可以提供給一時興起想養寵物的人、渴望養寵物卻不想負責的小孩，或經常旅行的人。（有一家寵物石頭業者說：「這顆連接著USB線的寵物石頭，將是你忠實的好朋友，它不需要水或食物，也不會讓你家一團亂，卻永遠會以石頭沉默的方式關愛你。」）另一個對兒童（成人也很喜歡）來說很好的替代品是電子寵物，像是菲比精靈（Furby）、Aquabot金魚、掌上型電子寵物電子雞（Tamagotchi），或是虛擬寵物像是線上軟體FooPets（「領養他們、飼養他們、愛護他們。」）。[2]你可能會以為我在開玩笑，但是我相當認真，這些玩具滿足了人類某種程度的飼養寵物衝動，卻不會傷害到真正的動物，一旦「主人」失去興趣，大家都不會受傷。有些人可能會大力反對，認為促銷這些不真實的寵物是餿主意，因為這加強了寵物是玩具的想法，不過從另一個角度來看也強化了以下的概念：真實的動物有自己的生活，有複雜的需求，不該拿來販售作為提供我們娛樂的對象。

第四十五章 提供更好的保護

不被任意殺害、免受酷刑和被奴役、不被任意處罰等，這些人人都應享有的基本權利，對寵物來說卻一項一項遭到剝奪，真是讓人吃驚。我希望有朝一日，人類不是在法律上唯一受到實質保障的動物，但是，如果我們對於動物的道德價值無法達成共識，在保護動物方面就不會有什麼進展，而這個共識似乎仍有一段很長的路要走。舉例來說，根據動物分析協會（Faunalytics，也就是之前的人道研究委員會（Humane Research Council））最近蒐集的資料，只有三五％的人高度支持「減少並進而消除一切形式的動物虐待和痛苦」這項目標，只有大約一半的受訪者認為，在一般情況下人類有義務避免傷害動物。[1] 如同先前提到的寵物產業調查，動物分析協會的資料確實只以少數人為樣本，我們只能希望這個調查結果也是受到扭曲。

這些令人痛心的數字（儘管實際的數字也許更糟糕）代表至少在短期內，動物對於人類過分的行為仍無招架之力。

寵物主人的權利暫時受到良好的保護，然而在我們目前的環境中，能不能也想一些方法讓寵物得到更完善的保護呢？下面列舉的巨大改變都能提供更進一步的保護。

要求所有飼主具有寵物的登記證。

立法限制或禁止販售活體動物。

立法規範跨國和跨州運送活體動物。

聯邦法律特別禁止販售壓碎影片和一般動物色情片。

州法律懲罰性侵動物者（不限於致命或導致嚴重傷害的性侵犯）。

對於繁殖業者提供更嚴密和更頻繁的檢查。

對於動物批發業者提供更嚴密和更頻繁的檢查。

提高寵物產業的透明度，例如確認待售動物的來源。

提高收容所產業的透明度。

州法律要求所有安樂死執行人員至少接受八小時的訓練。

對於揭發企業虐待動物的人士，保障其言論自由。

要求獸醫呈報（例如虐待、性侵事件）。

將虐待動物與虐待伴侶、孩子、老人的呈報系統結合／統整在一起。

設置全國虐待或性侵動物的罪犯名單資料庫，公開讓大眾檢索。

媒體更常（且以更負責任的方式）報導動物犯罪。

將更多的社會資源（如稅收）用在收容所、動物管制單位和調查虐待動物事件的人員。

由州政府指定的律師在法庭上代表動物辯護。

要求學校開設人道教育課程。

立法規定未能及時讓寵物接受醫療服務，則違反動物福利法規。

立法規定飼主若因某一個人而失去了寵物，則可向其索取精神痛苦損害賠償金。

立法規定「方便安樂死」為虐待動物罪行。

加強管理寵物食品業，包括嚴格檢查產品成分、提高來源和成分的透明度、能提醒消費者產品回收的良好機制。

上述的建議中，有一些在政治和文化上比較容易施行，不過其實每一項都可以達成，也都有助於改善寵物目前深陷的無力處境。[2]

第四十六章 正名運動

我在這本書開頭說過，直到本書結束前，都會使用寵物伴侶文化裡的既定詞彙，特別是「寵物」和「主人」這兩個詞，因為這些用語最能確切反映出我們與動物的現況，而說「寵物繁殖場」或「將活體生物安置在倉庫內」，聽起來似乎很奇怪，至於「朋友出售，要價兩百美元」，聽起來的感覺如何呢？

哲學家希拉蕊．包克（Hilary Bok）認為，除非等到我們的行為改變，否則必須繼續使用能確切反映事實的語言。而事實是許多飼養動物的人，不論從任何有意義的角度來看，都不是寵物的監護人或照顧者，他們對待動物就像物品一樣，甚至更糟，在寵物產業裡動物就像商品般買賣。包克說：「那些反對在法律上將動物視為財產的人，提議該改變詞彙（從「主人」變成「監護人」），在我看來，就像是希望藉由『奴隸照顧者』取代『奴隸主人』這種詞彙的改變，來抗議奴隸制度的存在一樣誤導人：因為這種做法模糊了焦點，讓人看不清原本意圖改善的議題。」[1]

雖然我同意包克的說法，但我也認為使用不同的語言可以幫助我們改變事實。正如沃爾特．李普曼（**Walter Lippmann**）指出，我們是先給出定義，然後再去看事實。[2]我們一點一點地轉變看到的東西和說話的方式，眼睛所見和口語表達都會在同情心的發揮下而改變。我們會經歷越來越多混亂的時刻，詞彙的不足刺激我們去感受動物究竟是誰，我們變得能敞開心胸，接受新的可能性。

活躍分子和哲學家為了動物朋友的利益，一直嘗試以一些方法改變我們的語言，以下我提供的都不是創新的想法——全都是過去幾十年來由其他人在其他情況下提出的建議。但是，我們談話的方式並未出現真正的轉變，所以必須繼續努力，語言的改變並不限於寵物，因為我們必須改變談論一般動物的方式，就像我們嘗試用新方式說話一樣，有時候這些詞彙聽起來會不對勁或不自然。

寵物。「寵物」是一種委婉說法，我們可能很開心地假設**寵物**是指被愛的動物；但他們也是被人類剝削以獲得經濟利益、性刺激或情感自我實現的動物。「寵物」的功能像是「肉」，讓動物分不清自己是誰，也看不見自己的獨特性。

「寵物」當然是一種表示愛意的暱稱，在我們毛茸茸的朋友耳邊輕聲說「我的寵物」也許沒問題，但是在比較公開的場合和書面資料上，使用另一個像是「寵物伴侶」的詞彙可能會更好。不過，即使是「寵物伴侶」也會有問題，因為它暗指可以根據人類的用途而將動物分類，因此，究竟是當作人類的「伴侶」還是「食物」決定了動物的命運。基於這個原因，有些人跟我一樣喜歡「寵物伴侶」這個詞。

我喜歡「伴侶」，也喜歡「朋友」，因為這兩個詞傳達出這段關係裡重要的部分，雖然我一再陳述「寵物是家人」的想法遭到濫用，但是我還是喜歡用「家人」一詞。用家人來比喻人和動物的關係，會比物品和主人的表達方式健康得多，有問題的是濫用以及貶低了寵物是家人的概念，而不是家人這個詞本身。

飼主（主人）。「飼主」在技術上來說算是精確，但很多人覺得在道德上不妥，認為對另一個生物享有所有權是種暴力行為。美國有些政府單位已經將飼主這個詞變成了「監護人」或「飼主／監護人」，這種法律術語的轉變非常有用，可以全面推動。很多人似乎都能接受「父母」一詞，但絕對不會讓每個人都滿意，伴侶、保護者、照顧者等詞彙，在不同的情境下都可以用。也許「飼主」應該選擇一種自己感覺最舒服的詞來代替，或者如果堅持要使用「飼主」的話，每次說的時候就要搭配手指在空中加引號的手勢，以這種惱人的表達方式凸顯出我們對這個概念不太滿意。然而，瑪雅是我的財產這個事實不全然是件壞事，就實際情況而言，反而是好事，因為沒有人可以把她從我身邊帶走。只要動物被視為是財產，就無法像「人」一樣獲得法律上的保障，但財產的身分能為他們提供少許的保障。

牠。動物不是沒有性別的物品，使用「他」和「她」比「牠」更進一步，「誰」比「那個」、「什麼」更適合。（因此，不是說你去寵物商店買了**什麼**，而是說你買了**誰**。）

母狗（譯注：英文用母狗（bitch）一詞罵女人是婊子）**和其他侮辱動物的詞彙**。如果能不用動物來侮辱人會是件好事，這可能看起來在吹毛求疵，但想想看，過去人們口中用來侮辱種族或性別的詞語，現在聽起來多麼刺耳：kike（譯注：對猶太人歧視的稱呼）、黑鬼（nigger），或是用女性生殖器cunt一詞來稱呼女人。光是在鍵盤上把這些詞打出來就很難受，同樣地，物種歧視加強了對於動物和人類的刻板印象（「bitch」既是物種歧視也是性別歧視），表達出我們的厭惡和不屑。如果有一天，以動物來侮辱人會讓人覺得很不舒服，那就太好了，如果我們真的覺得有必要侮辱某人，還是有很多與動物無關的替代詞。另外，我們可能要再思考一下其他比喻性的表達方法：像是「他表現得像一隻動物」（沒有道德）、「他們的生活像動物一樣」（汙穢骯髒），或是「她像動物一樣死去」（孤單、痛苦、沒有人發現她死亡）。

安樂死。如果我們還要繼續使用這個詞，就該用在實際的情況，也就是我們為了減輕寵物伴侶臨終時無法治療的病痛，而加速了死亡的過程。在其他情況下，以「安樂死」作為委婉的說法，會造成我們的文化否定了動物的痛苦。「撲殺」讓人聽了不舒服，但這件事本來就是如此。

正名運動的最後一部分是：我們必須為了保護寵物而發聲，我們要對自己說的話和沒說的話負責，沉默代表了一種形式的默許，正如西方的諺語所說：「沉默視為同意。」（*Qui tacet consentire videtur.*）

第四十七章
飼養寵物是否合乎道德？

道德議題的呈現方式常常是得在對錯之間做選擇：你贊成或反對某件事。但有些道德難題不適用於這個小小的對錯框架，而飼養寵物就是其中之一。我希望你讀完整本書後，會比翻開第一頁時變得更不確定飼養寵物是否合乎道德，若是如此，那我就成功了。

許多關於飼養寵物的事情應該讓我們停下來思考，數百萬隻寵物在受苦，不只是貓和狗、還有各式各樣大大小小的生物。目前人類對待寵物的惡行包括大量的虐待、性剝削、每年撲殺數百萬隻被棄養的寵物、用完即丟的動物文化、殘忍的繁殖做法、為了販售而將動物安置在倉庫裡，導致極高的死亡率、將垃圾當作寵物食品來促銷、將動物終生獨自拘禁，使其感受到無聊和挫折等。如果我們不提出抗議，沉默就代表認同，要是我們繼續保持緘默，就等於同意或選擇忽略現狀。

對於寵物伴侶的愛，能敦促我們更進一步檢視飼養寵物這件事對**他們**的意義，一旦檢視完之後，就得站出來說話，而只要是涉及到動物福利，人們都很難聽得進去，所以我們必須以清澈響亮的聲音說出來。

我們和許許多多的動物都搭上了飼養寵物的潮流，希望這股浪潮已經到達了巔峰，現在產業成長的步調可以慢慢趨緩，減少動物的數量，開始以實際的方式評估損害。我不會幻想飼養寵物這件事消失不見，但我希望它受歡迎的程度下降，不那麼有利可圖，變得對動物更有同情心且更友善。

我們知道如何做好這件事。飼養寵物的正面效應環繞在我們身邊，可以看到人和動物建立不尋常和親密的友誼關係，而且人們願意為動物提供安全又溫暖的家。關於飼養寵物這件事，我自己的最佳例證，就是此刻辦公室裡這些在我身後的動物，貝拉蜷縮在綠格子狗床鋪上，瑪雅蜷縮在藍色狗床鋪上，把頭夾在腿下像隻企鵝，索爾坐在一張辦公椅上，仔細地清理他的腳趾。我們需要動物，也從與他們的互動中受益，我希望他們（在最好的情況下）也可以從與我們的關係中受益。能不能想像有個世界是我們與動物生活在一起，關係密切，但不會對他們造成傷害？我希望如此。當然，這樣的世界若要存在，人們就必須有機會與動物互動，而且培養對他們的同理心。

伊莉莎白．托瓦．貝莉（Elisabeth Tova Bailey）在《蝸牛教我慢慢活》（*The Sound of a Wild Snail Eating*）書中提到的親身經歷，就是建立同理心的好例子。這隻小小的林地蝸牛住在她臥室的植物上，並不是她強行把蝸牛帶回家，而是因為貝莉生病了，她的朋友在樹林裡挖些植物放進花盆要給她，這隻蝸牛在相當偶然的情況下搭了便車。這隻軟體動物仍能在貝莉提供的縮小版棲息地「自由」活動，她藉由觀察這個訪客和深入研究這種生物的自然歷史及行為，意識到蝸牛的美和蝸牛棲息地的迷人世界。蝸牛依然是自己生活的主人，正因如此，貝莉從這隻寵物伴侶身上學到更多東西，後來她把蝸牛放回森林，在她心中已經和蝸牛建立了密切的連結，培養出的同理心不只運用在「自己的」蝸牛身上，也擴及到所有的軟體動物，更延伸至家門外的森林裡之前被她忽略的世界。生活在自己世界裡的蝸牛，會比在我們設計的人工環境裡更有趣（和更快樂），而且能帶來更多的驚奇，也更能教會我們如何變得更有同情心。

人類渴望與其他動物建立關係、觀察他們、進入他們的世界，這些都是飼養寵物的核心，這種想要連結的衝動對於教育我們自己和孩子似乎極為重要，也許我們需要質疑的不是飼養寵物本身，而是飼養寵物的一些形式。把動物關在籠子裡，拿出來觀察或摸一摸再放回去，是我們最熟悉的飼養寵物的模式，也是寵物產業推廣的模式，但這只是一種可能的做法。事實上，也許這種飼養寵物的形式，除了讓那些出售寵物和寵物商品的商人大發利市外，並不能滿足任何人的利益。我們可能會覺得籠子裡的動物索然無味——只能呆坐在那裡（這是他們唯一能做的事），難怪孩子會對他們的倉鼠和金魚不耐煩。如果我們能發現動物和人類世界間自然的交集之處，那麼我們或許會喜歡這些較不人工、更充滿活力的接觸時機，因為在這種情況下動物保有本身的完整性。

我把採取行動的決定權留給你，改變要先從認知開始，我們可以藉由更了解本書提出來的各種議題（範圍包括個人飼養寵物一直到全球寵物產業），開始對自己的寵物，以及和我們與動物一起生活的廣大社區，做出更謹慎的決策。我們可以透過一些方式來改變現狀，例如教育、審慎制定與動物照顧相關的決策、積極努力防範虐待、忽視和遺棄等。認知也會產生同情，這可能需要我們在更深更廣的層面上大力宣傳，行動和不行動都會對我們的寵物和寵物產業產生結果。我要留給你的問題是：你希望在這一切當中如何定義自己的角色？你希望帶來什麼改變？

注釋

本注釋所提及之書籍暨研究報告完整資訊，請詳後附之參考書目。

第三章

1. 有關家畜概論，see Francis, *Domesticated.*
2. Daniels and Bekoff, “Domestication, Exploitation, and Rights.”
3. 狗的部分，see, e.g., Derr, *How the Dog Became the Dog*; and Range and Viranyi, “Tracking the Evolutionary Origins of Dog-Human Cooperation: The ‘Canine Cooperation Hypothesis.’”；貓的部分，see Hua et al., “Earliest Evidence for Commensal Processes of Cat Domestication” ; and Driscoll et al. “The Taming of the Cat.”
4. Wilkins, Wrangham, and Fitch, “The ‘Domestication Syndrome.’”

第四章

1. See, e.g., DeLoache, Pickard, and LoBue, “How Very Young Children Think”; and Melson, *Where the Wild Things Are*.
2. Serpell, *In the Company of Animals*, and “Pet-Keeping and Animal Domestication.”瑟佩爾或有可能言過其實。

See, e.g., Herzog, "Biology, Culture,and the Origins of Pet-Keeping."
3. Serpell, "Pet-Keeping and Animal Domestication," 13.
4. 同上。
5. Julius et al., *Attachment to Pets*, 32–33.
6. Tuan, *Dominance and Affection*, 1–2.
7. 同上，第五頁。

第六章

1. Barker and Barker, "Human-Canine Bond."
2. Shir-Vertesh, "Flexible Personhood."
3. Nagasawa et al., "Oxytocin-Gaze Positive Loop and the Coevolution of Human-Dog Bonds"; Archer and Monton, "Preferences for Infant Facial Features in Pet Dogs and Cats"; and Bradshaw and Paul, "Could Empathy for Animals Have Been an Adaptation in the Evolution of *Homo sapiens*?"
4. Beck and Katcher, *Between Pets and People*, 57.
5. Robin and ten Bensel, "Pets and the Socialization of Children."
6. "Woman Misses the Affection That Fiance Shows to Pets," Dear Abby, *Longmont Times-Call*, March 2, 2015.
7. See, e.g., Bowen, *Family Therapy*.
8. Harker, Collis, and McNicholas, "Influence of Current Relationships."

9. 根據一項最新針對實證數據進行的檢視，很難證明有關寵物伴侶有助於減緩孤寂感的假設。絕大部分宣稱動物有助於治療孤寂的研究都存在瑕疵或效力不足。Gilbey and Tani, "Companion Animals and Loneliness."

第七章

1. Mellor, Patterson-Kane, and Stafford, *Sciences of Animal Welfare*, 125.
2. Alderman, *The Book of Times*, 18.

第八章

1. Quoted in de Laroche and Labat, *Secret Life of Cats*, 86.
2. Mayo Clinic, "Are Your Pets Disturbing Your Sleep? You're Not Alone," *ScienceDaily*, June 3, 2014, www.sciencedaily.com/releases/2014/06/140603193830.htm.
3. 某些狗在床上會具有攻擊性是無庸置疑的。然而，跟床有關之攻擊行為的解釋卻充滿爭議。許多行為學家斷言，允許狗上床會讓他對於群組階級產生混淆，可能促成他覺得自己在家中地位高漲的想法。此說引發了一個有關於用「群組階級」的比喻來描述人類與犬科動物間的社會關係是否合適，以及「支配」這個詞應該如何解讀的有趣論戰。請見如美國愛護動物協會有關支配、階級和攻擊的討論："Is Your Dog Dominant?" https://www.aspca.org/pet-care/virtual-pet-behaviorist/dog-behavior/your-dog-dominant；有關「支配」方面的行為解釋，也請見美國愛護動物協會："Position Statement on the Use of Dominance Theory in

Behavior Modification of Animals," http://avsabonline.org/uploads/position_statements/Dominance_Position_Statement_download-10-3-14.pdf, 2008；以及狗兒訓練福利機構（Welfare in Dog Training）："What's Wrong with Using 'Dominance' to Explain the Behavior of Dogs," http://www.dogwelfarecampaign.org/why-not-dominance.php.

第九章

1. Vrontou et al., "Genetic Identification of C Fibres."
2. Ramos et al., "Are Cats More Stressed?"

第十章

1. Meints, Racca, and Hickey, "How to Prevent Dog Bit Injuries."
2. See, e.g., Hare and Tomasello, "Human-Like Social Skills"; and Téglás et al.,"Dog's Gaze Following."
3. Takaoka et al., "Do Dogs Follow Behavioral Cues from an Unreliable Human?"如有興趣了解有關狗與人之間的溝通以及狗的社會認知，不妨瀏覽此文章的參考書目。
4. Pongrácz et al., "Do Children Understand."
5. Mariti et al., "Perception of Dogs' Stress."
6. See, e.g., Mills, van der Zee, and Zulch, "When the Bond Goes Wrong," 235.
7. 同上，第二三六頁。

8. Grandin and Johnson, *Animals Make Us Human*, 74.
9. 有關老鼠行為的概論，see Anne Hanson, "Glossary of Rat Behavior Terms," last updated June 10, 2008, http://www.ratbehavior.org/Glossary.htm.
10. Williams, *Ask Your Animal*, 35.

第十一章

1. American Pet Products Association, "Pet Industry Market Size and Ownership Statistics," http://www.americanpetproducts.org/press_industrytrends.asp.

第十二章

1. DeLoache, Pickard, and LoBue, "How Very Young Children Think"; and Melson, *Why the Wild Things Are*.
2. Lorenz, "Waning of Humaneness," 208, quoted in Serpell and Paul, "Pets and the Development of Positive Attitude," 138.
3. 有篇不錯但有點過時的寵物伴侶與孩童發展的研究綜覽，see Endenburg and Baarda, "The Role of Pet in Enhancing Human Well-Being: Effects on Child Development."
4. Mueller, "Is Human-Animal Interaction?"; 也請見*ScienceDaily*中有關此研究的文章：Tufts University, "Caring for Animals May Correlate with Positive Traits in Young Adults," *ScienceDaily*, January 31, 2014, http://www.sciencedaily.com/releases/2014/01/140131230731.htm.

5. Poresky, "Young Children's Empathy"; see also Beetz, "Empathy as an Indicator," 50.
6. Serpell and Paul, "Pets and the Development of Positive Attitude," 139.
7. See, e.g., Paul, "Empathy with Animals and with Humans: Are They Linked?"

第十四章

1. Alexandra Sifferlin, "Why Having a Dog Helps Keep Kids Asthma-Free,"*Time*, June 20, 2012, http://healthland.time.com/2012/06/20/why-having-a-dog-may-keep-kids-asthma-free; Cesar Millan, "Your Dog Can Be the Secret to Weight Loss," Cesar's Way, http://www.cesarsway.com/dog-training/exercise/Your-Dog-Can-Be-The-Secret-To-Weight-Loss; Jeanie Lerche Davis, "Five Ways Pets Can Improve Your Health," WebMD Feature Archive, http://www.webmd.com/hypertension-high-blood-pressure/features/health-benefits-of-pets).
2. Headley and Grabka, "Health Correlates of Pet Ownership."
3. 同上，第一五五頁。
4. Selhub and Logan, *Your Brain on Nature*, 146.

第十五章

1. 近期參考資料，see Stull, Jason, Brophy, and Weese, "Reducing the Risk of Pet-Associated Zoonotic Infections."
2. Hanauer, Ramakrishnan, and Seyfried, "Describing the Relationships between Cat Bites and Human Depression."
3. Weese and Fulford, *Companion Animal Zoonoses*, viii.

4. 如有興趣了解更多，以下來源可供參考：Companion Animal Parasite Council ("CAPC Recommendations," http://www.capcvet.org/capc-recommendations), National Collaborating Centre for Environmental Health (Angela Smith and Yvonne Whitfield, "Household Pets and Zoonoses," January 2012, http://ncceh.ca/sites/default/files/Household_Pets_Zoonoses_Jan_2012.pdf), and Centers for Disease Control ("Keeping Pets Healthy Keeps People Healthy Too!" last updated July 1, 2015, http://www.cdc.gov/healthypets/).

第十六章

1. 某些法律學者會將未進行必要性獸醫護理視為觸犯虐待動物條例。See, e.g., Hankin, "Making Decisions about Our Animals' Health Care"; and Coleman, "Man['s Best Friend] Does Not Live by Bread Alone."

第十七章

1. Bradshaw, "The Evolutionary Basis for Feeding Behavior."
2. Thurston, *Lost History*.
3. Tegzes et al., *Just Food for Dogs*, 8.
4. Michael Myers, "CVM Scientists Develop PCR Test to Determine Source of Animal Products in Feed, Pet Food," *FDA Veterinarian Newsletter* 19, no. 1 (January/February 2004), https://archive.is/uEie.
5. Kawalek et al., "Effect of Oral Administration."

第十九章

1. McMillan, "Stress-Induced Emotional Eating."

第二十章

1. Cinquepalmi et al., "Environmental Contamination by Dog Faeces," 72.
2. Lowe et al., "Environmental and Social Impacts of Dog Waste."

第二十一章

1. Centers for Disease Control and Prevention, "Preventing Dog Bites," last updated May 18, 2015, http://www.cdc.gov/features/dog-bite-prevention/index.html; American Veterinary Medical Association, "Infographic: Dog Bites by the Numbers," 2015, https://www.avma.org/Events/pethealth/Pages/Infographic-Dog-Bites-Numbers.aspx.
2. 想要稍微了解圍繞著比特犬及其危險性而起的戰火的話，只要上Google查一下「比特犬」即可。就特定案例而言，可參考以下單位所載的研究：Animal Farm Foundation website (http://www.animalfarmfoundation.org/pages/Breed-Specific-Legislation) with Merritt Clifton's "Dog Attack Deaths and Maimings, U.S. and Canada September 1982 to November 13, 2006" (http://dogbitelaw.com/images/pdf/Dog_Attacks_1982-2006_Clifton.pdf). 至於收容中心人員靠眼睛辨識品種的不可靠性議題，由Dr. Victoria Voith所做的研究非常中肯：http://nationalcanineresearchcouncil.com/breed-identification-1/.
3. Lakestani, Donalson, and Waran, "Interpretation of Dog Behavior."

4. Meints, Racca, and Hickey, "How to Prevent Dog Bit Injuries."
5. 有關如何維持孩子和狗的安全，Robin Bennett的網站有絕佳資訊："Why Supervising Dogs and Kids Doesn't Work," August 19, 2013, http://www.robinkbennett.com/2013/08/19/why-supervising-dogs-and-kids-doesnt-work/.

第二十二章

1. Bukowski and Wartenberg, "An Alternative Approach."
2. "Breaking New Ground on Toxins in Pets," Environmental Working Group, http://www.ewg.org/successes/2008/breaking-new-ground-toxins-pets.
3. Norrgran et al., "Higher PBDE Serum Concentrations."
4. De Silva and Turchini, "Towards Understanding the Impacts."
5. 寵物數量估計："Pet Industry Market Size and Ownership Statistics," http:// www.americanpetproducts.org/press industry trends.asp；手機數量取自一份產業調查，報導載於*Washington Post* (Cecilia Kang, "Number of Cellphones Exceeds U.S. Population: CTIA Trade Group," *Technology* [blog], *Washington Post*, October 11, 2011, http://www.washingtonpost.com/blogs/post-tech/post/number-of-cell-phones-exceeds-us-population-ctia-trade-group/2011/10/11/gIQARNcEcL blog.html).
6. Ghirlanda, Acerbi, and Herzog, "A Case Study in Media Influence on Choice."
7. Bush, Baker, and MacDonald, "Global Trade in Exotics."

8. Baker et al., "Rough Trade."

第二十三章

1. 這些數據來自美國寵物用品協會。各種珍禽異獸物種的數字也查得到。美國獸醫協會的估計值比較低：七千萬隻狗、七千五百萬隻貓、八百萬隻鳥等等。美國獸醫協會的資料日期為二〇一二年，美國寵物用品協會則為二〇一四年。但時間落差或許不足以說明數字的差異。並無詳細資料說明各組織如何蒐集得來這些數據，很難論斷哪一個比較準確以及何以差異如此之大。會不會是美國寵物用品協會的數字灌水，好吹噓他們把寵物伴侶拿來當產品賣了多少數量？美國寵物用品協會的數據可參考："Pet Industry Market Size and Ownership Statistics," http://www.americanpetproducts.org/press_industrytrends.asp. 美國獸醫協會的數據在此："U.S. Pet Ownership Statistics," https://www.avma.org/KB/Resources/Statistics/Pages/Market-research-statistics-US-pet-ownership.aspx.
2. Warwick, "The Morality of the Reptile Trade," 79.
3. 同上，查照其他參考清單。
4. Kis, Huber, and Wilkinson, "Social Learning by Imitation."
5. Warwick, "The Morality of the Reptile Trade," 78.
6. 同上，第七十九頁。
7. Mazorlig, "Small Tanks," 92–93.
8. Aydinonat et al., "Social Isolation."

9. Douglas Quenqua, "An Idyllic Picture of Serenity, But Only If You're Not Inside," *New York Times*, December 26, 2011, http://www.nytimes.com/2011/12/27/science/fish-in-small-tanks-are-shown-to-be-much-more-aggressive.html.
10. Horowitz, "*Canis familiaris*."
11. 同上，第十一至十二頁。
12. 同上，第十三頁。
13. 同上，第十六頁。
14. See Palmer and Sandøe, "For Their Own Good."
15. Sonntag and Overall, "Key Determinants," 217.

第二十四章

1. Wemelsfelder, "Animal Boredom," 81.
2. 同上，第八十三頁。
3. 同上，第八十四頁。
4. 同上，第八十一頁。
5. 同上。
6. 同上，第八十五頁。

第二十五章

1. Jonathan Bullington, "Niles Man Left Dog Unattended for Almost Two Months," *Chicago Tribune*, March 19, 2014, http://articles.chicagotribune.com/2014–03–19/news/ct-niles-animal-cruelty-arrest-tl-20140319_1_niles-man-niles-police-news-release-apartment-building.
2. 依附和分離之間的連結很複雜，雖然美國許多狗的焦慮問題，顯然主要是來自於分離焦慮，但是若要解讀狗的行為背後的主要原因，則要謹慎為之。米爾斯（Mills）、凡德澤（van der Zee）和祖爾奇（Zulch）指出，「分離焦慮」推論出來的結果是潛藏在問題底下的認知和情緒過程，但這個推論可能並不正確。例如主人不在時，一隻持續咬家中所有家具的狗可能有分離焦慮，不過，另一種可能原因是，他因為被關在屋子裡感到挫折而引發咬家具的動機〔就是傑克．潘克沙普（Jaak Panksepp）在《情緒神經科學》（*Affective Neuroscience*）一書提到的**憤怒**〕。破壞可能跟壓力毫無關聯，而是與積極**尋求**情感系統有關。Mills, van der Zee, and Zulch, "When the Bond Goes Wrong," 235.
3. Previde and Valsecchi, "The Immaterial Cord," 178.
4. 同上。

第二十六章

1. Emily Thomas, "This Collie Lost Lower Jaw, Nearly Died from Gunshot Wound." *Huffington Post*, March 21, 2014, http://www.huffingtonpost.com/2014/03/21/collie-lower-jaw-lad-gunshot-_n_5008200.html.

2. "Man Tries to Get Dog to Bite Bystanders by Kicking and Punching Dog," Examiner.com, February 12, 2014, http://www.examiner.com/article/man-tries-to-get-dog-to-bite-bystanders-by-kicking-and-punching-dog?CID=examiner_alerts_article.
3. "NJ Man Charged after Dragging Dog Tied to Car," *NBC New York*, March 31, 2014, http://www.nbcnewyork.com/news/local/Man-Charged-After-Dragging-Dog-Tied-to-Car-New-Jersey-253102191.html.
4. "Man Says He Killed Dog Because She 'Looked at Him Funny,'" *First Coast News*, March 7, 2014, http://www.firstcoastnews.com/story/news/local/2014/03/07/man-kills-adopted-dog/6172801/.
5. Sinclair, Merck, and Lockwood, *Forensic Investigation*, 1.
6. Revised Code of Washington, sec. 16.52.205, "Animal Cruelty in the First Degree," http://apps.leg.wa.gov/rcw/default.aspx?cite=16.52.205.
7. Jessica Wilder, "Man Accused of Blowing up Dog Not Charged with Animal Cruelty," ABC News, August 6, 2013, http://abcnews.go.com/blogs/headlines/2013/08/man-accused-of-blowing-up-dog-not-charged-with-animal-cruelty/.
8. Sinclair, Merck, and Lockwood, *Forensic Investigation*, 21.
9. Vermeulen and Odendaal, "Proposed Typology," 7.
10. Carlisle-Frank and Flanagan, *Silent Victims*, 79.
11. 同上，第七十七頁。
12. 同上，第七頁。

13. Mark Derr, "When Did You Stop Kicking, Hitting Your Spouse, Dog, Child?" *Psychology Today* (blog), October 22, 2014, https://www.psychologytoday.com/blog/dogs-best-friend/201410/when-did-you-stop-kicking-hitting-your-spouse-dog-child.

第二十七章

1. 麥克米蘭一直大力倡導人們要正視動物的精神痛苦和福利。See, e.g., McMillan, "Emotional Maltreatment," 174.
2. 同上，第一七一至一七二頁。

第二十九章

1. Patronek, "Animal Hoarding," 222.
2. 同上，第二二七頁。
3. 同上，第二三一頁。

第三十章

1. Akhtar, *Animals and Public Health*.
2. See also Gullone, "An Evaluative Review," for a recent review of the research.
3. Akhtar, *Animals and Public Health*, 30.
4. Phil Arkow, "The 'Link' with Domestic Violence," http://animaltherapy.net/animal-abuse-human-violence/the-

link-with-domestic-violence/.

5. Akhtar, *Animals and Public Health*, 39–42.

第三十一章

1. Lesy, *The Forbidden Zone*, 4.
2. 關於各州對於安樂死法規的摘要介紹，請見下列網站："Summary of Each State's Laws on Euthanasia," American Veterinary Medical Foundation, last updated May 5, 2015, https://www.avma.org/Advocacy/StateAndLocal/Documents/euthanasia_laws.pdf.

第三十二章

1. "Destroying the Dogs," *New York Times*, July 6, 1877.
2. 賴瑞．卡本（Larry Carbone）大力鼓吹這種論調（*What Animals Want*, 202）。
3. 各式各樣的哲學家，針對生不如死的議題和死亡帶來的傷害，寫了許多論述，這些討論很有趣且實用，請參考下列資料：Carruthers, *The Animals Issue*; Regan, *The Case for Animal Rights*; DeGrazia, *Taking Animals Seriously*; and Sapontzis, *Morals, Reasons, and Animals*.
4. Wright, "Why Must We Euthanize," 7–8.
5. McMahan, *The Ethics of Killing*, esp. 199–203.
6. 同上，第二〇三頁。

7. Brestrup, *Disposable Animals*, 44.

第三十三章

1. Pierce, *The Last Walk*.

第三十四章

1. "Pets by the Numbers," Humane Society of the United States, January 30, 2014, http://www.humanesociety.org/issues/pet_overpopulation/facts/pet_ownership_statistics.html.
2. Hoffman, Creevy, and Promislow, "Reproductive Capability."
3. Kustritz, "Determining the Optimal Age."
4. Torres de la Riva et al., "Neutering Dogs."
5. Milani, "Canine Surgical Sterilization," 924.
6. 同上。
7. 數字來源請見下列參考資料：Peter Marsh, from Merritt Clifton's work: "Replacing Myth with Math: Using Data to Design Shelter Overpopulation Programs," chap. 1, 2010, http://www.shelteroverpopulation.org/SOS_Chapter-1.pdf.
8. Kustritz, "Determining the Optimal Age."
9. Rollin, *Animal Rights*.

10. See Peeters and Kirpensteijn, "Comparison of Surgical Variables"; and DeTora and McCarthy, "Ovariohysterectomy versus Ovariectomy."
11. Alliance for Contraception in Cats and Dogs, "Zeuterin™/Esterisol™: Product Profile and Position Paper," June 2014," http://www.acc-d.org/docs/default-source/Research-and-Innovation/pppp-zeuterinesterilsol-revised-june2015-for-web.pdf?sfvrsn=2.
12. Armbruster, "Into the Wild," 43, 46.

第三十五章

1. "Puppy Mill FAQ," American Society for the Prevention of Cruelty to Animals, http://www.aspca.org/fight-cruelty/puppy-mills/puppy-mill-faq.
2. "WhatEveryoneNeedstoKnowaboutHunte," http://www.thehuntecorporation.com/.
3. "Undercover at the Hunte Corporation," Companion Animal Protection Society, 2004, http://www.caps-web.org/rescues/item/656-undercover-at-the-hunte-corporation.
4. Brandow, *A Matter of Breeding*.

第三十六章

1. 關於收容所安樂死的統計數據很難詮釋，這一直是不爭的事實。最新的統計資料是二〇一四年，貓、狗在收容所裡死亡的數量下降到二百七十萬隻，創六十年來最低紀錄。但這些較低的數字，可能只代表動物死亡的地方和執行安樂死的單位改變了。例如，以往設陷阱獵捕流浪貓後，帶回收容所安樂死，但是現在改由越來越多的「野生動物危害防治」公司處置，像是這部分的數據就不會呈報。若想得知相關數據，麥力特．克里夫頓（Merritt Clifton）的網站 Animals-24/7 提供了完整的收容所統計資料。相關統計資料請參考下列網站：Merritt Clifton "Reord Low Shelter Killing Raises Both Hopes and Questions," November 14, 2014, http://www.animals24–7.Org/2014/11/14/record-low-shelter-killing-raises-both-hopes-questions/.

2. Paul Leach, "Dogs 'Rescued' from Cleveland Shelter Sent to 'House of Horrors,'" *Chattanooga Times Free Press*, February 20, 2014, http://www.timesfreepress.com/news/local/story/2014/feb/20/dogs-from-cleveland-rescue-seized-in-morristown /132243/.
3. "Executive Director of ARF Found Dead in Car with 31 Dogs," Examiner.com, November 8, 2013, http://www.examiner.com/article/executive-director-of-arf-found-dead-car-with-31-dogs?cid=taboola_inbound.
4. Leigh and Geyer, *One at a Time*, 52.
5. 同上，第五十三頁。
6. 同上，第五十二頁。
7. 同上。
8. "Pet Care Costs," American Society for the Prevention of Cruelty to Animals," https://www.aspca.org/adopt/pet-care-costs.

9. "Man Found Traveling with 62 Dogs by Minivan," January 2014, http://www.nbc4i.com/story/24429277/man-found-traveling-with-62-dogs-by-minivan.（頁數已不可考。）

第三十七章

1. "To Hell and Back: A Journey Inside the Pet Trade," PETA, http://features.peta.org/pettrade/.
2. Ashley et al., "Mortality and Morbidity," 308.
3. 同上，第三一七頁。

第三十八章

1. Boncy, "What Tomorrow Brings," 54.
2. 同上，第六十頁。
3. 同上，第五十九至六十頁。
4. 同上，第五十四頁。
5. 同上，第五十九頁。
6. 同上，第六十一頁。在文章最後，寵物產業裡的各種團體，如寵物市場聯合顧問委員會、美國寵物用品協會，以及PetCo和碩騰（Zoetis，銷售動物藥品）等大公司，在財務上贊助人類動物聯結研究計畫（Human Animal Bond Research Initiative），該計畫主要是研究和倡導寵物伴侶對於健康帶來的種種好處。

第三十九章

1. "Your Freedom to Responsibly Own Fish Is at Risk," PIJAC, updated March 25, 2015, http://www.pijac.org/marine.
2. "Dog Ownership ... a Cherished American Tradition," National Animal Interest Alliance, October 3, 2013, http://www.naiaonline.org/articles/article/dog-ownership...-a-cherished-american-tradition.
3. "Frequently Asked Questions," Protect the Harvest, http://protecttheharvest.com/who-we-are/faqs/.

第四十章

1. Hannah: The Pet Society, http://www.hannahsociety.com/.
2. William Grimes, "Cat Café Offers a Place to Snuggle, with Reservations," *New York Times*, January 16, 2015, http://www.nytimes.com/2015/01/16/nyregion/cat-cafe-offers-a-place-to-snuggle-with-reservations.html?_r=0.

第四十一章

1. Bush, Baker, and Macdonald, "Global Trade in Exotics," 665.
2. 同上。
3. 同上。

第四十二章

1. Špinka and Wemelsfelder, "Environmental Challenge."
2. 同上，第二十八頁。
3. 同上，第二十七頁。

第四十三章

1. Young, *Environmental Enrichment*, 76.
2. 同上。
3. 同上，第七十七頁。
4. 本定義來自Wemelsfelder, "Animal Boredom," 87.
5. 同上，第八十七頁。
6. Young, *Environmental Enrichment*, 79.
7. Braithwaite, *Do Fish Feel Pain?*
8. Salvanes et al., "Environmental Enrichment Promotes."
9. Karen Pryor's Clicker Training website: Karen Pryor, "Fish Enrichment," Karen Pryor Clicker Training, December 1, 2004, http://www.clickertraining.com/node/29.
10. Barbara Heidenreich, "Cute Guinea Pigs Play Basketball," December 22, 2013, https://www.youtube.com/watch?v=0461ujOgBy8#t=81.

第四十四章

1. Burghardt, "Environmental Enrichment."
2. FooPets: http://www.foopets.com/.

第四十五章

1. Faunalytics, "Animal Tracker, Year 6," 2013, https://faunalytics.org/feature-article/animal-tracker-year-6/#.（註冊用戶才能取得完整報告。）
2. On legal changes, Phillips, *Defending the Defenseless*; Animal Legal Defense Fund (http://aldf.org/); Born Free USA (http://www.bornfreeusa.org/); and Companion Animal Protection Society (http://www.caps-web.org/).

第四十六章

1. Bok, "Keeping Pets," 791.
2. Lippmann, *Public Opinion*.

參考書目

Aaltola, Elisa. "Animal Suffering: Representations and the Act of Looking." *An-throzoös* 27 (2014): 19-31.

———. *Animal Suffering: Philosophy and Culture*. New York: Palgrave Macmillan, 2012.

Adams, Carol. *The Sexual Politics of Meat: A Feminist-Vegetarian Critical Theory*. Rev. ed. London: Bloomsbury Academic, 2010.

Akhtar, Aysha. *Animals and Public Health: Why Treating Animals Better Is Critical to Human Welfare*. New York: Palgrave Macmillan, 2012.

Alderman, Lesley. *The Book of Times*. New York: William Morrow, 2013.

Alderton, David. *A Petkeeper's Guide to Hamsters and Gerbils*. London: Salamander Books, 1996.

Alger, Janet M., and Steven F. Alger. *Cat Culture: The Social World of a Cat Shelter*. Philadelphia: Temple University Press, 2003.

American College of Veterinary Behaviorists. *Decoding Your Dog: The Ultimate Experts Explain Common Dog Behaviors and Reveal How to Prevent or Change Unwanted Ones*, edited by Debra F. Horwitz, John Ciribassi, with Steve Dale. Boston: Houghton Mifflin Harcourt, 2014.

American Humane Association. *Euthanasia by Injection: Training Guide*. Washington, DC: American Humane Association, 2011.

———. *Operational Guide for Animal Care and Control Agencies: Euthanasia by Injection*. Washington, DC: American Humane Association, 2010.

American Veterinary Medical Association, Task Force on Canine Aggression and Human-Canine Interactions. "A Community Approach to Dog Bite Prevention." *Journal of the American Veterinary Medical Association* 218 (2001): 1732-49.

American Veterinary Medical Association. *AVMA Guidelines for the Euthanasia of Animals: 2013 Edition*. Schaumburg, IL: AVMA, 2013.

American Veterinary Society of Animal Behavior. "Position Statement on the Use of Dominance Theory in Behavior Modification of Animals." 2008. http://avsabonline.org/uploads/position_statements/Dominance_Position_Statement_download-10-3-14.pdf.

Amiot, C., and B. Bastain. "Toward a Psychology of Human-Animal Relations." *Psychological Bulletin* 141, no. 1 (2014): 1-42.

Anderson, David C. *Assessing the Human-Animal Bond: A Compendium of Actual Measures*. West Lafayette, IN: Purdue University Press, 2007.

Anderson, Elizabeth P. *The Powerful Bond between People and Pets: Our Boundless Connections to Companion Animals*. Westport, CT: Praeger, 2008.

Anderson, Patricia K. "Social Dimensions of the Human-Avian Bond: Parrots and Their Persons." *Anthrozoös* 27 (2014): 371-87.

Animal Welfare Institute. *The Animal Dealers: Evidence of Abuse of Animals in the Commercial Trade, 1952-1997*. Washington, DC: Animal Welfare Institute, 1997.

Appleby, Michael C., Joy A. Mench, I. Anna S. Olsson, and Barry O. Hughes, eds. *Animal Welfare*. 2nd ed. Cambridge, MA: CAB, 2011.

Archer, John. "Pet Keeping: A Case Study in Maladaptive Behavior." In *The Oxford Handbook of Evolutionary Family Psychology*, edited by Catherine A. Salmon and Todd K. Shackelford, 281-96. New York: Oxford University Press, 2011.

———. "Why Do People Love Their Pets?" *Evolution and Human Behavior* 18 (1997): 237-59.

Archer, John, and S. Monton. "Preferences for Infant Facial Features in Pet Dogs and Cats." *Ethology* 117 (2011): 237-59.

Arluke, Arnold. *Just a Dog: Understanding Animal Cruelty and Ourselves*. Philadelphia: Temple University Press, 2006.

Arluke, Arnold, and Clinton R. Sanders. *Regarding Animals*. Philadelphia: Temple University Press, 1996.

Armbruster, Karla. "Into the Wild: An Ecofeminist Perspective on the Human Control of Canine Sexuality and Reproduction." In *Ecofeminism and Rhetoric: Critical Perspectives on Sex, Technology, and Discourse*, edited by Douglas A. Vakoch, 39-64. New York: Berghahn Books, 2011.

Ascione, Frank. "Animal/Pet Abuse" In *Encyclopedia of Interpersonal Violence*, edited by Claire M. Renzetti and Jeffrey Edleson, 27-28. Los Angeles: SAGE Publications, 2008.

———. "Bestiality." In *Encyclopedia of Interpersonal Violence*, edited by Claire M. Renzetti and Jeffrey Edleson, 76-77. Los Angeles: SAGE Publications, 2008.

———. "Bestiality: Petting, 'Humane Rape,' Sexual Assault, and the Enigma of Sexual Interactions between Humans and Non-Human Animals." In *Bestiality and Zoophilia: Sexual Relations with Animals*, edited by Andrea M. Beetz and Anthony L. Podberscek, 120-29. West Lafayette, IN: Purdue University Press, 2005.

———. *Children and Animals: Exploring the Roots of Kindness and Cruelty*. West Lafayette, IN: Purdue University Press, 2005.

Ashley, Shawn, Susan Brown, Joel Ledford, Janet Martin, Ann-Elizabeth Nash, Amanda Terry, Tim Tristan, and Clifford Warwick. "Mortality and Morbidity of Invertebrates, Amphibians, Reptiles, and Mammals at a Major Exotic Animal Wholesaler." *Journal of Applied Animal Welfare Science* 17 (2014): 308-21.

Aydinonat, Denise, Dustin J. Penn, Steve Smith, Yoshan Moodley, Franz Hoelzl, Felix Knauer, and Franz Schwarzenberger. "Social Isolation Shortens Telomeres in African Grey Parrots (*Psittacus erithacus erithacus*)." *PLOS One* (April 4, 2014). http://www.plosone.org/article/info%3Adoi%2F10.1371%2F journal.pone.0093839.

Baker, Sandra E., Russ Cain, Freya van Kesteren, Zinta A. Zommers, Neil D'Cruze, and David W. Macdonald. "Rough Trade: Animal Welfare in the Global Wildlife Trade." *Bioscience* 63 (2013): 928-38.

Bamberger, Michelle, and Robert Oswald. *The Real Cost of Fracking: How America's Shale Boom Is Threatening Our Families, Pets and Food*. Boston: Beacon Press, 2014.

Barker, Sandra B., and Randolph T. Barker. "The Human-Canine Bond: Closer Than Family Ties." *Journal of Mental Health Counseling* 10 (1988): 46-56.

Barman, C. R., N. S. Barman, M. L. Cox, K. B. Newhouse, and M. J. Goldston. "Students' Ideas about Animals: Results from a National Study." *Science and Children* 38 (1991): 42-46.

Beck, Alan, and Aaron Katcher. *Between Pets and People: The Importance of Animal Companionship*. West Lafayette, IN: Purdue University Press, 1996.

Beetz, Andrea M. "Bestiality and Zoophilia: Associations with Violence and Sex Offending." In *Bestiality and Zoophilia: Sexual Relations with Animals*, edited by Andrea M. Beetz and Anthony L. Podberscek, 46-70. West Lafayette, IN: Purdue University Press, 2005.

———. "Bestiality and Zoophilia: A Discussion of Sexual Contact with Animals." In *The International Handbook of Animal Abuse and Cruelty: Theory, Research, and Application*, edited by Frank R. Ascione, 201-20. West Lafayette, IN: Purdue University Press, 2008.

———. "Empathy as an Indicator of Emotional Development." In *The Link between Animal Abuse and Human Violence*, edited by Andrew Linzey, 62-74. Portland, OR: Sussex Academic Press, 2009.

———. "New Insights into Bestiality and Zoophilia." In *Bestiality and Zoophilia: Sexual Relations with Animals*, edited by Andrea M. Beetz and Anthony L. Pod-berscek, 98-119. West Lafayette, IN: Purdue University Press, 2005.

Beirne, Piers. *Confronting Animal Abuse: Law, Criminology, and Human-Animal Relationships*. Lanham, MD: Rowman & Littlefield, 2009.

———. "Rethinking Bestiality: Towards a Concept of Interspecies Sexual Assault." In *Companion Animals and Us: Exploring the*

Relationships between People and Pets, edited by Anthony L. Podberscek, Elizabeth S. Paul, and James A. Serpell, 313-31. New York: Cambridge University Press, 2000.

Bekoff, Marc. *The Emotional Lives of Animals*. Novato, CA: New World Library, 2008.

———. "The Question of Animal Emotions: An Ethological Perspective." In *Men-tal Health and Well-Being in Animals*, edited by Franklin D. McMillan, 15-28. Ames, IA: Blackwell Publishing Professional, 2005.

Bekoff, Marc, and Jessica Pierce. *Wild Justice: The Moral Lives of Animals*. Chicago: University of Chicago Press, 2009.

Benning, Lee Edwards. *The Pet Profiteers: The Exploitation of Pet Owners—and Pets—in America*. New York: Quadrangle/The New York Times Book Co., 1976.

Berger, John. *Why Look at Animals?* New York: Penguin Books, 2009.

Berns, Gregory. *How Dogs Love Us: A Neuroscientist and His Adopted Dog Decode the Canine Brain*. New York: New Harvest, 2013.

Bini, John K., Stephen M. Cohn, Shirley M. Acosta, Marilyn J. McFarland, Mark T. Muir, and Joel E. Michalek, for the TRISAT Clinical Trials Group. "Mortality, Mauling, and Maiming by Vicious Dogs." *Annals of Surgery* 253, no. 4 (April 2011): 791-97.

Bok, Hilary. "Keeping Pets." In *The Oxford Handbook of Animal Ethics*, edited by Tom L. Beauchamp and R. G. Frey, 769-95. New York: Oxford University Press, 2011.

Bolliger, Gieri, and Antoine F. Goetschel, "Sexual Relations with Animals (Zoophilia): An Unrecognized Problem in Animal Welfare Legislation." In *Bestiality and Zoophilia: Sexual Relations with Animals*, edited by Andrea M. Beetz and Anthony L. Podberscek, 23-45. West Lafayette, IN: Purdue University Press, 2005.

Bonas, Sheila, June McNicholas, and Glyn M. Collis. "Pets in the Network of Family Relationships: An Empirical Study." In *Companion Animals and Us: Exploring the Relationships between People and Pets*, edited by Anthony L. Podberscek,

Elizabeth S. Paul, and James A. Serpell, 209-36. New York: Cambridge University Press, 2000.

Boncy, Jennifer. "What Tomorrow Brings." *Pet Business* February (2014), 54-61.

Born Free USA. "What's really in Pet Food?" 2007. http://www.bornfreeusa.org/facts.php?p=359&more=1.

Bowen, Murray. *Family Therapy in Clinical Practice*. New York: Jacob Aronson, 1978.

Bradshaw, John W. S. *Cat Sense: How the New Feline Science Can Make You a Better Friend to Your Pet*. New York: Basic Books, 2014.

———. "The Evolutionary Basis for the Feeding Behavior of Domestic Dogs (*Canis familiaris*) and Cats (*Felis catus*)." *Journal of Nutrition* 136 (2006): 1927S-1931S.

Bradshaw, John, and Elizabeth Paul. "Could Empathy for Animals Have Been an Adaptation in the Evolution of *Homo sapiens*?" *Animal Welfare* 19, suppl. 1 (2010):107-12.

Braithwaite, Victoria. *Do Fish Feel Pain?* New York: Oxford University Press, 2010.

Braitman, Laurel. *Animal Madness: How Anxious Dogs, Compulsive Parrots, and Elephants in Recovery Help Us Understand Ourselves*. New York: Simon & Schuster, 2014.

Brandow, Michael. *A Matter of Breeding: A Biting History of Pedigree Dogs and How the Quest for Status Has Harmed Man's Best Friend*. Boston: Beacon Press, 2015.

Brestrup, Craig. *Disposable Animals: Ending the Tragedy of Throwaway Pets*. Leander, TX: Camino Bay Books, 1997.

Brewer, Nathan. "The History of Euthanasia." *Lab Animal* 11 (1982): 17-19.

Broom, D. "Cognitive Ability and Awareness in Domestic Animals and Decisions about Obligations to Animals. *Applied Animal Behaviour Science* 126 (2010): 1-11.

Bryant, Clifton D. "The Zoological Connection: Animal-Related Human Behavior." *Social Forces* 58 (1979): 399.

Bukowski, J. A., and D. Wartenberg. "An Alternative Approach for Investigating the Carcinogenicity of Indoor Air Pollution: Pets as Sentinels of Environmental Cancer Risk." *Environmental Health Perspectives* 105 (1997): 1312-19.

Burgess-Jackson, Keith. "Doing Right by Our Companion Animals." *Journal of Ethics* 2 (1998): 159-85.

Burghardt, Gordon M. "Environmental Enrichment and Cognitive Complexity in Reptiles and Amphibians: Concepts, Review, and Implications for Captive Populations." *Applied Animal Behaviour Science* 147 (2013): 286-98.

Bush, Emma R., Sandra E. Baker, and David W. Macdonald. "Global Trade in Exotic Pets, 2006-2012." *Conservation Biology* 28 (2014): 663-76.

Caplan, Arthur. "Organ Transplantation." In *From Birth to Death and Bench to Clinic: The Hastings Center Bioethics Briefing Book for Journalists, Policymakers, and Campaigns*, ed. Mary Crowley, 129-32. Garrison, NY: Hastings Center, 2008.

Caras, Roger A. *A Perfect Harmony: The Intertwining Lives of Animals and Humans Throughout History*. West Lafayette, IN: Purdue University Press, 2002.

Carbone, Larry. *What Animals Want: Expertise and Advocacy in Laboratory Animals Welfare Science*. New York: Oxford University Press, 2004.

Cardinal, George. *The Rat*. New York: Wiley Publishing 2001.

Carlisle-Frank, Pamela, and Rom Flanagan. *Silent Victims: Recognizing and Stopping Abuse of the Family Pet*. Lanham, MD: University Press of America, 2006.

Carruthers, Peter. *The Animals Issue: Moral Theory in Practice*. Cambridge: Cambridge University Press, 1992.

Cassidy, Rebecca. "Zoosex and Other Relationships with Animals." In *Transgressive Sex: Subversion and Control in Erotic Encounters*, edited by Hastings Donnan and Fiona Magowan, 91-112. New York: Berghahn Books, 2009.

Cinquepalmi, Vittoria, Rosa Monno, Luciana Fumarola, Gianpiero Ventrella, Carla Calia, Maria Fiorella Greco, Danila de Vito, and Leonardo Soleo. "Environmental Contamination by Dog's Faeces: A Public Health Problem?" *International Journal of Environmental Research and Public Health*. 10 (2013): 72-84.

Cohen, Stanley. *States of Denial: Knowing about Atrocities and Suffering*. Cambridge: Polity Press, 2002.

Coleman, Phyllis. "Man['s Best Friend] Does Not Live By Bread Alone: Imposing a Duty to Provide Veterinary Care." *Animal Law* 12 (2005): 7-37.

Coren, Stanley. *How to Speak Dog: Mastering the Art of Dog-Human Communication*. New York: Free Press, 2000.

———. *The Modern Dog: A Joyful Exploration of How We Live with Dogs Today*. New York: Free Press, 2008.

Daniels, Thomas J., and Marc Bekoff. "Domestication, Exploitation, and Rights." In *Interpretation and Explanation in the Study of Animal Behavior*. Vol. 1, *Interpretation, Intentionality, and Communication*, edited by Marc Bekoff and Dale Jamieson, 345-77. Boulder, CO: Westview Press, 1990.

Davis, Susan E., and Margo DeMello. *Stories Rabbits Tell: A Natural and Cultural History of a Misunderstood Creature*. New York: Lantern Books, 2003.

DeGrazia, David. *Animal Rights: A Very Short Introduction*. Oxford: Oxford Uni-versity Press, 2002.

———. "The Ethics of Confining Animals: From Farms to Zoos to Human Homes." In *The Oxford Handbook of Animal Ethics*, edited by Tom L. Beauchamp and R. G. Frey, 738-68. New York: Oxford University Press, 2011.

———. *Taking Animals Seriously: Mental Life and Moral Status*. New York: Cambridge University Press, 1996.

Dekkers, Midas. *Dearest Pet: On Bestiality*. Translated by Paul Vincent. New York: Verso, 1994.

De Laroche, Robert, and Jean-Michel Labat. *The Secret Life of Cats*. Hauppauge, NY: Barron's, 1997.

Delise, Karen. *The Pit Bull Placebo: The Media, Myths and Politics of Canine Aggression*. [United States]: Anubis Publishing, 2007.

DeLoache, J. S., M. B. Pickard, and V. LoBue. "How Very Young Children Think about Animals." In *How Animals Affect Us: Examining the Influence of Human–animal Interaction on Child Development and Human Health*, edited by P. McCardle, S. McCune, J. A. Griffin, and V. Maholmes, 85-99. Washington, DC: American Psychological Association, 2011.

Derr, Mark. "Dog Breeds." In *Encyclopedia of Human-Animal Relations: A Global Exploration of Our Connections with Animals*, edited by Marc Bekoff, 633-39. Westport, CT: Greenwood Press, 2007.

———. *How the Dog Became the Dog*. New York: Overlook Press, 2011.

———. "The Politics of Dogs: Criticism of the Policies of AKC." *Atlantic* 265, no. 3 (1990): 49.

DeSilva, Sena S., and Giovanni M. Turchini. "Towards Understanding the Impacts of the Pet Food Industry on World Fish and Seafood Supplies." *Journal of Agricultural and Environmental Ethics* 21 (2008): 459-67.

DeTora, Michael, and Robert J. McCarthy. "Ovariohysterectomy versus Ovariectomy for Elective Sterilization of Female Dogs and Cats: Is Removal of the Uterus Necessary?" *Journal of the American Veterinary Medical Association* 239 (2011): 1409-12.

Donaghue, Emma. *Room*. Boston: Back Bay Books, 2011.

Donovan, Josephine, and Carol J. Adams, eds. *The Feminist Care Tradition in Animal Ethics: A Reader*. New York: Columbia University Press, 2007.

Driscoll, Carlos A., Juliet Clutton-Brock, Andrew C. Kitchener, and Stephen J. O'Brien. "The Taming of the Cat." *Scientific American* 300 (2009): 68-75.

Eddy, Timothy J. "What Is a Pet?" *Anthrozoös* 16 (2003): 98-122.

Edwards, Jenny. "Webinar: Understanding and Prosecuting Bestiality," ASPCA Professional, January 14, 2014, http://www.aspcapro.org/webinar/2014-01-14/understanding-and-prosecuting-bestiality.

Endenburg, Nienke, and Ben Baarda, "The Role of Pets in Enhancing Human Well-Being: Effects on Child Development." In *The Waltham Book of Human-Animal Interactions: Benefits and Responsibilities*, edited by I. Robinson, 7-18. Terrytown, NY: Elsevier Science, 1995.

Falk, Armin, and Nora Szech. "Morals and Markets." *Science* 340 (2013): 707-11.

Fiddes, Nick. *Meat: A Natural Symbol*. New York: Routledge, 1991.

Flynn, Clifton P. *Understanding Animal Abuse: A Sociological Analysis*. New York: Lantern Books, 2012.

Fogle, Bruce. *Interrelations between People and Pets*. Springfield, IL: Charles C. Thomas, 1981.

Food and Drug Administration/Center for Veterinary Medicine Report on the Risk from Pentobarbital in Dog Food. Silver Spring, MD: U.S. Food and Drug Administration, February 28, 2002. http://www.fda.gov/aboutfda/centersoffices/ officeoffoods/cvm/cvmfoiaelectronicreadingroom/ucm129131.htm.

Fossat, Pascal, Julien Bacqué-Cazenave, Phillippe De Deurwaerdère, Jean-Paul Delbecque, and Daniel Cattaert. "Anxiety-like Behavior in Crayfish Is Controlled by Serotonin." *Science* 344 (2014): 1293-97.

Fox, Michael. "Relationships between the Human and Non-human Animals." In *Interrelations between People and Pets*, edited by Bruce Fogle, 23-40. Springfield, IL: Charles C. Thomas, 1981.

———. *Returning to Eden: Animal Rights and Human Responsibility*. New York: Viking Press, 1980.

Fox, Michael W., Elizabeth Hodgkins, and Marion E. Smart. *Not Fit for a Dog! The Truth about Manufactured Dog and Cat Food*. Fresno, CA: Quill Driver Books, 2009.

Francis, Richard C. *Domesticated: Evolution in a Man-Made World*. New York: W. W. Norton & Company, 2015.

Franklin, Jon. *The Wolf in the Parlor: How the Dog Came to Share Your Brain*. New York: St. Martin's Griffin, 2009.

Fraser, David. *Understanding Animal Welfare: The Science in Its Cultural Context*. Ames, IA: Wiley-Blackwell, 2008.

Frischmann, Carol. *Pets and the Planet: A Practical Guide to Sustainable Pet Care*. Hoboken, NJ: Wiley, 2009.

Fudge, Erika. *Pets*. New York: Routledge, 2014.

Galtung, Johan. *Peace by Peaceful Means: Peace and Conflict, Development and Civilization*. Thousand Oaks, CA: Sage Publications, 1996.

Ghirlanda, S., A. Acerbi, and H. Herzog. "A Case Study in Media Influence on Choice: Dog Movie Stars and Dog Breed Popularity." *PLoS ONE* 9, no. 9 (2014): e106565. doi:10.1371/journal.pone.0106565.

Gilbey, Andrew, and Kawtar Tani. "Companion Animals and Loneliness: A Systematic Review of Quantitative Studies." *Anthrozoös* 28, no. 2 (2015): 181-97.

Gladwell, Malcolm. 2006. "Troublemakers: What Pit Bulls Can Teach Us about Profiling." *New Yorker*, February 6, 2006. http://www.newyorker.com/archive/2006/02/06/060206fa_fact.

Gompper, Matthew E., ed. *Free-Ranging Dogs and Wildlife Conservation*. New York: Oxford University Press, 2014.

Grandin, Temple, and Catherine Johnson. *Animals Make Us Human: Creating the Best Life for Animals*. Boston: Houghton Mifflin Harcourt, 2009.

Grebowicz, Margret. "When Species Meat: Confronting Bestiality Pornography." *humanimalia* 1 (2010): 1-17.

Grier, Katherine C. *Pets in America: A History*. New York: Harcourt, 2006.

Griffin, James, Sandra McCune, Valerie Maholmes, and Karyl Hurley. "Human-Animal Interaction Research: An Introduction to Issues and Topics." In *How Animals Affect Us: Examining the Influence of Human-Animal Interaction on Child Development and Human Health*, edited by Peggy McCardle, Sandra McCune, James A. Griffin, and Valerie Maholmes, 3-10. Washington, DC: American Psychological Association, 2011.

Grimm, David. *Citizen Canine: Our Evolving Relationship with Cats and Dogs*. New York: Public Affairs Publisher, 2014.

Gruen, Lori. *The Ethics of Captivity*. New York: Oxford University Press, 2014.

Gullone, Eleonora. *Animal Cruelty, Antisocial Behavior and Aggression*. New York: Palgrave Macmillan, 2012.

———. "An Evaluative Review of Theories Related to Animal Cruelty." *Journal of Animal Ethics* 4 (2014): 37-57.

Gullone, Eleonora, and John P. Clarke. "Animal Abuse, Cruelty, and Welfare: An Australian Perspective." In *The International Handbook of Animal Abuse and Cruelty: Theory, Research, and Application*, edited by Frank R. Ascione, 305-34. West Lafayette, IN: Purdue University Press, 2008.

Hanauer, David A., Naren Ramakrishnan, and Lisa S. Seyfried. "Describing the Relationship between Cat Bites and Human

Depression Using Data from an Electronic Health Record." *PLOS One* 8 (2013): e70585.

Hankin, Susan. "Making Decisions about Our Animals' Health Care: Does It Matter Whether We Are Owners or Guardians?" *Stanford Journal of Animal Law and Policy* 2 (2009): 2-51.

Haraway, Donna. *The Companion Species Manifesto: Dogs, People, and Significant Otherness*. Chicago: Prickly Paradigm Press, 2003.

———. *When Species Meet*. Minneapolis: University of Minnesota Press, 2008.

Hare, Brian, and Michael Tomasello. "Human-like Social Skills in Dogs?" *Trends in Cognitive Sciences* 9 (2005): 439-44.

Hare, Brian, and Vanessa Woods. *The Genius of Dogs: How Dogs Are Smarter Than You Think*. New York: Plume, 2013.

Harker, Rachael M., Glyn M. Collis, and June McNicholas. "The Influence of Current Relationships upon Pet Animal Acquisition." In *Companion Animals and Us: Exploring the Relationships between People and Pets*, edited by Anthony L. Podberscek, Elizabeth S. Paul, and James A. Serpell, 189-208. New York: Cambridge University Press, 2000.

Harman, Elizabeth. "The Moral Significance of Animal Pain and Animal Death." In *The Oxford Handbook of Animal Ethics*, edited by Tom L. Beauchamp and R. G. Frey, 726-37. New York: Oxford University Press, 2011.

Harriman, Marinell. *House Rabbit Handbook: How to Live with an Urban Rabbit*. Alameda, CA: Drollery Press, 1995.

Harris Interactive. "Pets Aren't Just Animals; They Are Members of the Family." September 13, 2012. http://www.harrisinteractive.com/NewsRoom/HarrisPolls/tabid/447/ctl/ReadCustom%20Default/mid/1508/ArticleId/1076/Default.aspx.

Havey, Julia, Frances R. Vlasses, Peter H. Vlasses, Patti Ludwig-Beymer, and Diana Hackbarth. "The Effect of Animal-Assisted Therapy on Pain Medication Use after Joint Replacement." *Anthrozoös* 27 (2014): 361-69.

Hawthorne, Mark. *Bleating Hearts: The Hidden World of Animal Suffering*. Washington, DC: Change Maker Books, 2013.

Headley, Bruce, and Markus Grabka. "Health Correlates of Pet Ownership from National Surveys." In *How Animals Affect Us: Examining the Influence of Human-Animal Interaction on Child Development and Human Health*, edited by Peggy McCardle,

Sandra McCune, James A. Griffin, and Valerie Maholmes, 153-62. Washington, DC: American Psychological Association, 2011.

Hensley, Christopher, Suzanne E. Tallichet, and Stephen D. Singer. "Exploring the Possible Link between Childhood and Adolescent Bestiality and Interpersonal Violence." *Journal of Interpersonal Violence* 21 (2006): 910-23.

Herzog, Hal. "Biology, Culture, and the Origins of Pet-Keeping." *Animal Behaviour and Cognition* 1 (2015): 296-308.

———. *Some We Love, Some We Hate, Some We Eat*. New York: Harper Perennial, 2010.

Hetts, Suzanne, Dan Estep, and Amy R. Marder. "Psychological Well-Being in Animals." In *Mental Health and Well-Being in Animals*, edited by Franklin D. McMillan, 211-20. Ames, IA: Blackwell Publishing Professional, 2005.

Hetts, Suzanne, Marsha L. Heinke, and Daniel Q. Estep. "Behavior Wellness Concepts for General Veterinary Practice." *Journal of the American Veterinary Medical Association* 225 (2004): 506-13.

Hoffman, Jessica M., Kate E. Creevy, and Daniel E. L. Promislow. "Reproductive Capability Is Associated with Lifespan and Cause of Death in Companion Dogs." *PLoS One* (2013). doi: 10.1371/journal.pone.0061082.

Homans, John. *What's a Dog For? The Surprising History, Science, Philosophy, and Politics of Man's Best Friend*. New York: Penguin Press, 2012.

Horowitz, Alexandra. "*Canis Familiaris*: Companion or Captive?" In *The Ethics of Captivity*, edited by Lori Gruen, 7-21. New York: Oxford University Press, 2014.

———. *Inside of a Dog: What Dogs See, Smell, and Know*. New York: Scribner, 2010.

Hribal, Jason. *Fear of the Animal Planet*. Petaluma, CA: CounterPunch, 2010.

Hua, Yaowu, Songmei Huc, Weilin Wangc, Xiaohong Wud, Fiona B. Marshalle, Xianglong Chena, Liangliang Houa, and Changsui Wanga. "Earliest Evidence for Commensal Processes of Cat Domestication." *Proceedings of the National Academy of Sciences* 11 (2014): 116-20.

Irvine, Leslie. *If You Tame Me: Understanding Our Connection with Animals*. Philadelphia: Temple University Press, 2004.

———. *My Dog Always Eats First: Homeless People and Their Animals*. Boulder, CO: Lynne Rienner Publishers, 2013.

Johnson, Rebecca A. "Animal-Assisted Intervention in Health Care Contexts." In *How Animals Affect Us: Examining the Influence of Human-Animal Interaction on Child Development and Human Health*, edited by Peggy McCardle, Sandra McCune, James A. Griffin, and Valerie Maholmes, 183-192. Washington, DC: American Psychological Association, 2011.

Julius, Henri, Andrea Beetz, Kurt Kotrschal, Dennis Turner, and Kerstin UvnäsMoberg. *Attachment to Pets: An Integrative View of Human-Animal Relationships with Implications for Therapeutic Practice*. Cambridge: Hogrefe Publishing, 2012.

Katcher, Aaron Honori, and Alan M. Beck, eds. *New Perspectives on Our Lives with Companion Animals*. Philadelphia: University of Pennsylvania Press, 1983.

Kawalek, Joseph C., Karyn D. Howard, Dorothy E. Farrell, Janice Derr, Carol V. Cope, Jean D. Jackson, and Michael J. Myers. "Effect of Oral Administration of Low Doses of Pentobarbital on the Induction of Cytochrome P450 Isoforms and Cytochrome P450-Mediated Reactions in Immature Beagles." *American Journal of Veterinary Research* 64 (2003): 1167-75.

Kay, William J., Susan P. Cohen, Herbert A. Nieberg, Carole E. Fudin, Ross E. Grey, Austin H. Kutscher, and Mohamed M. Osman. *Euthanasia of the Companion Animal: The Impact on Pet Owners, Veterinarians, and Society*. Philadelphia: Charles Press, 1988.

Kemmerer, Lisa, ed. *Sister Species: Women, Animals, and Social Justice*. Urbana: University of Illinois Press, 2011.

Kete, Kathleen. *The Beast in the Boudoir: Pet-keeping in Nineteenth Century Paris*. Oakland: University of California Press, 1995.

Kis, Anna, Ludwig Huber, and Anna Wilkinson. "Social Learning by Imitation in a Reptile (*Pogona vitticeps*)." *Animal Cognition* 18, no. 1 (2014): 325-31.

Krueger, Betsy, and Kirsten A. Kruger. *Secondary Pentobarbital Poisoning of Wildlife*. Washington, DC: U.S. Fish and Wildlife Service, 2002. http://www.fws.gov/southeast/news/2002/12-03SecPoisoningFactSheet.pdf.

Kustritz, Margaret V. Root. "Determining the Optimal Age for Gonadectomy of Dogs and Cats." *Journal of the American Veterinary Medical Association* 231 (2007): 1665-75.

Lakestani, Nelly N., Morag L. Donaldson, and Natalie Waran. "Interpretation of Dog Behavior by Children and Young Adults." *Anthrozoös* 27 (2014): 65-80.

Leigh, Diane, and Marilee Geyer. *One at a Time: A Week in an American Animal Shelter*. Santa Cruz, CA: No Voice Unheard Publishers, 2005.

Lesy, Michael. *The Forbidden Zone*. London: Pan Books, 1989.

Levinson, Boris. *Pets and Human Development*. Springfield, IL: Charles C. Thomas, 1972.

Leyhausen, Paul. *Cat Behavior: The Predatory and Social Behavior of Domestic and Wild Cats*. Translated by Barbara A. Tonkin. Garland Series in Ethology. New York: Garland STPM Press, 1979.

Linzey, Andrew, ed. *The Global Guide to Animal Protection*. Urbana: University of Illinois Press, 2013.

———, ed. *The Link between Animal Abuse and Human Violence*. Portland, OR: Sussex Academies Press, 2009.

Lippmann, Walter. *Public Opinion*. New York: Free Press, 1997.

Livingston, John A. *Rogue Primate*. Boulder, CO: Roberts Rineheart Publishers, 1994.

Lorenz, Konrad. *The Waning of Humaneness*. New York: HarperCollins, 1988.

Lowe, Christopher N., Karl S. Williams, Stephen Jenkinson, and Mark Toogood. "Environmental and Social Impacts of Domestic Dog Waste in the UK: Investigating Barriers to Behavioural Change in Dog Walkers." *International Journal of Environment and Waste Management* 13 (2014): 331-47.

Mariti, Chiara, Angelo Gazzanoa, Jane Lansdown Moore, Paolo Baraglia, Laura Chellia, and Claudio Sighieria. "Perception of Dogs' Stress by Their Owners." *Journal of Veterinary Behavior: Clinical Applications and Research* 7 (2012): 213-19.

Martin, Ann N. *Food Pets Die For: Shocking Facts about Pet Food*. 3rd ed. Troutdale, OR: NewSage Press, 2008.

Maruyama, Mika and Frank R. Ascione. "Animal Abuse: An Evolving Issue in Japanese Society." In *The International Handbook of Animal Abuse and Cruelty: Theory, Research, and Application*, edited by Frank R. Ascione, 269-304. West Lafayette, IN: Purdue University Press, 2008.

Mazorlig, Tom. "Small Tanks Can Equal Big Sales." *Pet Age*, September 2014, 92-93.

McArdle, John. "Small Companion Animals: From the Lap to the Lab." *AV Magazine* (Spring 2001), 2-6.

McCardle, Peggy, Sandra McCune, James A. Griffin, and Valerie Maholmes, eds. *How Animals Affect Us: Examining the Influence of Human-Animal Interaction on Child Development and Human Health*. Washington, DC: American Psychological Association, 2011.

McConnell, Patricia B. *The Other End of the Leash: Why We Do What We Do Around Dogs*. New York: Ballantine Books, 2002.

McMahan, Jeff. *The Ethics of Killing: Problems at the Margins of Life*. New York: Oxford University Press, 2002.

McMillan, Franklin D. "Emotional Maltreatment in Animals." In *Mental Health and Well-Being in Animals*, edited by Franklin D. McMillan, 167-80. Ames, IA: Blackwell Publishing Professional, 2005.

———. "Stress, Distress, and Emotion: Distinctions and Implications for Mental Well-Being." In *Mental Health and Well-Being in Animals*, edited by Franklin D. McMillan, 93-112. Ames, IA: Blackwell Publishing Professional, 2005.

———. "Stress-Induced Emotional Eating in Animals: A Review of the Experimental Evidence and Implications for Companion Animal Obesity." *Journal of Veterinary Behavior* 8 (2013): 376-85.

Meints, K., A. Racca, and N. Hickey. "How to Prevent Dog Bite Injuries? Children Misinterpret Dogs Facial Expressions." *Injury Prevention* 16 (2010): A68. doi:10.1136/ip.2010.029215.246.

Mellor, David, Emily Patterson-Kane, and Kevin J. Stafford. *The Sciences of Animal Welfare*. Hoboken, NJ: John Wiley & Sons, 2009.

Melson, Gail F. "Principles for Human-Animal Interaction Research." In *How Animals Affect Us: Examining the Influence of*

Human-Animal Interaction on Child Development and Human Health, edited by Peggy McCardle, Sandra McCune, James A. Griffin, and Valerie Maholmes, 13-34. Washington, DC: American Psychological Association, 2011.

———. *Why the Wild Things Are: Animals in the Lives of Children*. Cambridge, MA: Harvard University Press, 2001.

Merck, Melinda D., and Doris M. Miller. "Sexual Abuse." In *Veterinary Forensics: Animal Cruelty Investigations*, edited by Melinda Merck, 233-42. 2nd ed. Oxford: Wiley-Blackwell, 2012.

Merz-Perez, Linda, and Kathleen M. Heide. *Animal Cruelty: Pathway to Violence against People*. Walnut Creek, CA: AltaMira Press, 2004.

Milani, Myrna. "Canine Surgical Sterilization and the Human-Animal Bond." In *Encyclopedia of Human-Animal Relations: A Global Exploration of Our Connections with Animals*, edited by Marc Bekoff, 919-25. Westport, CT: Greenwood Press, 2007.

Miletski, Hani. "Is Zoophilia a Sexual Orientation? A Study." In *Bestiality and Zoophilia: Sexual Relations with Animals*, edited by Andrea M. Beetz and Anthony L. Podberscek, 82-97. West Lafayette, IN: Purdue University Press, 2005.

Mills, Daniel, Emile van der Zee, and Helen Zulch. "When the Bond Goes Wrong: Problem Behaviours in the Social Context." In *The Social Dog: Behavior and Cognition*, edited by Juliane Kaminski and Sarah Marshall-Pescini, 223-45. Norwell, MA: Kluwer, 2014.

Mueller, Megan K. "Is Human-Animal Interaction (HAI) Linked to Positive Youth Development? Initial Answers." *Applied Developmental Science* 18 (2014): 5-16.

Mueller-Paul Julia, Anna Wilkinson, Ulrike Aust, Michael Steurera, Geoffrey Hall, and Ludwig Huber. "Touchscreen Performance and Knowledge Transfer in the Red-Footed Tortoise (*Chelonoidis carbonaria*)." *Behavioural Processes* 106 (2014): 187-92.

Munro, H. M. C., and M. V. Thrusfield. "'Battered Pets': Sexual Abuse." In *Besti-ality and Zoophilia: Sexual Relations with Animals*, edited by Andrea M. Beetz and Anthony L. Podberscek, 71-81. West Lafayette, IN: Purdue University Press, 2005.

Nagasawa, Miho, Shouhei Mitsui, Shiori En, Nobuyo Ohtani, Mitsuaki Ohta, Yasuo Sakuma, Tatsushi Onaka, Kasutaka Mogi, and

Takefumi Kikusui. “Oxytocin-Gaze Positive Loop and the Coevolution of Human-Dog Bonds.” *Science* 348 (2015): 333-36.

Natterson-Horowitz, Barbara, and Kathryn Bowers. *Zoobiquity: What Animals Can Teach Us about Health and the Science of Healing*. New York: Alfred A. Knopf, 2012.

Nibert, David A. *Animal Oppression and Human Violence: Domesecration, Capitalism, and Global Conflict*. New York: Columbia University Press, 2013.

———. *Animal Rights/Human Rights: Entanglements of Oppression and Liberation*. Lanham, MD: Rowman & Littlefield, 2002.

Nicoll, Kate. *Soul Friends: Finding Healing with Animals*. Indianapolis, IN: Dog Ear Publishing, 2005.

Norrgran, Jessica, Bernt Jones, Anders Bignert, Ioannis Athanassiadis, and Åke Bergman. “Higher PBDE Serum Concentrations May Be Associated with Feline Hyperthyroidism in Swedish Cats.” *Environmental Science and Technology* 49 (2015): 5107-14.

Noske, Barbara. *Beyond Boundaries: Humans and Animals*. Buffalo, NY: Black Rose Books, 1997.

Oldfield, Ronald G. “Aggression and Welfare in a Common Aquarium Fish, the Midas Cichlid.” *Journal of Applied Animal Welfare Science* 14 (2011): 340-60.

Overall, Christine. *Ethics and Human Reproduction: A Feminist Analysis*. Boston: Allen and Unwin, 1987.

Overall, Karen L. *Clinical Behavioral Medicine for Small Animals*. Saint Louis: Mosby, 1997.

———. “Mental Illness in Animals—the Need for Precision in Terminology and Diagnostic Criteria.” In *Mental Health and Well-Being in Animals*, edited by Franklin D. McMillan, 127-44. Ames, IA: Blackwell Publishing Professional, 2005.

Pagani, Camilla, Francesco Robustelli, and Frank R. Ascione. “Animal Abuse Experiences Described by Italian School-Aged Children.” In *The International Handbook of Animal Abuse and Cruelty: Theory, Research, and Application*, edited by Frank R. Ascione, 247-68. West Lafayette, IN: Purdue University Press, 2008.

Palmer, Clare. *Animal Ethics in Context*. New York: Columbia University Press, 2010.

Palmer, Clare, Sandra Corr, and Peter Sandoe. "Inconvenient Desires: Should We Routinely Neuter Companion Animals?" *Anthrozoös* 25 (2012): s153-s172.

Palmer, Clare, and Peter Sandøe. "For Their Own Good: Captive Cats and Routine Confinement." In *The Ethics of Captivity*, edited by Lori Gruen, 135-55. New York: Oxford University Press, 2014.

Panksepp, Jaak. *Affective Neuroscience: The Foundations of Human and Animal Emotions*. New York: Oxford University Press, 2004.

Panksepp, Jaak, and Lucy Bevin. *The Archaeology of Mind: Neuroevolutionary Origins of Human Emotions*. New York: W. W. Norton, 2012.

Patronek, Gary. "Animal Hoarding: A Third Dimension of Animal Abuse." In *The International Handbook of Animal Abuse and Cruelty: Theory, Research, and Application*, edited by Frank R. Ascione, 221-46. West Lafayette, IN: Purdue University Press, 2008.

Paul, Elizabeth S. "Empathy with Animals and with Humans: Are They Linked? *Anthrozoös* 13 (2000): 194-202.

Pedersen, Helena. *Animals in Schools: Processes and Strategies in Human-Animal Education*. West Lafayette, IN: Purdue University Press, 2010.

Peeters, Marijke E., and Jolle Kirpensteijn. "Comparison of Surgical Variables and Short-Term Postoperative Complications in Healthy Dogs Undergoing Ovariohysterectomy or Ovariectomy." *Journal of the American Veterinary Medical Association* 238 (2011): 189-94.

Phillips, Allie. *Defending the Defenseless: A Guide to Protecting and Advocating for Pets*. Lanham, MD: Rowman & Littlefield, 2011.

———. *How Shelter Pets Are Brokered for Experimentation*. Lanham, MD: Rowman & Littlefield, 2010.

Pierce, Jessica. *The Last Walk: Reflecting on Our Pets at the End of Their Lives*. Chicago: University of Chicago Press, 2012.

Podberscek, Anthony L., Elizabeth S. Paul, and James A. Serpell. *Companion Animals and Us: Exploring the Relationships between People and Pets*. New York: Cambridge University Press, 2000.

Pongrácz, Péter, Csaba Molnár, Antal Dóka, and Ádám Miklósi. "Do Children Understand Man's Best Friend? Classification of Dog Barks by Pre-Adolescents and Adults." *Applied Animal Behaviour Science* 135 (2011): 95-102. doi: http://dx.doi.org/10.1016/j.applanim.2011.09.005.

Poresky, R. H. "The Young Children's Empathy Measure: Reliability, Validity and Effects of Companion Animal Bonding." *Psychological Reports* 66 (1990): 931-36.

Previde, Emanuela Prato, and Paola Valsecchi. "The Immaterial Cord: The Dog-Human Attachment Bond." In *The Social Dog: Behavior and Cognition*, edited by Juliane Kaminski and Sarah Marshall-Pescini, 165-89. Norwell, MA: Kluwer, 2014.

Ramos, D., A. Reche-Junior, P. L. Fragoso, R. Palme, N. K. Yanasse, V. R. Gouvêa, A. Beck, and D. S. Mills. "Are Cats (*Felis catus*) from Multi-Cat Households More Stressed? Evidence from Assessment of Fecal Glucocorticoid Metabolite Analysis." *Physiology and Behavior* 122 (2013): 72-75.

Range, Friederike, Caroline Ritter, and Zsófia Virányi. "Testing the Myth: Tolerant Dogs and Aggressive Wolves." *Proceedings of the Royal Society B* 282 (2015). doi: 10.1098/rspb.2015.0220.

Range, Friederike, and Zsófia Virányi, "Tracking the Evolutionary Origins of Dog-Human Cooperation: The 'Canine Cooperation Hypothesis.'" *Frontiers in Psychology* (2015). http://journal.frontiersin.org/article/10.3389/fpsyg.2014.01582/full.

Regan, Tom. *The Case for Animal Rights*. Oakland: University of California Press, 1983.

Robin, Michael, and Robert ten Bensel. "Pets and the Socialization of Children." *Marriage and Family Review* 8 (1985): 63-78.

Rollin, Bernard E. *Animal Rights and Human Morality*. 3rd ed. Amherst, NY: Prometheus Books, 2006.

Rothman, Barbara K. *Recreating Motherhood: Ideology and Technology in a Patriarchal Society*. New York: Norton, 1989.

Salvanes A. G. V., O. Moberg, L. O. E. Ebbesson, T. O. Nilsen, K. H. Jensen, and V. A. Braithwaite. "Environmental Enrichment

Promotes Neural Plasticity and Cognitive Ability in Fish." *Proceedings of the Royal Society B: Biological Sciences* (2013) 280 (1767): 20131331. doi: 10.1098/rspb.2013.1331.

Sapontzis, Steven. *Morals, Reasons, and Animals*. Philadelphia: Temple University Press, 1987.

Savishinsky, Joel S. "Common Fate, Difficult Decision: A Comparison of Euthanasia in People and in Animals." In *Euthanasia of the Companion Animal: The Impact on Pet Owners, Veterinarians, and Society*, edited by William J. Kay et al., 3-8. Philadelphia: Charles Press, 1988.

Schoen, Allen M. *Kindred Spirits: How the Remarkable Bond between Humans and Animals Can Change the Way We Live*. New York: Broadway Books, 2001.

Seibert, Lynne. "Mental Health Issues in Captive Birds." In *Mental Health and Well-Being in Animals*, edited by Franklin D. McMillan, 285-94. Ames, IA: Blackwell Publishing Professional, 2005.

Selhub, Eva M., and Alan C. Logan. *Your Brain on Nature: The Science of Nature's Influence on Your Health, Happiness, and Vitality*. Mississauga, Ontario: John Wiley & Sons, 2012.

Serpell, James A. "Creatures of the Unconscious: Companion Animals as Mediators." In *Companion Animals and Us: Exploring the Relationships between People and Pets*, edited by Anthony L. Podberscek, Elizabeth S. Paul, and James A. Serpell, 108-21. New York: Cambridge University Press, 2000.

———. "Humans, Animals, and the Limits of Friendship." In *The Dialectics of Friendship*, edited by Roy Porter and Sylvana Tomaselli, 111-29. New York: Routledge, 1989.

———. *In the Company of Animals: A Study of Human-Animal Relationships*. New York: Cambridge University Press, 1996.

———. "Pet-Keeping and Animal Domestication: A Reappraisal." In *The Walking Larder: Patterns of Domestication, Pastoralism and Predation*, edited by J. Clutton-Brock, 10-21. London: Unwin Hyman, 1989.

Serpell, James, and Elizabeth Paul. "Pets and the Development of Positive Attitudes to Animals." In *Animals and Human Society:*

Changing Perspectives, edited by Aubrey Manning and James Serpell, 127-44. New York: Routledge, 1994.

———. "Pets in the Family: An Evolutionary Perspective." In *The Oxford Handbook of Evolutionary Family Psychology*, edited by Catherine A. Salmon and Todd K. Shackelford, 297-309. New York: Oxford University Press, 2011.

Shapiro, Kenneth Joel. *Animal Models of Human Psychology: Critique of Science, Ethics, and Policy*. Seattle, WA: Hogrefe & Huber Publishers, 1998.

Shapiro, Michael H. "Fragmenting and Reassembling the World: Of Flying Squirrels, Augmented Persons, and Other Monsters." *Ohio State Law Journal* 51 (1990): 331-74.

Sheldrake, Rupert. *Dogs That Know When Their Owners Are Coming Home*. Rev. ed. New York: Three Rivers Press, 2011.

Shir-Vertesh, Dafna. "'Flexible Personhood': Loving Animals as Family Members in Israel." *American Anthropologist* 114 (2012): 420-32.

Sinclair, Leslie, Melinda Merck, and Randall Lockwood. *Forensic Investigation of Animal Cruelty: A Guide for Veterinary and Law Enforcement Professionals*. Washington, DC: Humane Society Press, 2006.

Singer, Peter. "Heavy Petting." *Nerve* (2011). http://www.utilitarianism.net/singer/by/2001——.htm.

Sonntag, Q., and K. L. Overall. "Key Determinants of Dog and Cat Welfare: Behaviour, Breeding, and Household Lifestyle." *Scientific and Technical Review of the Office International des Epizooties* (Paris) 33, no. 1 (2014): 213-20.

Speigel, Marjorie. *The Dreaded Comparison: Human and Animal Slavery*. New York, New York: Mirror Books, 1996.

Špinka, Marek, and Françoise Wemelsfelder. "Environmental Challenge and Animal Agency." In *Animal Welfare*, edited by Michael C. Appleby, Joy A. Mench, I. Anna S. Olsson, and Barry O. Hughes, 27-43. 2nd ed. Cambridge, MA: CAB, 2011.

Steiner, Gary. *Animals and the Moral Community: Mental Life, Moral Status, and Kinship*. New York: Columbia University Press, 2008.

Stull, Jason, Jason Brophy, and J. S. Weese. "Reducing the Risk of Pet-Associated Zoonotic Infections." *Canadian Medical*

Association Journal (2015). doi: 10.1503/cmaj.141020.

Szasz, Kathleen. *Petishism: Pet Cults of the Western World*. London: Hutchinson & Co., 1968.

Takaoka, Akiko, Tomomi Maeda, Yusuke Hori, and Kazuo Fujit. "Do Dogs Follow Behavioral Cues from an Unreliable Human?" *Animal Cognition* 18 (2015): 475-83.

Téglás, E., A. Gergely, K. Kupán, A. Miklósi, and J. Topál. "Dog's Gaze Following Is Tuned to Human Communicative Signals." *Current Biology* 22 (2012): 209-12.

Tegzes, John, Oscar E. Chavez, Broc A. Sandelin, and Lee Allen Pettey. "Just Food for Dogs White Paper: An Evidence-Based Analysis of the Dog Food Industry in the USA." JustFoodForDogs LLC, Newport Beach, CA, 2014. http://truthaboutpetfood.com/JFFDwp.pdf.

Thixton, Susan. *Buyer Beware: The Crimes, Lies and Truth about Pet Food*. Lexington, KY: [CreateSpace], 2011.

Thomas, Keith. *Man and the Natural World: Changing Attitudes in England, 1500–1800*. New York: Oxford University Press, 1996.

Thurston, Mary Elizabeth. *The Lost History of the Canine Race: Our 15,000-Year Love Affair with Dogs*. Riverside, NJ: Andrews McMeel Publishers, 1996.

Torres, Bob. *Making a Killing: The Political Economy of Animal Rights*. Oakland: AK Press, 2007.

Torres de la Riva G., B. L. Hart, T. B. Farver, A. M. Oberbauer, L. L. M. Messam, et al. "Neutering Dogs: Effects on Joint Disorders and Cancers in Golden Retrievers." *PLoS ONE* 8 (2013): e55937. doi:10.1371/journal.pone.0055937 2013.

Tuan, Yi-Fu. *Dominance and Affection: The Making of Pets*. New Haven, CT: Yale University Press, 1984.

Twiest, Mark G., Meghan Mahoney Tweist, and Mary Rench Jalongo. "A Friend at School: Classroom Pets and Companion Animals in the Curriculum." In *The World's Children and Their Companion Animals: Developmental and Educational Significance of the Child/Pet Bond*, edited by Mary Renck Jalongo, 61-78. Olney, MD: Association for Childhood Education

International.

Varner, Gary. "Pets, Companion Animals, and Domesticated Partners." In *Ethics for Everyday*, edited by David Benatar, 450-75. New York: McGraw-Hill, 2002.

Vermeulen, H., and J. S. J. Odendaal. "Proposed Typology of Companion Animal Abuse." *Anthrozoös* 6 (1993): 248-57.

Vittoria Cinquepalmi, Rosa Monno, Luciana Fumarola, Gianpiero Ventrella, Carla Calia, Maria Fiorella Greco, Danila de Vito, and Leonardo Soleo. "Environmental Contamination by Dog's Faeces: A Public Health Problem?" *International Journal of Environmental Research and Public Health* 10 (2013): 72-84.

Vrontou, Sophia, Allan M. Wong, Kristofer K. Rau, H. Richard Koerber, and David J. Anderson. "Genetic Identification of C Fibres That Detect Massage-Like Stroking of Hairy Skin *in vivo*." *Nature* 493 (2013): 669-73.

Wakefield, Jerome. "DSM-5 Proposed Criteria For Sexual Paraphilias: Tensions between Diagnostic Validity and Forensic Utility." *International Journal of Law and Psychiatry* 34 (2011): 195-209.

Warwick, Clifford. "The Morality of the Reptile 'Pet' Trade." *Journal of Animal Ethics* 4 (2014): 74-94.

Wathan, Jennifer, and Karen McComb. "The Eyes and Ears Are Visual Indicators of Attention in Domestic Horses." *Current Biology* 24 (2014): R677-R679.

Weese, J. Scott, and Martha B. Fulford. *Companion Animal Zoonoses*. Ames, IA: Wiley-Blackwell, 2011.

Weil, Zoe. "Humane Education." In *Encyclopedia of Human-Animal Relations: A Global Exploration of Our Connections with Animals*, edited by Marc Bekoff, 675-78. Westport, CT: Greenwood Press, 2007.

Welfare in Dog Training. "What's Wrong with Using 'Dominance' to Explain the Behaviour of Dogs?" (2013). Available at: http://www.dogwelfarecampaign.org/why-not-dominance.php.

Wemelsfelder, Françiose. "Animal Boredom: Understanding the Tedium of Confined Lives." In *Mental Health and Well-Being in Animals*, edited by Franklin D. McMillan, 79-92. Ames, IA: Blackwell Publishing Professional, 2005.

Wilkins, Adam S., Richard W. Wrangham, and W. Tecumseh Fitch. "The 'Domestication Syndrome' in Mammals: A Unified Explanation Based on Neural Crest Cell Behavior and Genetics." *Genetics* 197 (2014): 795-808.

Williams, Marta. *Ask Your Animal: Resolving Behavioral Issues through Intuitive Communication*. Novato, CA: New World Library, 2008.

Wilson, Cindy C., and Dennis C. Turner, eds. *Companion Animals in Human Health*. Thousand Oaks, CA: Sage Publications, 1998.

Wright, Phyllis. "Why Must We Euthanize?" 1978; repr., *Shelter Sense* 18, no. 9 (October 1995): 7-8.

Wrye, Jen. "Beyond Pets: Exploring Relational Perspectives of Petness." *Canadian Journal of Sociology* 34 (2009): 1033-63.

Wynne, Clive D. L., Nicole R. Dorey, and Monique A. R. Udell. "The Other Side of the Bond: Domestic Dogs' Human-Like Behavior." In *How Animals Affect Us: Examining the Influence of Human-Animal Interaction on Child Development and Human Health*, edited by Peggy McCardle, Sandra McCune, James A. Griffin, and Valerie Maholmes, 101-16. Washington, DC: American Psychological Association, 2011.

Wynne-Tyson, Jon. *The Extended Circle: A Commonplace Book of Animal Rights*. New York: Paragon House, 1989.

Yin, Sophia. *How to Behave So Your Dog Behaves*. Neptune City, NJ: T. F. H. Publications, 2004.

———. *The Perfect Puppy in 7 Days: How to Start Your Puppy Off Right*. Davis, CA: Cattle Dog Publishing, 2011.

Young, Robert. J. *Environmental Enrichment for Captive Animals*. Oxford: Blackwell Science, 2003.

BF3042

學會愛你的寵物伴侶

原　書　名／Run, Spot, Run: The Ethics of Keeping Pets
作　　　者／潔西卡・皮爾斯（Jessica Pierce）
譯　　　者／祁毓里、李宜懃
編 輯 協 力／林嘉瑛
責 任 編 輯／陳美靜
企 劃 選 書／何穎怡
版　　　權／黃淑敏
行 銷 業 務／周佑潔、石一志

國家圖書館出版品預行編目（CIP）資料

學會愛你的寵物伴侶／潔西卡・皮爾斯（Jessica Pierce）著；祁毓里、李宜懃譯. -- 初版. -- 臺北市：商周出版：家庭傳媒城邦分公司發行, 2016.12
面；　公分
譯自：Run, spot, run : the ethics of keeping pets
ISBN 978-986-477-132-5（平裝）
1. 動物保育　2. 寵物飼養
548.38　　105019475

總　編　輯／陳美靜
總　經　理／彭之琬
發　行　人／何飛鵬
法 律 顧 問／台英國際商務法律事務所　羅明通律師
出　　　版／商周出版
臺北市104民生東路二段141號9樓
電話：(02) 2500-7008　傳真：(02) 2500-7759
E-mail: bwp.service @ cite.com.tw
發　　　行／英屬蓋曼群島商家庭傳媒股份有限公司　城邦分公司
臺北市104民生東路二段141號2樓
讀者服務專線：0800-020-299　24小時傳真服務：(02) 2517-0999
讀者服務信箱E-mail: cs@cite.com.tw
劃撥帳號：19833503　戶名：英屬蓋曼群島商家庭傳媒股份有限公司城邦分公司
訂 購 服 務／書虫股份有限公司客服專線：(02) 2500-7718；2500-7719
服務時間：週一至週五上午09:30-12:00；下午13:30-17:00
24小時傳真專線：(02) 2500-1990；2500-1991
劃撥帳號：19863813　戶名：書虫股份有限公司
E-mail: service@readingclub.com.tw
香港發行所／城邦（香港）出版集團有限公司
香港灣仔駱克道193號東超商業中心1樓
E-mail: hkcite@biznetvigator.com
電話：(852) 25086231　傳真：(852) 25789337
馬新發行所／城邦（馬新）出版集團
Cite (M) Sdn. Bhd.
41, Jalan Radin Anum, Bandar Baru Sri Petaling, 57000 Kuala Lumpur, Malaysia.
電話：(603) 9057-8822　傳真：(603) 9057-6622　E-mail: cite@cite.com.my

封面設計／黃聖文
印　　刷／韋懋實業有限公司
經 銷 商／聯合發行股份有限公司　電話：(02) 2917-8022　傳真：(02) 2911-0053
地址：新北市新店區寶橋路235巷6弄6號2樓

■2016年12月8日初版1刷

Printed in Taiwan

定價360元
ISBN 978-986-477-132-5

城邦讀書花園
www.cite.com.tw